Direito
Médico

O GEN | Grupo Editorial Nacional – maior plataforma editorial brasileira no segmento científico, técnico e profissional – publica conteúdos nas áreas de concursos, ciências jurídicas, humanas, exatas, da saúde e sociais aplicadas, além de prover serviços direcionados à educação continuada.

As editoras que integram o GEN, das mais respeitadas no mercado editorial, construíram catálogos inigualáveis, com obras decisivas para a formação acadêmica e o aperfeiçoamento de várias gerações de profissionais e estudantes, tendo se tornado sinônimo de qualidade e seriedade.

A missão do GEN e dos núcleos de conteúdo que o compõem é prover a melhor informação científica e distribuí-la de maneira flexível e conveniente, a preços justos, gerando benefícios e servindo a autores, docentes, livreiros, funcionários, colaboradores e acionistas.

Nosso comportamento ético incondicional e nossa responsabilidade social e ambiental são reforçados pela natureza educacional de nossa atividade e dão sustentabilidade ao crescimento contínuo e à rentabilidade do grupo.

Alessandra **Varrone** de A. Prado Souza

COORDENAÇÃO
Renee do Ó **Souza**

Direito Médico

2ª **EDIÇÃO** REVISTA, ATUALIZADA E REFORMULADA

- A autora deste livro e a editora empenharam seus melhores esforços para assegurar que as informações e os procedimentos apresentados no texto estejam em acordo com os padrões aceitos à época da publicação, e todos os dados foram atualizados pela autora até a data de fechamento do livro. Entretanto, tendo em conta a evolução das ciências, as atualizações legislativas, as mudanças regulamentares governamentais e o constante fluxo de novas informações sobre os temas que constam do livro, recomendamos enfaticamente que os leitores consultem sempre outras fontes fidedignas, de modo a se certificarem de que as informações contidas no texto estão corretas e de que não houve alterações nas recomendações ou na legislação regulamentadora.

- Fechamento desta edição: *20.04.2022*

- A autora e a editora se empenharam para citar adequadamente e dar o devido crédito a todos os detentores de direitos autorais de qualquer material utilizado neste livro, dispondo-se a possíveis acertos posteriores caso, inadvertida e involuntariamente, a identificação de algum deles tenha sido omitida.

- **Atendimento ao cliente: (11) 5080-0751 | faleconosco@grupogen.com.br**

- Direitos exclusivos para a língua portuguesa
  Copyright © 2022 by
  Editora Forense Ltda.
  Uma editora integrante do GEN | Grupo Editorial Nacional
  Travessa do Ouvidor, 11 – Térreo e 6º andar
  Rio de Janeiro – RJ – 20040-040
  www.grupogen.com.br

- Reservados todos os direitos. É proibida a duplicação ou reprodução deste volume, no todo ou em parte, em quaisquer formas ou por quaisquer meios (eletrônico, mecânico, gravação, fotocópia, distribuição pela Internet ou outros), sem permissão, por escrito, da Editora Forense Ltda.

- Esta obra passou a ser publicada pela Editora Método | Grupo GEN a partir da 2ª edição.

- Esta obra, anteriormente designada "Resumo de Direito Médico", passou a ser intitulada "Direito Médico" a partir da 2ª edição.

- Capa: Bruno Sales Zorzetto

- **CIP – BRASIL. CATALOGAÇÃO NA PUBLICAÇÃO.**
  SINDICATO NACIONAL DOS EDITORES DE LIVROS, RJ.

S713d
2. ed.

Souza, Alessandra Varrone de Almeida Prado
Direito médico / Alessandra Varrone de Almeida Prado Souza; coordenação Renee do Ó Souza. – 2. ed., rev., atual. e reform. – Rio de Janeiro: Método, 2022.
296 p.; 21 cm. (Método essencial)

Inclui bibliografia
ISBN 978-65-5964-555-8

1. Medicina – Legislação – Brasil. 2. Serviço público – Brasil – Concursos. I. Souza, Renee do Ó. II. Título. III. Série.

22-77109   CDU: 340.134:61(81)

Meri Gleice Rodrigues de Souza – Bibliotecária – CRB-7/6439

Respeite o direito autoral

Sumário

Capítulo 1
Direito médico na sociedade contemporânea 1
1.1 O papel do médico na sociedade contemporânea 1
1.2 Princípios da bioética 6
   1.2.1 Princípio hipocrático da beneficência 8
   1.2.2 Princípio hipocrático da não maleficência 9
   1.2.3 Princípio da autonomia da vontade do paciente 10
   1.2.4 Princípio do ideário da justiça 10
1.3 Direito Médico Preventivo e os princípios da bioética 11

Capítulo 2
Bioética e biodireito 15
2.1 O consentimento informado e a autonomia do paciente .. 15
2.2 A autonomia do médico durante a pandemia da Covid-19 ... 22
2.3 O direito à informação 26
2.4 Decisão compartilhada ou escolha esclarecida 31
2.5 Recusa terapêutica pelo paciente 33
2.6 Uso de canabidiol em pacientes 36
2.7 Breve estudo sobre a teoria da perda de uma chance e a atividade médica 37
2.8 Sigilo médico e questionamentos práticos 41
2.9 Medicina baseada em evidência 50

Capítulo 3
Documentos médicos 55
3.1 Termo de consentimento livre e esclarecido 55
3.2 Notificações 59
3.3 Atestado médico 60
   3.3.1 Breves informações sobre atestado de óbito 63
3.4 Prontuário médico ou prontuário do paciente 66
3.5 Relatórios médicos 70
3.6 Parecer médico 72

Capítulo 4

Fertilidade humana e o direito 73
- 4.1 Reprodução assistida 73
  - 4.1.1 Aspectos legais sobre reprodução assistida 76
  - 4.1.2 Gestação em substituição 80
  - 4.1.3 Sigilo da origem genética no Brasil 86
  - 4.1.4 Análise embrionária 86
  - 4.1.5 Embriões congelados 89
- 4.2 Aborto 92
  - 4.2.1 Aborto terapêutico 94
  - 4.2.2 Aborto terapêutico em feto com anencefalia 95
  - 4.2.3 Aborto sentimental 98
  - 4.2.4 Reflexões sobre aborto após o diagnóstico de microcefalia 99
  - 4.2.5 Aborto eugênico 100
- 4.3 Esterilização humana 101

Capítulo 5

Breve estudo sobre a transfusão de sangue e reflexão sobre a Resolução CFM nº 2.232/2019 – recusa terapêutica por pacientes e objeção de consciência na relação médico-paciente 105

Capítulo 6

Terminalidade da vida e o direito 113
- 6.1 Diretrizes antecipadas de vontade 117
- 6.2 Cuidados paliativos 121
- 6.3 Eutanásia 124
- 6.4 Suicídio assistido 129
- 6.5 Ortotanásia 130
- 6.6 Distanásia 131
- 6.7 Mistanásia 132
- 6.8 Breves reflexões sobre o direito à verdade ao paciente que está à espera da morte 133

Capítulo 7

A tecnologia a favor da medicina 137

7.1	Telemedicina	137
7.2	Direito médico digital	140
7.3	LGPD	143
7.4	*Compliance* médico	146

Capítulo 8
Direito à saúde no Brasil 149

8.1	Introdução	149
8.2	Regras e princípios e a garantia do direito à saúde	155
8.3	Aplicação do princípio da proporcionalidade no direito à saúde	155
8.4	Princípios constitucionais aplicáveis ao direito à saúde	156
8.5	Legislação ordinária relativa ao direito à saúde	158
8.6	Apontamentos sobre competência não legislativa dos entes federados	162
8.7	Apontamentos sobre competência legislativa dos entes federados	163
8.8	Sistema Único de Saúde (SUS)	163
8.9	Participação complementar do setor privado no SUS	172
8.10	Saúde suplementar	173
8.11	Parceria com setor privado	174
8.12	Empresa brasileira de serviços hospitalares (EBSERH)	178

Capítulo 9
Responsabilidade civil na medicina 181

9.1	Debates sobre responsabilidade civil à luz do direito brasileiro	181
9.2	Responsabilidade contratual e extracontratual à luz do Código Civil	188
9.3	Código de Defesa do Consumidor	192
9.4	Responsabilidade hospitalar e do plano de saúde	196
9.5	Responsabilidade dos médicos residentes e estudantes de medicina	202
9.6	Responsabilidade civil do Estado	204
9.7	Espécies de danos	209
9.7.1	Dano material	210
9.7.2	Danos morais	211

9.7.3 Dano estético 215
9.8 Iatrogenia 216
9.9 Responsabilidade da OS/OSCIP 219
9.10 Obrigação de meio e de resultado 226
9.11 Prazo prescricional 231

Capítulo 10

Violência obstétrica 233
10.1 Conceito de violência obstétrica 233
10.2 Formas de violência obstétrica 237
  10.2.1 Física 237
  10.2.2 Verbal 240
  10.2.3 Moral ou psicológica 242
10.3 Origem do enfrentamento da violência no Brasil 242
10.4 Quem pode praticá-la 244
10.5 Quem pode ser vítima 246

Capítulo 11

Direito penal médico 249
11.1 Homicídio culposo – art. 121, § 3º, do CP 249
11.2 Lesão corporal – art. 129, § 6º, do CP 252
11.3 Omissão de socorro – art. 135 do CP 254
11.4 Condicionamento do atendimento médico-hospitalar emergencial – art. 135-A do CP 257
11.5 Dos crimes contra a honra 260
  11.5.1 Calúnia – art. 138 do CP 260
  11.5.2 Difamação – art. 139 do CP 264
  11.5.3 Injúria – art. 140 do CP 266
11.6 Violação do segredo profissional – art. 154 do CP 270
11.7 Dos crimes contra a liberdade sexual 273
  11.7.1 Estupro – art. 213 do CP 273
  11.7.2 Violação sexual mediante fraude – art. 215 do CP 276
11.8 Falsidade de atestado médico – art. 302 do CP 278
11.9 Dos crimes contra a administração pública 279
  11.9.1 Corrupção passiva – art. 317 do CP 279
  11.9.2 Concussão – art. 316 do CP 283

Referências 287

1

Direito médico na sociedade contemporânea

1.1 O papel do médico na sociedade contemporânea

Desde os primórdios da humanidade, a figura do médico na sociedade é tão presente quanto a existência de doença e dor. A compaixão com o outro e o desejo de restituir a saúde daquele que clama por auxílio caminharam juntos com o estudo das doenças, sua evolução e quais condutas eram consideradas eficazes para manter ou restabelecer a saúde do enfermo. Contudo, o papel do médico ultrapassa o estudo sobre doenças e doentes. A ciência médica também tem a missão de orientar e esclarecer os legisladores na elaboração de leis sobre fatos médicos e, por sua influência, capacitar o juiz a analisar a gravidade da enfermidade e mensurar se deve ser considerada leve, grave ou gravíssima.

O papel do médico acompanhou a evolução da sociedade até sua configuração atual. Em um primeiro momento, a profissão era essencialmente artesanal, e a atuação do profissional era vista como ato místico, a cura do paciente era resultado de experimentos e ritualismo. A cura do enfermo era entendida como ato de poder divino e, como tal, somente poderia ser proferida por aquele especial e agraciado por Deus. Os métodos de cura não eram questionados, e o médico era reverenciado como sacerdote pela comunidade, reconhecido por seu "poder especial". Os locais de cuidados de doentes, denominados posteriormente como hospitais, eram administrados pelos entes religiosos e os sacerdotes cuidavam dos necessitados.

A evolução da Medicina produziu consequências diretas no Direito, que podem ser identificadas, como exemplo, no Código de Hamurabi, escrito no século XVIII a.c., que instituía que práticas médicas, caso causassem prejuízo ao doente, seriam punidas duramente. O Código de Hamurabi previa que o profissional que provocasse a morte ou a perda de um olho do paciente seria punido com a perda de uma mão. Porém, ao mesmo tempo que previa punição ao profissional, estabeleceu compensações financeiras para as operações difíceis, por exemplo, de onde se verifica o simultâneo cuidado com a vida do paciente e o início da discussão quanto à responsabilidade do médico, embora os erros implicassem castigos corporais.

Os primeiros séculos da Medicina foram marcados por uma posição de superioridade dos detentores do conhecimento médico sobre os pacientes leigos. A arte médica era vista como divina, sobrenatural, e o paciente quase não possuía direito a questionamento com relação às decisões e determinações daqueles agraciados com o dom do conhecimento. A relação médico-paciente era vertical e a superioridade do profissional, inquestionável.

Na Medicina antiga, o médico mais importante foi Hipócrates, nascido há mais de 2.500 anos, considerado até os dias atuais como o "pai da Medicina", porque, segundo uma tradição antiga, retirou das mãos dos deuses a arte de curar doentes e a entregou aos homens. São poucas as informações sobre a sua vida particular, o que se sabe é que ele veio de uma linhagem familiar antiga de profissionais que cuidavam da saúde que, segundo relatos antigos, era descendente do deus grego Asclepius, o deus da cura. Asclepius teria sido um hábil cirurgião que foi fulminado por Zeus e se tornou homem mortal, razão pela qual Hipócrates também é conhecido como Ascleapíade.

Hipócrates dedicou a vida para a Medicina e o estudo de doenças. Após sua morte, foram encontrados catálogos que diagnosticavam doenças como malária, pneumonia e tuberculose. Mas a base fundamental de seu pensamento foi afastar da Medicina as interpretações teológicas e fantasiosas confusões com atos de magias. Antes de seus estudos, doenças como epilepsia eram vistas como diabólicas e o doente tratado como "possuído de espíritos imundos". Ao desprender a doença da origem mística, Hipócrates dirigiu sua atenção à doença em si, para, então, com ética e racionalidade, ajudar o paciente. A matriz ética de sua atuação em lidar com a doença e o doente é até hoje lembrada e compõe o texto do juramento feito pelo graduando do curso de Medicina do Brasil.

O olhar ético que passou a conduzir a profissão permitiu que o diagnóstico de doenças deixasse de ser entendido como uma inspiração divina para ser fruto de um processo lógico de estudo e trabalho. A partir dele, a Medicina mágica deu lugar a Medicina clínica, de modo que a atenção do médico deixou de se direcionar para os deuses para se encaminhar para o doente, mediante o abandono de conceitos e teorias religiosas.

O avanço dos conhecimentos da Medicina deu-se mediante a prática de condutas experimentais, que produziram inúmeros erros e danos e que, progressivamente, foram capturados pelo Direito. Um exemplo de tentativa infrutífera de salvar a vida do paciente é o caso Helie, ocorrido na França em 1825. Durante determinado trabalho de parto, o médico percebeu que o nascituro, inesperadamente, descia o canal vaginal com os braços direcionados acima e à frente de sua cabeça. No anseio de facilitar o nascimento e salvar a vida do pequeno, o médico decidiu amputar seus braços. O caso foi julgado pela Academia de Medicina de Paris e, em um primeiro momento, a decisão foi inconclusiva, "porquanto, uma vez estabelecido o princípio da responsabilidade médica, tudo se faria suspeito e arriscado para o médico. Deveria temer a cada passo a vingança das leis, e fugiria ao simples aspecto do perigo". Depois, a mesma instituição condenou o médico pelas lesões acarretadas no nascituro e o obrigou a pagar pensão vitalícia ao paciente.

Ao longo da História, a preocupação com o bem-estar e segurança do paciente ganhou força na sociedade mundial, principalmente após a Revolução Francesa e a Revolução Industrial. Com o avanço tecnológico, paulatinamente, o médico perdeu o caráter divino e assumiu a forma de um profissional comum, sujeito a falhas e questionamentos. Nesse contexto, direitos como o consentimento informado passaram a ser considerados indispensáveis na relação médico-paciente, o que nos remete ao célebre julgamento inglês de 1767. Nesse processo, o paciente, sr. Slater, procurou a justiça acusando os médicos dr. Blaker e dr. Stapleton por provocarem nova fratura em sua perna, causando-lhe danos desnecessários, além de não terem lhe informado sobre o procedimento que seria realizado. A Corte, destacando a falta de consentimento informado, condenou os médicos por quebra de contrato na relação assistencial ao paciente.

De lá para cá, a massificação e despersonalização do atendimento, como também o aumento de números de especialidades médicas, inseriram os conceitos de responsabilidade civil, penal e ética na relação médico-paciente. A responsabilidade do profissional da saúde passou a acompanhar o crescimento de direitos dos pacientes e, consequentemente, o número de condenações judiciais passou a ser cada vez mais comum.

Na França, um dos primeiros julgamentos que fazem referência aos direitos do paciente ocorreu em 1942, sobre a inobservância do consentimento, e muitos países da Europa publicaram leis em que reconheciam a importância da obtenção do consentimento do paciente.

Um dos principais marcos históricos aconteceu na metade do século XX com a criação da Bioética, originada devido ao grande desenvolvimento da Medicina e das ciências médicas, que proporcionaram modificações na existência humana, cura de enfermidades e promoção de conforto ao doente. Contudo, alguns desses estudos científicos foram originados com o emprego de cobaias humanas vivas, como ocorrido nos campos de concentração nazistas, e pesquisas científicas com produção de ferimentos em regiões vitais.

Os autores Tom L. Beauchamp e James F. Childress escreveram o livro *Princípios de ética biomédica* com a formulação dos princípios bioéticos básicos, inspirados nos ensinamentos filosóficos de Kant e Mill.

No Brasil, as primeiras mudanças no papel do médico na sociedade podem ser vistas especificamente na época do Brasil Colônia, com o surgimento da responsabilidade civil, ainda atrelada à penal, caso o médico cometesse dano. Posteriormente, a questão foi consolidada com a entrada em vigor do Código Civil de 1916, que estabeleceu a responsabilidade aquiliana daquele que comete dano e o dever de reparação.

A modificação foi sentida a partir dos anos 70, com a expansão dos movimentos sociais e a formalização de propostas para atender os excluídos. No início dos anos 80, o Brasil acompanhou a Reforma Sanitária, em que os médicos passaram a questionar a saúde no Brasil e defender o acesso universal do direito à saúde.

Em 1986, ocorreu a 8ª Conferência Nacional da Saúde, que teve como objetivo principal promover a saúde pública no país, o que resultou na conformação do tema na Constituição Federal de 1988, a qual estabelece o direito à saúde como dever do Estado, ocasião em que também restou consagrada a possibilidade de indenização por danos morais, inclusive em favor de pacientes lesados por condutas médicas ilícitas.

A chegada, em 1990, do Código de Defesa do Consumidor alçou o paciente ao *status* de consumidor, lhe assegurou uma gama variada de direitos e assentou o sistema de responsabilidade civil na teoria objetiva, caracterizada pela desnecessidade de demonstração da culpa daquele que pratica o ato ilícito, sistema mais protetivo e simplificador no enfrentamento dos erros médicos.

Os atuais dilemas médicos, muitos deles fruto do desenvolvimento científico da medicina, ainda desafiam conformação do Direito, a fim de compatibilizar a sustentabilidade entre a relação médico-paciente e todas as suas consequentes correlações sociais e os nobres fins que anima aquela ciência, quadra em que atualmente se verifica o desenvolvimento vertiginoso da Bioética moderna.

Desde os primórdios da sociedade até os dias atuais, o papel do médico se modificou e adaptou-se frente à realidade contemporânea. De entidade considerada com poderes divinos, o profissional de hoje deve observar o cuidado com o paciente e, não menos importante, os direitos que ele possui.

1.2 Princípios da bioética

Em 1927, o pesquisador alemão Fritz Jahr publicou um artigo no periódico *Kosmos* em que utilizou pela primeira vez a palavra bioética, para explicar a obrigação ética em pesquisas científicas com seres humanos e demais seres vivos. Cerca de 40 anos após essa publicação, mais especificamente na década de 1970, o pesquisador Jay Katz denunciou diversos abusos cometidos em experimentos científicos contra seres humanos nos Estados Unidos, casos que vieram a público e escandalizaram a sociedade da época. As pesquisas de acompanhamento da evolução e reação do organismo humano contaminado com sífilis, realizadas em afro-americanos, que eram privados de medicamentos para que os cientistas pudessem realizar experimentos, foram publicadas na primeira página do jornal *Times Square*.

A expressão "bioética" foi consagrada pelo médico norte-americano Van Ressenlaer Potter, após novas notícias envolvendo experimento com seres vivos. Em suas reflexões, Potter questionava os avanços e efeitos que a tecnologia exerce na saúde humana de modo impor a ideia de manutenção da qualidade de vida do homem mesmo diante do avanço do processo tecnológico e científico decorrente das pesquisas médicas. Para ele, que é conhecido como o "pai da Bioética", a bioética tinha como missão conscientizar a humanidade para uma vida digna, com responsabilidade e ética para zelar pelo planeta. A partir dele, diversos autores, como André Hellegers, passaram a estudar e escrever sobre a importância da ética na ciência médica.

O estudo da bioética avançou juntamente com a biotecnologia e, juntas, causaram algumas polêmicas, como legalização do aborto, eutanásia e reprodução assistida. Diante de discussões originadas, ao mesmo tempo, pela evolução da medicina e urgente necessidade de condutas éticas para lidar com os temas envolvidos, em 1979, a Comissão Nacional americana para Proteção de Sujeitos Humanos nas Pesquisas Biomédicas e Comportamentais (*National Commission for the Protection of Human Subjects of Biomedical and Behavioral*

Research) elaborou princípios éticos básicos norteadores da experimentação com seres humanos nas ciências que envolviam comportamento e biomedicina.

Em um primeiro momento, a Comissão elaborou três princípios considerados básicos para orientação de condutas aceitáveis durante pesquisas médicas, sendo eles: o respeito pela autonomia das pessoas (consideração pelas escolhas das pessoas e crenças), a beneficência (visa buscar o bem-estar do ser humano e não causar dano) e a justiça (equidade no tratamento entre seres humanos).

Em 1979, dois relatores da Comissão, Tom Beauchamp e James Childress, estudaram os princípios basilares da ética e escreveram a obra, que é referência mundial no assunto até os dias atuais, conhecida como *Principles of biomedical ethics*. No estudo, aprofundaram o conceito dos princípios e acrescentaram o importante princípio da não maleficência. A partir de então, a bioética passou a ser constituída por quatro princípios fundamentais: autonomia, beneficência, não maleficência e justiça. Os quatro princípios compõem o que se conhece como a corrente principialista, em que se formam os fundamentos e análise da base da bioética. Vejamos:

1.2.1 Princípio hipocrático da beneficência

Este princípio surgiu a partir da influência da teoria ética utilitarista, de modo que a ação médica deve pautar-se em promover o bem-estar do paciente. O princípio da beneficência preconiza a produção do bem ao paciente de modo que o tratamento deve ter como objetivo fazer o melhor possível para ele. O profissional da saúde é obrigado a maximizar os benefícios e reduzir os prejuízos. Se houver situação em que haja procedimentos conflitantes, isto é, se algum dano for inevitável, deve-se ter em vista a melhor opção possível para o doente naquela situação. Um exemplo bem típico é o de situações em que será inevitável a amputação de um membro para que se garanta a sobrevivência, ato que, inevitavelmente, causará dor e sofrimento ao paciente, mas que, devido à necessidade de salvar sua vida, é considerado procedimento médico adequado.

Todos os riscos e benefícios devem ser esclarecidos ao paciente, ou ao responsável, para que ele consinta na realização do procedimento. O princípio da beneficência implica cuidado ao agir. Toda ação humana, em especial aquela que envolve riscos a outrem, não pode prescindir do dever de cuidado.

1.2.2 Princípio hipocrático da não maleficência

De forma a complementar o anterior, o princípio da não maleficência tem como objetivo não causar dano intencional ao paciente, sendo considerado esse o objetivo principal da ética médica. Sendo assim, o profissional da saúde deve, antes de tudo, se comprometer em não fazer o mal ao paciente. O médico deve empregar todo o seu conhecimento para beneficiar o enfermo e/ou a coletividade, e os fins devem ser lícitos. Com base no princípio, nenhum procedimento, em hipótese alguma, deve causar danos, mesmo que tenha um fim útil. Portanto, de acordo com este princípio, os fins não justificam os meios.

O preceito, acrescentado por Beauchamp e Childress, insere as seguintes regras que norteiam a prática médica e dos demais profissionais da área da saúde:

- **um**, não matar;
- **dois**, não causar dor ou sofrimento desnecessário a outros;
- **três**, não incapacitar o outro;
- **quatro**, não ofender; e
- **cinco**, não privar o outro dos bens necessários a vida.

A diferença entre os dois princípios estudados é que a beneficência visa uma atitude positiva do profissional, agir de acordo com o interesse e necessidade do outro, enquanto a não maleficência visa uma atitude negativa, se dispõe a evitar o mal em relação ao outro.

1.2.3 Princípio da autonomia da vontade do paciente

O princípio direciona o profissional da saúde a agir de modo compatível com os melhores interesses do paciente, levando em consideração a sua própria opinião para influenciar na opção adequada para o tratamento de saúde. O princípio da autonomia é a faculdade de o paciente, livremente, traçar suas próprias opiniões e receber do profissional respeito e compreensão quanto a seus valores, crenças e convicções. Um exemplo de respeito a esse princípio é o testamento vital, em que o paciente dispõe quais tratamentos médicos serão realizados nos últimos momentos de vida.

A situação é diferente quando o paciente não é capaz de, livremente, expor sua opinião e desejo, por exemplo aquele inconsciente internado no leito de UTI, quando então suas informações deverão, em regra, ser prestadas pelos responsáveis ou parentes.

A partir desse princípio surgiu o Termo de Consentimento Livre e Esclarecido, que é imprescindível nas relações dos profissionais de saúde.

1.2.4 Princípio do ideário da justiça

Para Beauchamp e Childress, o princípio tem como objetivo o tratamento equitativo, oportunizando a cada um o que é devido. Sendo assim, o profissional da saúde deve, de maneira imparcial, distribuir os riscos e benefícios, de modo a permitir que todos sejam tratados igualmente.

O princípio da justiça requer a equidade ao agir, isto é, reconhecer as diferenças, necessidades e direito de cada um. Como exemplo se tem a desigualdade econômica no Brasil, que acarreta um tratamento diferenciado entre as pessoas. Para que se tenha o nivelamento justo é preciso tratar o diferente de modo diferenciado, permitindo um cuidado e atenção apto a elevar aquele que se encontrava em situação prejudicial.

Outro exemplo seria o atendimento médico nos hospitais públicos de maneira diferenciada. Assim, além de vedar a discriminação, o princípio requer que o médico aja com equidade e imparcialidade, evitando que os aspectos sociais, culturais, religiosos e financeiros interfiram na relação profissional com o paciente.

Por fim, é importante mencionar que não existe uma disposição hierárquica entre os quatro princípios, de modo que, em caso de conflito entre eles, deve o caso ser resolvido mediante análise das particularidades do caso concreto para identificar qual terá mais peso. Por exemplo, paciente com problemas cardíacos graves nega-se a autorizar procedimento cirúrgico, embora este seja a melhor alternativa para sua vida. Embora as circunstâncias concretas possam resultar diferentes respostas, de modo geral, o conflito entre a vontade do paciente e o dever de salvar-lhe a vida tende a prevalecer, ante o maior peso no princípio da beneficência.

1.3 Direito Médico Preventivo e os princípios da bioética

O desgaste advindo pela quebra da confiança na relação médico-paciente somente não é maior do que a deterioração decorrente do erro e processo judicial (ou ético) dele decorrente. Diante dessa constatação, torna-se imperioso o debate a respeito de condutas anteriores capazes de impedir a quebra dessa relação e, consequentemente, reduzir as perspectivas de um processo judicial.

Mas o que seria tão valioso a ponto de reduzir demasiadamente as chances de uma lide? Antes de respondermos essa pergunta, é importante lembrarmos que, conforme estudamos anteriormente, a atual relação médico-paciente se encontra fragilizada e insatisfações são notórias em ambas as partes.

Situações como interrupção na fala do paciente a cada 16 segundos, falta de estrutura durante o atendimento, inobservância da autonomia da vontade do paciente, erros de diagnóstico são exemplos do cotidiano das clínicas e hospitais e que fomentam a insatisfação da relação.

Hoje, grandes hospitais e clínicas médicas se preocupam com a melhoria na relação médico-paciente, pois sabem que a satisfação do paciente/cliente está diretamente ligada ao desejo de ingresso de uma ação judicial. Por isso, o Direito Médico Preventivo vem sendo, cada vez mais, solicitado pelos profissionais de saúde e empregado pelos escritórios de advocacia.

O Direito Médico Preventivo tem como objetivo identificar os pontos fracos da clínica, hospitais ou até mesmo do profissional de saúde e adotar medidas eficientes para que aquele padrão de conduta seja modificado e não mais empregado. Com a redução das fragilidades, há consequentemente uma redução das chances de ingresso judicial.

E o que isso tem a ver com princípios da Bioética? Tudo! Quando bem empregados, os princípios da Bioética são fundamentais para que o médico tenha a segurança para sua atuação profissional ao mesmo tempo que garante os direitos do paciente.

Imagine a parturiente que, no trabalho de parto, insista em parto normal para o nascimento do seu filho. O médico que a assiste passa todas as informações relativas a sua saúde e de seu filho e respeita o desejo da genitora (princípio da autonomia da vontade do paciente), principalmente porque o parto está transcorrendo perfeitamente e sem intercorrência.

Agora imagine que esse mesmo médico percebe uma intercorrência com o bebê e informe à paciente sobre a necessidade de cesariana imediata para que o feto não sofra nenhum prejuízo (princípio da beneficência). Aqui, o desejo da paciente cedeu lugar à necessidade de cuidar da saúde do nascituro. Assim, quando a modificação de princípios é bem conduzida pelo profissional há a redução efetiva das chances de processo judicial diante da manutenção da boa relação com a paciente, principalmente porque o médico obedeceu aos preceitos da Bioética, atendeu o direito à informação da paciente e o direito centrado na paciente.

Sendo assim, a observância dos princípios é basilar para a manutenção da boa relação médico-paciente e redução efetiva de lides, sendo, portanto, empregada como técnica fundamental para prevenir processos judiciais.

2

Bioética e biodireito

2.1 O consentimento informado e a autonomia do paciente

A escalada dos Direito Humanos desembocou também na evolução dos direitos dos pacientes de modo a assegurar-lhes o direito de obtenção do consentimento informado para a realização de atos médicos.

O consentimento informado ou, como também é conhecido, o termo de consentimento livre e esclarecido decorrem do direito fundamental da autonomia do paciente, há pouco estudado, que consagra o direito do paciente de traçar seu próprio destino e decidir qual tratamento médico é o mais vantajoso para sua situação. A ausência desse requisito por parte do profissional da saúde constitui infração aos princípios da Ética médica, com exceção das situações em que se verifica perigo iminente de morte.

Para que o consentimento seja considerado válido, é importante que seja concedido pelo paciente sem qualquer influência e, não menos relevante, que se permita ao enfermo acesso às informações fundamentais para decidir livremente sobre sua condição. Desse modo, conclui-se que, tão indispensável quanto o consentimento informado, é o dever de informação, que obriga o profissional de saúde a esclarecer a real situação do paciente e informar as opções compatíveis com a necessidade real.

Contudo, o consentimento informado não deve ser compreendido somente como a simples transmissão de informações ao enfermo. É preciso que seja dado a ele o conhecimento da amplitude do procedimento médico ao qual será submetido, sendo repassadas as possibilidades de riscos, complicações, benefícios e alternativas de tratamento. Essa somatória de informações que devem ser repassadas precisa ser compreendida como elementos formadores no negócio jurídico, previsto nos arts. 104, 185 e 166, VI, todos do CC.

Desse modo, entende-se por consentimento informado a concordância do indivíduo, civilmente capaz e com discernimento, em entender e decidir por uma proposta ou tratamento médico, sem qualquer tipo de coação, influência ou indução de sua vontade. Por isso, não se considera como concordância a simples assinatura no termo de consentimento informado entregue ao paciente junto com outros formulários a caminho do centro cirúrgico, por exemplo, sem que seja precedido de explicações necessárias para que se possa exercer seu direito. Nele, as informações prévias sobre tratamento, procedimento médico e enfermidade devem estar relacionadas e precisam ser prestadas em linguagem clara e compatível com o grau de discernimento do paciente, devendo ser evitadas, na medida do possível, explicações estritamente técnicas. Assim, visando à compreensão da informação pelo paciente, o médico deve decodificá-la de maneira que o cidadão leigo a entenda suficientemente, compreendendo corretamente o tratamento de sua enfermidade (princípio da informação adequada).

O princípio da informação adequada é consagrado como direito básico do paciente e decorre do art. 5º, XIV, da CF, que diz que "é assegurado a todos o acesso à informação". Nessa mesma vertente, o art. 7º, III e V, da Lei nº 8.080/1990 prevê como diretriz do Sistema Único de Saúde (SUS) "a preservação da autonomia das pessoas na defesa de sua integridade física e moral" e o "direito à informação, às pessoas assistidas, sobre sua saúde".

Além disso, conforme será examinado no capítulo próprio, a prestação de serviço de saúde é regulamentada pelo Código de Defesa do Consumidor, que prevê como direito básico do consumidor "a informação adequada e clara sobre os diferentes produtos e serviços, com especificação correta de quantidade, característica, composição, qualidade e preço, bem como os riscos que apresentem" (art. 6º, III). Portanto, os produtos ou serviços não acarretarão riscos à saúde ou segurança do paciente, exceto os considerados normais e previsíveis, obrigando os fornecedores a dar informações necessárias e adequadas a seu respeito (art. 8º do CDC).

Assim, todo procedimento médico precisa ser, anteriormente, autorizado pelo paciente ou, nas situações em que o enfermo não pode fazê-lo, pelo seu responsável, devendo antes, nesse caso, ser verificado o grau de parentesco do familiar com o paciente antes do repasse das informações particulares sobre o paciente. Nesses casos, isto é, nas situações em que o paciente não pode obter as informações por si próprio, o médico deve prestá-las aos responsáveis legais, como genitores, situação conhecida como consentimento substituto.

Outro ponto de esclarecimento é de que o consentimento primário ou inicial não autoriza o profissional considerar, implicitamente, permitida a realização de procedimentos e atos médicos subsequentes sem, antes, obter novo consentimento do paciente. Sendo assim, o consentimento do enfermo deve ser compreendido como a autorização para cada ato ou procedimento médico. Nos demais atos continuados, ao profissional, novamente, é indispensável obter novo consentimento do paciente (consentimento secundário ou continuado) de modo que o médico deve explicar ao paciente o tratamento adequado e, caso haja alguma modificação no estado de saúde, será necessário que o profissional explique a nova circunstância fática (princípio da temporalidade) e a nova opção de tratamento, de modo a assegurar que o consentimento seja real e efetivo.

Nas situações emergenciais, não é imprescindível que o médico consiga o consentimento em razão da urgente necessidade de cuidado com o paciente. Assim, por exemplo, o paciente é internado no hospital após grave acidente automobilístico e durante a cirurgia verifica a necessidade de extensão do procedimento cirúrgico para que cesse uma hemorragia pulmonar. Nessa situação, não há a necessidade de se obter a autorização do paciente ou de responsável para a realização do novo procedimento.

Perguntas

■ **É possível que o paciente, durante o tratamento, revogue o consentimento anteriormente autorizado ao profissional da saúde?**

Sim, porque a qualquer momento da relação profissional é possível que o paciente modifique sua vontade e revogue o consentimento anteriormente entregue ao médico, mesmo que tenha consentido por escrito (princípio da revogabilidade). O consentimento não é um ato perpétuo e imutável e por isso é passível de revogação. Há, porém, situações em que, mesmo com o consentimento do paciente, é permitido que o médico se abstenha de dar sequência no atendimento, como no caso de constatar que isso implicará aumento do risco em grau superior ao risco inerente à interrupção do tratamento (princípio da não maleficência).

■ **É permitido ao profissional da saúde contrariar o consentimento do paciente e agir de modo contrário à sua vontade?**

Sim. É lícito ao profissional contrariar o desejo do paciente ou de responsável e agir de maneira contrária ao que foi autorizado pelo paciente, quando a situação ensejar tratamento indispensável e inadiável à sua saúde. Como exemplo, temos o médico que realiza cirurgia em uma criança filha de pais praticantes de religião que não permite a transfusão de sangue. Durante o procedimento cirúrgico, o médico se depara com a urgente necessidade de efetuar transfusão de sangue para salvar a vida da infante, contudo, tem conhecimento de que os genitores são contrários à execução do procedimento. Diante do grave risco de morte, ou seja, clara situação de urgência e emergência, o médico contraria a opção dos genitores e realiza a transfusão para impedir o agravamento de sua saúde, valendo-se do princípio da beneficência.

■ **E nas situações em que o paciente pretende deixar a internação no hospital para continuar o tratamento em sua residência, ato conhecido como "alta a pedido do paciente"? O consentimento do enfermo é válido?**

Essa é a hipótese em que o paciente solicita que seja dado a ele "alta hospitalar", sem que sua saúde esteja convalescida. Para tanto, é entregue ao paciente o termo de responsabilidade para que seja assinado e informe a ciência do risco de tal conduta. Não obstante o desejo do enfermo, o termo assinado só terá validade quando não houver grave prejuízo e risco à vida ou à saúde do doente. Caso contrário, o profissional da saúde e a instituição hospitalar poderão praticar, em tese, o crime de omissão de socorro.

■ **É possível a responsabilidade civil de médicos pela falta do consentimento informado?**

A inobservância ao consentimento informado do paciente difere de eventual erro médico. Contudo, mesmo assim, é possível que o médico ou hospital (ou ambos) sejam condenados pela falta de informação adequada para o paciente sobre os riscos inerentes ao seu tratamento.

Esse tipo de condenação não é fato novo. Tem-se notícia de que no ano de 1767, na Inglaterra, o paciente de nome Sr. Slater procurou o médico Dr. Blaker para dar continuidade a um tratamento de fratura óssea em sua perna, iniciado antes por outro médico, Dr. Stapleton. Os dois médicos, sem consultar o paciente, desuniram o calo ósseo propositadamente ao retirarem a bandagem que protegia a perna, o que provocou nova fratura. O paciente ajuizou uma ação acusando os profissionais pela nova fratura, além de terem-lhe sonegado a informação sobre o procedimento realizado. Na instrução processual, foram chamados médicos peritos para opinarem sobre o ocorrido, que, de maneira unânime, afirmaram que o procedimento adotado não era de uso convencional. A Corte condenou os médicos por quebra do contrato na relação assistencial com o paciente e, na sentença, o juiz deixou claro que a decisão foi baseada na falta de consentimento e informação.

No Brasil, recentemente, a 4ª Turma do STJ garantiu a indenização a um jovem e seus pais após sequelas resultantes de uma cirurgia médica. O caso não se tratava de erro médico, mas sim de inobservância de informação adequada para o paciente decidir sobre os riscos do procedimento (REsp 1.540.580/DF 2015/0155174-9).

A falta do consentimento informado impede que o paciente tenha acesso a todas as possibilidades quanto ao risco do procedimento médico de modo que eventual responsabilidade civil decorrente de violação a esse direito independe da ocorrência de eventual erro médico.

- **O paciente pode recusar o tratamento médico indicado pelo profissional da saúde?**

O paciente pode recusar o tratamento indicado pelo profissional, com fundamento no princípio da autonomia, direito que decorre do art. 5º, VI e VIII, da CF. Desse modo, é assegurado ao paciente o direito de que sua vontade prevaleça sobre a opção terapêutica escolhida pelo médico, ainda que ignorando argumentos técnicos e científicos, desde que esta seja uma decisão consciente, tomada por pessoa competente e após ser informada sobre todas as possibilidades.

Como exemplo de observância ao direito à informação do paciente, cite-se a Resolução n° 1.805/2006 do CFM, que permite a suspensão ou limitação de procedimentos e tratamentos médico-terapêuticos que sirvam para prolongar a vida de doentes terminais. Contudo, antes de dar início à suspensão ou limitação, o médico deve observar a vontade do paciente ou de seu representante legal.

■ **Médico atende paciente no hospital com sinais de necrose no pé diabético. Recomenda a amputação ante a grave situação em que se encontra a paciente com risco de infecção sistêmica e morte. Ela nega a cirurgia. O médico pode abandonar a paciente?**

É preciso analisar alguns artigos antes de responder essa pergunta. Segundo o Código de Ética Médica, o art. 61 veda ao médico abandonar o paciente que esteja sob seus cuidados. Contudo, diz o § 1° que, caso ocorram fatos que prejudiquem o bom relacionamento com o enfermo ou o pleno desempenho profissional, o médico tem o direito de renunciar ao atendimento, desde que comunique previamente ao paciente ou responsável, garantindo a continuidade do atendimento médico, com o fornecimento das devidas informações ao médico que o suceder.

O art. 7° determina que o profissional deve exercer sua profissão com ampla autonomia, não sendo obrigado a prestar serviços profissionais a quem não deseje, salvo na ausência de outro médico.

Ainda dentro do mesmo Códex, o art. 32 dispõe sobre a proibição ao médico de isentar-se da responsabilidade de ato profissional que tenha praticado ou indicado, ainda que solicitado ou consentido pelo paciente.

Diante dessas disposições éticas, o médico deve informar ao paciente todas as informações relativas ao seu estado de saúde para que o convença sobre a importância da cirurgia e, assim, tenha a devida anuência para o procedimento. Caso persista na negativa, o médico poderá se salvaguardar no direito de não atender, caso não seja situação de urgência e emergência, ou tenha outro profissional possibilitado a atender o enfermo.

2.2 A autonomia do médico durante a pandemia da Covid-19

No início de 2020, o mundo foi tomado pelo rápido contágio do vírus Covid-19 e, desde então, os profissionais da Medicina e cientistas de todo o mundo batalham para recuperar a saúde daqueles acometidos pela enfermidade. Importantes debates bioéticos tomaram conta dos noticiários, consultórios médicos e hospitais, principalmente relacionados à autonomia dos médicos para prescrição de medicamentos para tratar essa enfermidade, o que levou, inclusive, à manifestação de entidades médicas sobre o assunto.

Em março de 2021, a Associação Médica Brasileira publicou um boletim em que condenou a prescrição e uso de alguns medicamentos que, segundo a entidade, não teriam eficácia contra a Covid-19, posição institucional diferente daquela contida na publicação do mês de julho de 2020, em que assegurava a "autonomia do médico ao receitar os medicamentos".[1]

Sobre o tema, por sua vez, o Conselho Regional de Medicina do Estado de São Paulo (CREMESP), em janeiro de 2021, publicou uma nota pública "reforçando que diretores clínicos, responsáveis técnicos e demais gestores não podem obrigar o médico a prescrevê-los. O Conselho também reforça a todos os médicos a necessidade de cautela para a prescrição desse e de outros tratamentos sem evidências científicas que comprovem sua eficácia, de forma a seguir o princípio bioético da não maleficência".[2]

Também o Conselho Federal de Medicina se pronunciou sobre o tema e, por meio de nota oficial, reconheceu a autono-

---

[1]. *Associação Médica Brasileira diz que uso de cloroquina e outros remédios sem eficácia contra Covid-19 deve ser banido* – AMB, 2021. Disponível em: https://amb.org.br/noticias/associacao-medica-brasileira-diz-que-uso-de-cloroquina-e-outros-remedios-sem-eficacia-contra-covid-19-deve-ser-banido/.

[2]. CREMESP – Conselho Regional de Medicina do Estado de São Paulo.

mia do médico e do paciente na escolha do tratamento que lhe parece mais adequado, alertando, contudo, pela não isenção de responsabilidade do profissional nesses casos. Nesse mesmo sentido, em 2020, o Conselho Federal de Medicina publicou a Resolução nº 4/2020, em que estabelece o respeito à autonomia do médico que, em decisão compartilhada com o enfermo, pode eleger a terapia que julgar mais conveniente para o enfrentamento da doença.[3]

Frente à ambivalência de entendimentos científicos e institucionais, fica a questão: qual deve ser a conduta do médico para o tratamento do enfermo de Covid-19?

Não existe solução pronta e automática para essa questão, o que demanda análise de várias normas que governam a bioética contemporânea.

É sabido que o diagnóstico, tratamento das doenças e reabilitação dos enfermos compõem o ato médico (art. 2º, II e III, da Lei de Atos Médicos), essencialmente relacionado aos seus juízos avaliativos e conclusivos, calcados no conhecimento profissional adquirido para o exercício da medicina. É certo, contudo, que a autonomia na prescrição medicamentosa ou no tratamento terapêutico escolhido pelo médico não é fruto de suas opiniões solipsistas, visto que depende das conclusões e estudos que cientificamente reconhecem a eficácia e adequação de determinados tratamentos.

É a Medicina Baseada em Evidência que deve, na maioria das vezes, servir de bússola para as decisões médicas porque seus resultados são respaldados em múltiplos estudos prévios sobre determinadas patologias. Ocorre que, porque a Covid-19 se trata de um vírus novo, os cientistas e médicos de todo o

---

[3.] *Reflexões sobre o enfrentamento da pandemia de covid-19*. Disponível em: https://portal.cfm.org.br/wp-content/uploads/2021/03/notaoficialcfmcovid.25.03.2021.pdf.

mundo navegam por águas desconhecidas e, embora tenham um mapa geral deste trajeto, desenhado pelas pesquisas feitas antes em situações e patologias parecidas, ainda não encontraram um protocolo médico definitivo sobre o melhor tratamento dos pacientes acometidos por essa doença.

Em situações como essa, diante da urgência que o caso reclama, a atuação médica deve ser regida pelos princípios hipocráticos da não maleficência e da beneficência para iluminar a conduta a ser adotada.

Influenciado pela ética utilitarista, o princípio hipocrático da beneficência propõe que a atuação médica deve se pautar em promover a otimização do bem-estar do paciente, de modo que seu tratamento deve ser feito mediante emprego de todas as diligências possíveis colocadas à sua disposição.

Já o princípio hipocrático da não maleficência visa garantir e abonar a atuação médica, ainda que arriscada ou perigosa, mas desde que voltada ao tratamento do caso e não vise causar dano intencional ao paciente. Isso implica dever médico de emprego de toda a técnica necessária para não causar prejuízos ao enfermo.

A aplicação desses princípios médicos ganha um peso decisivo no tratamento dos pacientes com Covid-19, visto que, como dito anteriormente, ainda não há pesquisas, fármacos e protocolos definitivos e eficazes para esses casos.

Esse quadro de imprecisão pode, para alguns, justificar a prescrição *off label*[4] de medicamentos ordinariamente empregados no tratamento de outras doenças, inclusive como modo de prevenir o contágio de Covid-19. Para outros, porém, o mé-

---

4. São aqueles medicamentos indicados para tratar outras doenças que não somente as descritas na bula.

dico não deve assim proceder, sob pena de criar insegurança e riscos desnecessários à saúde do paciente.

Seja como for, tanto uma opção como outra deve ser ratificada dentro do espaço legítimo conferido pela autonomia profissional do médico, fundamental para lhe assegurar decisões pautadas pelas normas anteriormente citadas, voltadas ao melhor tratamento para seu paciente e das quais, inclusive, deve partir sua eventual responsabilização. Isso implica que o profissional médico deve escolher, de forma conjunta e esclarecida com o paciente, o protocolo mais adequado a ser empregado no tratamento, sem coação ou ameaça de superiores hierárquicos, públicos ou privados.

Por isso vale lembrar que o médico "exercerá sua profissão com autonomia, não sendo obrigado a prestar serviços que contrariem os ditames de sua consciência ou a quem não deseje, excetuadas as situações de ausência de outro médico, em caso de urgência ou emergência, ou quando sua recusa possa trazer danos à saúde do paciente" (inciso VII do Código de Ética Médica).

É certo que, independentemente da linha de entendimento considerada como mais correta, a fim de evitar o descrédito profissional e a ruína da saúde do paciente, é dever indeclinável do médico a busca de atualização científica, capaz de embasar adequadamente suas decisões, visto que a medicina, mais que qualquer outra ciência do saber, está em constante alteração evolutiva. A autonomia profissional, naturalmente, não deve ser entendida como liberação irrestrita ao profissional para prescrever medicamentos ou tratamentos, baseados apenas em opiniões totalmente subjetivas. O recurso terapêutico eleito deve ser reconhecidamente eficaz e benéfico à condição de saúde do paciente, sob pena de sua conduta ser compreendida como afronta ao princípio da não maleficência.

Qual seria então a conduta mais correta a ser adotada pelo médico? A resposta passa pela compreensão dos princípios bioéticos anteriormente mencionados e dos deveres estabelecidos no Código de Ética Médica, segundo os quais cabe ao médico "aprimorar continuamente seus conhecimentos e usar o melhor do progresso científico em benefício do paciente e da sociedade" (inciso V dos Princípios Fundamentais).

O dever de atuação profissional do médico, principalmente em casos de patologias raras ou cujo tratamento seja incerto, como no caso envolvendo a Covid-19, deve ser regido pelo ponto de equilíbrio situado entre o desejo de tratar o paciente, que é regido pelos princípios hipocrático da beneficência e hipocrático da não maleficência, bem como pela necessidade de resguardo de sua autonomia profissional, orientada pelo dever de aprimoramento e atualização contínua.

2.3 O direito à informação

É direito do paciente ou do profissional da saúde ter acesso a todos os esclarecimentos que envolvem a relação médico-paciente, tais como opções de tratamento para sua enfermidade, riscos, cuidados, possíveis sequelas, entre outros.

Em um primeiro momento, o direito à informação é verificado com maior intensidade na relação do médico com o paciente. Nessa hipótese, as informações deverão estar diretamente envolvidas com a particularidade do enfermo e a explicação condizente com sua capacidade intelectual. É fundamental que o paciente seja informado pelo médico sobre a necessidade da conduta pretendida ou intervenção indicada, como os riscos e consequências. Assim, o dever de informar é imperativo como requisito prévio para o consentimento.

O direito à informação também pode ser permitido ao civilmente incapaz, como a situação de um idoso, anteriormente interditado, que gostaria de saber seu estado de saúde. Aqui, não se espera o consentimento sobre o tratamento a ser realizado, mas o que se discute é o direito que o idoso possui de saber sobre sua condição de saúde.

É importante considerar a hipótese de ciência do paciente incapaz sobre o que lhe acomete, na medida de sua capacidade de compreensão, principalmente sobre as precauções a serem adotadas após iniciado o tratamento, como repouso e exames que serão realizados.

O conhecimento deve incluir as opções de tratamentos, medicamentos, complicações, benefícios e todas as circunstâncias relativas à saúde do paciente: elementos formadores do negócio jurídico (arts. 104, 185 e 166, VI, todos do CC).

O direito à informação não engloba somente o direito do paciente de ter acesso às informações sobre seu estado de saúde, mas, também, de ter ciência sobre as condições de precariedade na execução do atendimento médico. Infelizmente, nem todos os centros hospitalares do país são dotados de condições e equipamentos necessários para garantir que o médico atenda o paciente com a qualidade que se espera, sem contar o risco de o paciente ser diretamente prejudicado pela falta de infraestrutura hospitalar. Como exemplo, tem-se a contaminação por bactérias transmitidas durante a cirurgia, em razão da falta de equipamento capaz de promover a esterilização completa dos materiais. Outro exemplo é a falta de agulhas e seringas para atender a necessidade do paciente.

Sendo assim, é dever do médico informar ao paciente as condições precárias de trabalho, registrando-as no prontuário médico. Nas situações de falta de estrutura para exercer o atendimento médico, o profissional poderá até mesmo se abster de executar atos médicos eletivos, quando não houver condições de fazê-lo ou houver riscos ao paciente.

Contudo, o dever de informar não incumbe somente ao médico. O paciente deve comunicar ao profissional todos os acontecimentos relativos a seu estado de saúde para que o médico tenha conhecimento completo para proferir o diagnóstico.

Outro exemplo de proteção ao direito à informação pode ser verificado no manuseio do prontuário médico, que contém todas as informações sobre o atendimento médico ao paciente. É nesse documento que a equipe de profissionais da saúde (médicos, enfermeiros, fisioterapeuta, entre outros) anotam referências sobre a condição de saúde do enfermo e os procedimentos médicos executados.

Por isso, muitas vezes é o principal documento a ser analisado, por exemplo, por um juiz, o qual examinará as anotações nele contidas, motivo pelo qual é fundamental que os profissionais transcrevam o máximo de informação referente ao paciente, não obstante, inadvertidamente, na rotina médica, nele constem breves e rápidas anotações.

O último exemplo da extensão do direito à informação é o dever do profissional da saúde de repassar ao próximo especialista as informações pertinentes ao paciente. Essa situação é muito comum em ambiente hospitalar em que diversos profissionais trabalham, conjuntamente, no atendimento de um determinado paciente, principalmente porque, como se sabe, a participação de multiprofissionais é fundamental para garantir a qualidade no serviço prestado ao paciente. Por isso, a falta de transmissão dos dados relevantes para o melhor atendimento acarreta prejuízo ao restabelecimento do enfermo e configura-se como um deslize grave no dever de conduta daquele que o atende.

O direito à informação vem sendo aplicado em diversas jurisprudências, inclusive no STJ. Vejamos:

RECURSO ESPECIAL. VIOLAÇÃO AO ART. 535 DO CPC/1973. NÃO OCORRÊNCIA. RESPONSABILIDADE CIVIL DO MÉDICO POR INADIMPLEMENTO DO DEVER DE INFORMAÇÃO. NECESSIDADE DE ESPECIALIZAÇÃO DA INFORMAÇÃO E DE CONSENTIMENTO ESPECÍFICO. OFENSA AO DIREITO À AUTODETERMINAÇÃO. VALORIZAÇÃO DO SUJEITO DE DIREITO. DANO EXTRAPATRIMONIAL CONFIGURADO. INADIMPLEMENTO CONTRATUAL. BOA-FÉ OBJETIVA. ÔNUS DA PROVA DO MÉDICO. (...) 3. **O dever de informação** é a obrigação que possui o médico de esclarecer o paciente sobre os riscos do tratamento, suas vantagens e desvantagens, as possíveis técnicas a serem empregadas, bem como a revelação quanto aos prognósticos e aos quadros clínico e cirúrgico, salvo quando tal informação possa afetá-lo psicologicamente, ocasião em que a comunicação será feita a seu representante legal. 4. O **princípio da autonomia da vontade**, ou autodeterminação, com base constitucional e previsão em diversos documentos internacionais, é fonte do dever de informação e do correlato direito ao consentimento livre e informado do paciente e preconiza a valorização do sujeito de direito por trás do paciente, enfatizando a sua capacidade de se autogovernar, de fazer opções e de agir segundo suas próprias deliberações. 5. Haverá **efetivo cumprimento do dever de informação** quando os esclarecimentos se relacionarem especificamente ao caso do paciente, não se mostrando suficiente a informação genérica. Da mesma forma, para validar a informação prestada, não pode o consentimento do paciente ser genérico (*blanket consent*), necessitando ser claramente individualizado. 6. O dever de informar é dever de conduta decorrente da boa-fé objetiva e sua simples inobservância caracteriza inadimplemento contratual, fonte de responsabilidade civil *per se*. A indenização, nesses casos, é devida pela privação sofrida pelo paciente em sua autodeterminação, por lhe ter sido **retirada a oportunidade de ponderar os riscos** e vantagens de determinado tratamento, que, ao final, lhe causou danos, que poderiam não ter sido causados, caso não fosse realizado o procedimento, por opção do paciente. 7. **O ônus da prova quanto ao cumprimento do dever de informar** e obter o consentimento informado do paciente é do médico ou do hospital, orientado pelo princípio da colaboração processual, em que cada parte deve contribuir com os elementos probatórios que mais facilmente lhe possam ser exigidos. 8. A **responsabilidade subjetiva do médico** (CDC, art. 14, § 4º) não exclui a possibilidade de inversão do ônus da prova, se presentes os requisitos do art. 6º, VIII, do CDC, devendo o profissional demonstrar ter agido com respeito às orientações técnicas aplicáveis. Precedentes. 9. **Inexistente legislação específica** para regulamentar o dever de informação, é o Código de Defesa do Consumidor o diploma que desempenha essa função, tornando bastante rigorosos os deveres de informar com clareza, lealdade e exatidão (art. 6º, III, art. 8º, art. 9º). 10. Recurso especial provido, para reconhecer o dano extrapatrimonial causado pelo inadimplemento do dever de informação (REsp 1540580/DF, Rel. Ministro Lázaro Guimarães, Desembargador Convocado do TRF 5ª Região, Rel. p/ Acórdão Ministro Luis Felipe Salomão, 4ª Turma, julgado em 2.8.2018, *DJe* 4.9.2018 – grifos nossos).

O direito à informação não é somente a transmissão de dados sobre o paciente, é permitir que o débil e outros profissionais envolvidos no atendimento entendam o que acomete o doente e participem de maneira ativa para sua convalescência. A atenção e cuidado do profissional ao cumprimento desse direito demonstra dedicação aos princípios da bioética.

2.4 Decisão compartilhada ou escolha esclarecida

Entende-se por decisão compartilhada a escolha realizada pelo enfermo sobre o tratamento médico mais adequado às suas necessidades, após obter todas as informações pertinentes a seu estado de saúde e possibilidades de recursos terapêuticos. Embora não prevista expressa e diretamente, a decisão compartilhada ou escolha esclarecida decorre do Código de Defesa do Consumidor e resoluções do Conselho Federal de Medicina.

Destaque-se que o vínculo havido entre médico e paciente é suficiente para a caracterização de uma relação de consumo, de modo que o consumidor é o paciente e o fornecedor é o médico. Com efeito, nos moldes do referido Código, o conceito de consumidor se entende como sendo "toda pessoa física ou jurídica que adquire ou utiliza produto ou serviço como destinatário final" (art. 2º do CDC). Por sua vez, fornecedor é determinado como sendo:

> toda pessoa física ou jurídica, pública ou privada, nacional ou estrangeira, bem como os entes despersonalizados, que desenvolvem atividades de produção, montagem, criação construção, transformação, importação, exportação, distribuição ou comercialização de produtos ou prestação de serviços (art. 3º do CDC).

Embora o conceito de fornecedor seja mais abrangente quando comparado com o de consumidor, percebe-se que a intenção do legislador foi integrar no conceito qualquer pessoa, física ou jurídica, que exerce atividade econômica, mesmo que atípica ou eventual. Assim, a atividade médica ou hospitalar poderá ser considerada como econômica por compreender um negócio remunerado no sentido amplo (art. 3°, § 2°), sendo, portanto, entendido como serviço. Assim, o paciente recebe a prestação de um serviço médico, como consulta, internação, exames, e o fornecedor é o profissional que pratica a atividade contratada, de maneira remunerada.

Sendo considerado como consumidor, o paciente tem o direito à informação adequada e clara sobre os diferentes produtos e serviços, com especificação correta de quantidade, características, composição, qualidade, tributos incidentes e preço, bem como sobre os riscos que apresentem (art. 6°, III, do CDC).

O profissional de saúde deve se ater aos cuidados com o direito à informação, que deve ser prestado ao enfermo durante o atendimento médico, para que a assinatura do termo de consentimento informado não seja mero ato burocrático. A falha na atenção ao direito do consumidor prejudica o paciente decidir sobre o método que almeja para si, porque impede a escolha esclarecida, que pressupõe o conhecimento das possibilidades terapêuticas e a compreensão de cada uma delas.

É preciso esclarecer que a obtenção do consentimento informado, nos moldes como determina o Código de Defesa do Consumidor, não é causa de excludente de responsabilidade civil ou de culpabilidade, quando ocorrer um resultado não desejado durante o tratamento. Mesmo quando o paciente se depara com um resultado satisfatório, do ponto de vista clínico, este pode ser falho, quando comparado a outros métodos terapêuticos não indicados pelo médico. Como exemplo, tem-se o paciente em tratamento oncológico em que o médico indica, como possibilidade terapêutica, a quimioterapia ou radioterapia. Após um período seguindo as recomendações médicas e apresentando melhora clínica, chaga ao conhecimento do paciente a possibilidade de cirurgia para quadro clínico similar ao seu. O fato de ter apresentado melhora com o tratamento indicado não impede a caracterização de violação ao direito do paciente, que, nesse caso, viu-se frustrado de ter optado por outra possibilidade terapêutica.

Quando o profissional não repassa todas as possibilidades de tratamento para a situação específica do doente, deixa de cumprir os princípios éticos e jurídicos que o obrigam a informar as possibilidades terapêuticas. A conduta do profissional pode ser entendida, em um procedimento disciplinar ou judicial, como indução da vontade do paciente para um tratamento, em razão da omissão de informações necessárias para que o enfermo tomasse a melhor decisão.

Portanto, para que a decisão compartilhada seja considerada válida, é imprescindível a observância do cumprimento do direito à informação, que permitirá que o paciente consinta com o tratamento escolhido de maneira esclarecida e segura.

2.5 Recusa terapêutica pelo paciente

A Resolução nº 2.232/2019 do CFM estabelece normas éticas para a recusa terapêutica por pacientes e objeção de consciência na relação médico-paciente, sendo considerado como recusa terapêutica o direito do paciente a ser respeitado pelo médico, desde que esse o informe dos riscos e das consequências previsíveis de sua decisão.

Ao paciente maior de idade, capaz, lúcido, orientado e consciente é assegurado, no momento da decisão, o direito de recusa à terapêutica proposta em tratamento eletivo, de acordo com a legislação vigente. O médico, diante da recusa terapêutica do paciente, pode propor outro tratamento quando disponível.

Em situações de risco relevante à saúde, o médico não deve aceitar a recusa terapêutica de paciente menor de idade ou de adulto que não esteja no pleno uso de suas faculdades mentais, independentemente de estarem representados ou assistidos por terceiros.[5]

Em caso de discordância insuperável entre o médico e o representante legal, assistente legal ou familiares do paciente menor ou incapaz quanto à terapêutica proposta, o médico deve comunicar o fato às autoridades competentes (Ministério Público, Polícia, Conselho Tutelar etc.), visando ao melhor interesse do paciente.[6]

A recusa terapêutica não deve ser aceita pelo médico quando caracterizar abuso de direito, nas hipóteses de recusa terapêutica que coloque em risco a saúde de terceiros e a recusa terapêutica ao tratamento de doença transmissível ou de qualquer outra condição semelhante que exponha a população a risco de contaminação.[7]

[5.] Por determinação da justiça paulista, estão suspensas, em parte, a eficácia dos arts. 3º, 4º, 5º, 6º e 10 da Resolução CFM nº 2.232/2019, que trata da recusa terapêutica por pacientes e da objeção da consciência na relação médico-paciente. A ação civil foi movida pelas Defensorias Públicas da União do Estado de São Paulo e o juiz do caso, Hong Kou Hen. Os artigos suspensos dizem respeito à recusa terapêutica por parte das gestantes.

[6.] Por determinação da justiça paulista, estão suspensas, em parte, a eficácia dos arts. 3º, 4º, 5º, 6º e 10 da Resolução CFM nº 2.232/2019, que trata da recusa terapêutica por pacientes e da objeção da consciência na relação médico-paciente. A ação civil foi movida pelas Defensorias Públicas da União do Estado de São Paulo e o juiz do caso, Hong Kou Hen. Os artigos suspensos dizem respeito à recusa terapêutica por parte das gestantes.

[7.] Por determinação da justiça paulista, estão suspensas, em parte, a eficácia dos arts. 3º, 4º, 5º, 6º e 10 da Resolução CFM nº 2.232/2019, que trata da recusa terapêutica

A recusa terapêutica manifestada por gestante deve ser analisada na perspectiva do binômio mãe/feto, podendo o ato de vontade da mãe caracterizar abuso de direito dela em relação ao feto.[8]

O médico assistente em estabelecimento de saúde, ao rejeitar a recusa terapêutica do paciente, nas hipóteses em que o paciente menor de idade ou de adulto que não esteja no pleno uso de suas faculdades mentais e em caso de discordância insuperável entre o médico e o representante legal, assistente legal ou familiares do paciente menor ou incapaz quanto à terapêutica proposta, deverá registrar o fato no prontuário e comunicá-lo ao diretor técnico para que este tome as providências necessárias perante as autoridades competentes, visando assegurar o tratamento proposto.

Além do disposto na Resolução, o art. 15 do Código Civil é enfático ao determinar que ninguém pode ser constrangido a submeter-se, com risco de vida, a tratamento médico ou a intervenção cirúrgica.

O Estatuto do Idoso também aborda o assunto ao instituir que, ao idoso que esteja no domínio de suas faculdades mentais, é assegurado o direito de optar pelo tratamento de saúde que lhe for reputado mais favorável. Não estando o idoso em condições de proceder à opção, esta será feita: **um**, pelo curador, quando o idoso for interditado; **dois**, pelos familiares,

---

por pacientes e da objeção da consciência na relação médico-paciente. A ação civil foi movida pelas Defensorias Públicas da União do Estado de São Paulo e o juiz do caso, Hong Kou Hen. Os artigos suspensos dizem respeito à recusa terapêutica por parte das gestantes.

8. Por determinação da justiça paulista, estão suspensas, em parte, a eficácia dos arts. 3º, 4º, 5º, 6º e 10 da Resolução CFM nº 2.232/2019, que trata da recusa terapêutica por pacientes e da objeção da consciência na relação médico-paciente. A ação civil foi movida pelas Defensorias Públicas da União do Estado de São Paulo e o juiz do caso, Hong Kou Hen. Os artigos suspensos dizem respeito à recusa terapêutica por parte das gestantes.

quando o idoso não tiver curador ou este não puder ser contactado em tempo hábil; **três**, pelo médico, quando ocorrer iminente risco de vida e não houver tempo hábil para consulta a curador ou familiar; **quatro**, pelo próprio médico, quando não houver curador ou familiar conhecido, caso em que deverá comunicar o fato ao Ministério Público.

A Lei n° 8.080/1990 dispõe que, nos serviços de prestação de saúde pública, as ações e serviços públicos de saúde e os serviços privados contratados ou conveniados que integram o Sistema Único de Saúde (SUS) são desenvolvidos de acordo com as diretrizes previstas no art. 198 da Constituição Federal, obedecendo ainda ao princípio da preservação da autonomia das pessoas na defesa de sua integridade física e moral.

2.6 Uso de canabidiol em pacientes

A Resolução RDC n° 335/2020 da ANVISA define os critérios e os procedimentos para a importação de produto derivado de *Cannabis*, por pessoa física, para uso próprio, mediante prescrição de profissional legalmente habilitado, para tratamento de saúde.

A importação do produto poderá ainda ser intermediada por entidade hospitalar, unidade governamental ligada à área da saúde, operadora de plano de saúde para o atendimento exclusivo e direcionado ao paciente previamente cadastrado na Anvisa, de acordo com esta Resolução.

O produto a ser importado deve ser produzido e distribuído por estabelecimentos devidamente regularizados pelas autoridades competentes em seus países de origem para as atividades de produção, distribuição ou comercialização.

Para importação e uso de produto derivado de *Cannabis*, os pacientes devem se cadastrar junto à Anvisa, por meio do formulário eletrônico para a importação e uso de produto derivado de *Cannabis*, disponível no Portal de Serviços do Governo Federal, e o cadastramento deve ser feito em nome do paciente ou de seu responsável legal. A aprovação do cadastro dependerá da avaliação da Anvisa e será comunicada ao paciente ou responsável legal por meio de autorização emitida pela Agência.

Para o cadastramento é necessário apresentar a prescrição do produto por profissional legalmente habilitado, contendo obrigatoriamente o nome do paciente e do produto, posologia, data, assinatura e número do registro do profissional prescritor em seu conselho de classe. Caso haja alteração do produto ou posologia constantes da prescrição inicial durante a validade do cadastro, o interessado deverá enviar nova prescrição e solicitar a alteração necessária no formulário eletrônico. O cadastro é válido por dois anos.

2.7 Breve estudo sobre a teoria da perda de uma chance e a atividade médica

É vertente o crescimento nos tribunais brasileiros quanto à aplicação da teoria da perda de uma chance como uma subespécie de dano advindo da relação médico-paciente. Para tanto, considera-se apta a utilização da teoria da perda de uma chance quando o paciente se frustra com a expectativa de cura ou alternativa de recurso terapêutico, que poderia acontecer caso o trâmite do tratamento médico percorresse o caminho esperado pelo enfermo. Na opinião de Sergio Savi, jurista que defende a teoria, o seu emprego deve estar relacionado à expectativa de um direito com probabilidade de acontecer maior do que 50%.

Embora a teoria da perda de uma chance seja aceita nos tribunais brasileiros, sua origem não é nacional e é empregada por meio do Direito Comparado, como forma de solucionar velhos dilemas jurídicos no Brasil; contudo, houve uma adequação da teoria à realidade local sem a necessária reflexão da validade da aplicação na doutrina do nosso país.

Originalmente, a teoria da perda de uma chance foi desenvolvida na França e Itália e adotada na Inglaterra, Estados Unidos, Espanha e, mais recentemente, pelos tribunais brasileiros. O primeiro julgamento de que se tem notícia acerca da teoria da perda de uma chance ocorreu no Tribunal de Cassação na França, em 1965, envolvendo responsabilidade médica devido a um diagnóstico equivocado, que prejudicou o paciente de encontrar a cura em tempo hábil.

Ainda na França, houve um segundo famoso caso envolvendo a aplicação dessa teoria em face de erro de diagnóstico médico e laboratorial, que teria prejudicado o direito de escolha da paciente. Em 1982, a paciente Josette Perruche, que estava grávida na época, suspeitou que sua filha pequena estivesse com sintomas de rubéola e a encaminhou ao médico. Durante a consulta, a genitora informou que, caso também tivesse sido contaminada pela doença, gostaria de abortar o feto ao invés de arriscar a ter uma criança com sérias deformidades. Após exames médicos, o profissional da saúde e o laboratório local informaram a paciente que ela era imune à enfermidade e que não havia riscos de o embrião nascer com sequelas; contudo, meses depois do seu nascimento, o infante começou a apresentar defeitos neurológicos, como surdez, cegueira e danos cerebrais. Os genitores ajuizaram ação com base na teoria da perda de uma chance em face do médico e do laboratório responsável pelo exame médico com fundamento em erro de diagnóstico, uma vez que, devido ao resultado laboratorial incorreto, a paciente não pôde exercer o direito de aborto previsto na legislação daquele país.

No Brasil, o Rio Grande do Sul foi pioneiro na aplicação da teoria em um processo que responsabilizou o hospital pela morte de recém-nascido se utilizando da perda de chance de viver (TJRS, Processo nº 70013036678, data: 22.12.2005, 10ª Câmara Cível, Juiz Rel. Luiz Ary Vessini de Lima, origem: Caxias do Sul). Desde então e em casos envolvendo erro médico, fala-se em perda de uma chance de cura, quando o emprego de técnica médica for malsucedido pelo profissional da saúde (STJ, REsp 1.662.338/SP 2015/0307558-0, Rel. Min. Nancy Andrighi, data do julgamento 12.12.2017, Terceira Turma, *DJE* 2.2.2018).

De acordo com o entendimento do Superior Tribunal de Justiça, a teoria da perda de uma chance pode ser utilizada de modo a identificar a responsabilidade civil decorrente de erro médico, quando houver comprovação concreta da redução de chances de cura do paciente em razão do tratamento inadequado ofertado pelo médico. Ainda segundo o entendimento do Tribunal,

> pode-se argumentar ser impossível a aplicação da teoria da perda de uma chance na seara médica, tendo em vista a suposta ausência de nexo causal entre a conduta (o erro do médico) e o dano (lesão gerada pela perda da vida), uma vez que o prejuízo causado pelo óbito da paciente teve como causa direta e imediata a própria doença, e não o erro médico. Assim, alega-se que a referida teoria estaria em confronto claro com a regra insculpida no art. 403 do CC, que veda a indenização de danos indiretamente gerados pela conduta do réu. Deve-se notar, contudo, que a responsabilidade civil pela perda da chance não atua, nem mesmo na seara médica, no campo da mitigação do nexo causal. A perda da chance, em verdade, consubstancia uma modalidade autônoma de indenização, passível de ser invocada nas hipóteses em que não se puder apu-

rar a responsabilidade direta do agente pelo dano final. Nessas situações, o agente não responde pelo resultado para o qual sua conduta pode ter contribuído, mas apenas pela chance de que ele privou a paciente. A chance em si – desde que seja concreta, real, com alto grau de probabilidade de obter um benefício ou de evitar um prejuízo – é considerada um bem autônomo e perfeitamente reparável. De tal modo, é direto o nexo causal entre a conduta (o erro médico) e o dano (lesão gerada pela perda de bem jurídico autônomo: a chance). Inexistindo, portanto, afronta à regra inserida no art. 403 do CC, mostra-se aplicável a teoria da perda de uma chance aos casos em que o erro médico tenha reduzido chances concretas e reais que poderiam ter sido postas à disposição da paciente (REsp 1.254.141/PR, Rel. Min. Nancy Andrighi, julgado em 4.12.2012. Informativo nº 513).

Na seara médica, o dano advindo da aplicação dessa teoria se assemelha a suposições, possibilidades hipotéticas ou eventuais, o que é contraditório ao Código Civil quando prevê a exigência de dano presente e efetivo (arts. 186 e 403), portanto, a teoria seria, aos olhos da autora, contraditória aos dispositivos legais mencionados. Assim, a efetivação da perda de uma chance seria o mesmo que aceitar a responsabilidade parcial de uma indenização devido à possibilidade de um evento que poderia ocorrer, mesmo sem interferência do médico, como parte do desenvolvimento natural da doença.

No sistema jurídico brasileiro, caso haja dano ou ofensa a um bem jurídico, por culpa ou má prática médica, há possibilidade de responsabilização do profissional ou da instituição de saúde com base nas normas legais já existentes, sem necessidade da adequação da teoria estrangeira em solo brasileiro.

2.8 Sigilo médico e questionamentos práticos

A conservação do segredo médico decorrente do atendimento profissional é uma regra antiga e universal das tradições médicas, originado por volta de 460 a.C. a 370 a.c., conhecido como a época hipocrática. Desde a confecção do texto por Hipócrates até os dias atuais, os médicos costumam, no dia de suas formaturas, prometer que "aquilo que no exercício ou fora do exercício da profissão e no convívio da sociedade, eu tiver visto ou ouvido, que não seja preciso divulgar, eu conservarei inteiramente secreto", o que alçou o dever de preservação do segredo das informações advindas durante o atendimento como um dos dogmas da medicina.

O cuidado com as informações originadas da relação profissional remonta a imagem de algo sagrado, fazendo do médico quase sacerdote que escuta as irreveláveis confissões inaudíveis de seus pacientes. A preservação do segredo tem como objeto a discrição e reserva de fatos que chegaram ao seu conhecimento por meio do exercício da profissão e é fundada na proteção e defesa de bens morais e materiais do paciente, familiares ou terceiros, que podem ser diretamente atingidos com a divulgação, além do amparo e acolhimento que o paciente necessita.

Mas a obrigação de guardar segredo é legal e está prevista no Código de Ética Médica que dispõe que é vedado "revelar fato de que tenha conhecimento em virtude do exercício de sua profissão, salvo por motivo justo, dever legal ou consentimento, por escrito, do paciente" (art. 73). O segredo é caracterizado:

- **Um**, pela existência do segredo em si. Considera-se como segredo o fato ou informação conhecido por poucas pessoas, que, muitas vezes, são diretamente ligadas à sua proteção. A divulgação da informação traria danos emocionais ou materiais não desejados pelo paciente, por isso, a manutenção é imperiosa.

- **Dois**, a confissão do segredo deve ter sido revelada durante a relação médico-paciente. Esse encargo é entregue ao médico em decorrência da confiança que o paciente obteve durante o desenvolvimento de relacionamento médico-paciente e possui objetivo de oferecer à parte mais fraca um relacionamento tranquilo e tratamento eficiente.
- **Três**, para manutenção do segredo, é necessário que não se tenha justa causa para a sua divulgação. São chamadas de excludentes as hipóteses que permitem ao médico quebrar a confiança do paciente. Existem algumas situações previstas em lei que permitem ao médico revelar o segredo, como estado de necessidade, legítima defesa, exercício regular do direito e estrito cumprimento do dever legal. Podem ser considerados exemplos da quebra do sigilo a declaração de óbito, comunicação de doenças epidêmicas etc.
- **Quatro**, deve haver a possibilidade de dano a terceiro com a divulgação do segredo e será considerado suficiente a possibilidade do prejuízo.
- **Cinco**, a divulgação do sigilo conferido durante a relação profissional, fora das hipóteses anteriormente divulgadas, caracteriza crime, previsto no art. 154 do CP, cuja pena é de detenção, de três meses a um ano, ou multa. Trata-se de crime punido somente a título doloso, em que não se admite a modalidade culposa. Como exemplo, tem-se o médico que esquece o prontuário médico na antessala de seu consultório com outros pacientes, que acabam por tomar conhecimento do segredo médico. Nessa hipótese, a inobservância com o cuidado nas informações secretas não configura delito. Outro exemplo é o médico que troca informações com outro colega de profissão sobre o estado de saúde de um

determinado paciente e a conversa é ouvida por terceiro. Em ambas as hipóteses, não se considera, a princípio, que houve quebra do sigilo, porque não houve desejo dos profissionais em divulgar as notícias adquiridas durante o atendimento médico.

Perguntas

■ **Pode-se afirmar que há limite no sigilo médico?**

Desde os primórdios da relação médico-paciente, em que se comparava a atuação do profissional da saúde com o sacerdócio e poderes divinos, era inquestionável a manutenção do sigilo das informações advindas durante o atendimento médico.

É certo que o segredo profissional, além de servir à proteção da imagem, vida privada e intimidade do paciente, robustece a relação de confiança entre médico e paciente porque desinibe o fornecimento de todas as informações necessárias pelo paciente de modo a permitir uma análise mais completa da enfermidade. Por isso que o grande ponto negativo da flexibilização do dever de sigilo é a quebra de confiança envolvendo o paciente e o médico, o que deve ser visto como ponto de instabilidade nessa relação e resultar em prejuízo para seu tratamento, de modo que, em princípio, não há justificativa para a revelação do sigilo médico.

Contudo, atualmente, a incolumidade deste sigilo é muito questionada, seja em razão da modificação da relação do profissional com o paciente, seja por causa de alguns avanços na Medicina.

A começar pelos boletins informativos emitidos por estabelecimento de saúde envolvendo casos de personalidades públicas até situações envolvendo calamidades e epidemias, muitas situações demonstram que o dever de sigilo não deve ser considerado intransponível, principalmente quando a revelação do quadro clínico de determinada pessoa é incapaz de violar aquela relação de confiança. Por isso que tanto a norma penal como o Código de Ética ressalvam a possibilidade de revelação do segredo médico. Com efeito, dispõe a lei penal que constitui o crime de revelação de segredo profissional "revelar a alguém, sem justa causa, segredo de que tenha ciência, em razão de função, ministério, ofício ou profissão, e cuja revelação possa produzir dano a outrem" (art. 154 do Código Penal).

Já o recente Código de Ética Médica, que entrou em vigor em 2019, regulamentou o assunto em capítulo próprio e dispôs que é vedado ao médico "revelar fato de que tenha conhecimento em virtude do exercício de sua profissão, salvo por motivo justo, dever legal ou consentimento, por escrito, do paciente" (art. 73).

■ **Quando é possível quebrar o sigilo médico?**

Em algumas situações excepcionais, o Código de Ética Médica definiu que o sigilo médico poderá ser quebrado e as informações obtidas durante a relação profissional, reveladas; são elas: motivo justo, dever legal e consentimento, por escrito, do paciente (art. 73). Nessas hipóteses, os motivos da violação são considerados relevantes e justificadores da quebra, pois o interesse de ordem moral e social justifica a delação.

Com base nessas informações, conclui-se que **não** há infração quando o sigilo é quebrado a **pedido do próprio paciente** ou de seu representante legal. Nessas situações, o médico deve explicitar, para o interessado na quebra, a doença e as consequências da revelação em linguagem compatível com seu entendimento. É aconselhável que a declaração do pedido seja registrada em um termo de consentimento esclarecido de maneira escrita e livre de qualquer vício de vontade. Nos atestados e relatórios, deve constar que a revelação das condições orgânicas do paciente se faz a pedido dele ou de seus representantes legais.

Outra possibilidade é a quebra do segredo diante do **dever legal** incutido ao médico, em que deve revelar, sob pena de incidir em crime. São situações excepcionais e elencadas por lei, como nos casos de notificação compulsória de doenças transmissíveis (Lei nº 6.259/1975 e Decreto nº 49.974-A/1961). Nesses casos, o médico deve informar a autoridade competente a moléstia que acomete seu paciente, como, por exemplo, nas situações em que for portador de doença de fácil transmissão e se negue a submeter-se a tratamento. Mesmo sem seu consentimento, o médico pode quebrar o sigilo profissional e notificar a autoridade competente sobre a gravidade da doença. Outro exemplo de dever legal é a notificação compulsória quando o médico diagnostica o paciente com sarampo, doença perigosa e de fácil transmissão. O receio da propagação indiscriminada da doença justifica a prevalência do interesse coletivo sobre o individual.

A última possibilidade de quebra ocorre diante da constatação de **justa causa**, entendida diante da existência de interesse de ordem moral ou social relevante e justificador da medida. Diferente das hipóteses anteriore, a justa causa tem motivação subjetiva, decorre de uma decisão do profissional. É o caso da médica que constata que o trabalhador da empresa está com tuberculose. Diante do receio de contaminação dos outros funcionários, a profissional notifica a empresa sobre a enfermidade que acomete o trabalhador. A decisão tomada pela profissional foi pessoal e momentânea, fundada em seu subjetivismo diante da situação em que se encontrava. Pode ser que, em situação semelhante, outro médico pudesse ter agido de outra forma, contudo, a médica decidiu revelar o segredo em razão do receio da transmissão da doença.

- **Em caso de recusa do hospital ou clínica médica de entregar cópia do prontuário médico, como o paciente deve proceder?**

Conforme estudado em capítulo próprio, embora o prontuário médico seja documento que contenha informações a respeito do paciente e por isso deve ser facilmente por ele acessado, sua posse, guarda e cuidado incumbem à unidade hospitalar. Por isso que para ter acesso a sua cópia, o paciente ou representante legal deve requerê-lo por escrito.

A negativa de acesso ao prontuário é considerada conduta que nega acesso às informações do paciente e contraria o art. 72 do Código de Defesa do Consumidor e o art. 88 do Código de Ética Médica, que proíbe o médico de:

negar ao paciente ou, na sua impossibilidade, a seu representante legal, acesso a seu prontuário, deixar de lhe fornecer cópia quando solicitada, bem como deixar de lhe dar explicações necessárias à sua compreensão, salvo quando ocasionarem riscos ao próprio paciente ou a terceiros.

- **E se o médico precisar da cópia do prontuário para confeccionar sua defesa?**

Embora o paciente seja o proprietário do prontuário médico, é possível que o médico tenha acesso a sua cópia, desde que seja para a instrução de sua defesa. O Código de Ética Médica entende que o médico não pode "liberar cópias do prontuário sob sua guarda exceto para atender a ordem judicial ou para sua própria defesa, assim como quando autorizado por escrito pelo paciente" (art. 89). E prevê ainda que, quando o prontuário for apresentado em sua própria defesa, o médico deverá solicitar que seja observado o sigilo profissional (art. 89, § 2º).

Desse modo, o profissional que responde a um processo de erro médico, ajuizado pelo paciente, por exemplo, pode incluir a cópia do prontuário médico para constituir sua defesa.

- **O hospital, que é responsável pela guarda do prontuário, pode responder pelo descuido com as informações contidas no documento?**

É de responsabilidade do hospital o zelo com o conteúdo do prontuário e, em caso de descuido, poderá responder pelos danos causados ao paciente. Inclusive, o funcionário responsável pela documentação poderá responder legal e disciplinarmente pela revelação ou descuido com o documento.

- **Terceira pessoa pode ter acesso ao prontuário médico?**

A rigor, somente o paciente pode ter acesso ao prontuário, contudo, se for menor de idade ou incapaz poderá ser solicitada a cópia por meio do representante legal. É importante ressaltar que nem todo parente pode ter acesso às informações sigilosas, antes, é preciso analisar o grau de parentesco e a capacidade do paciente de consentir com o acesso. Aqui, vale contar com a sensibilidade do médico em identificar o interesse do parente na informação secreta.

O que o profissional da saúde deve fazer quando o filho pedir cópia do prontuário de seu genitor idoso e capaz? Essa é uma situação relativamente comum nos corredores dos hospitais e arriscada para o médico, que poderá revelar informação sigilosa a pessoa não querida pelo paciente ou respeitar o sigilo e não orientar o familiar do doente. A princípio, o familiar não tem legitimidade para solicitar cópia, uma vez que o paciente é civilmente capaz de decidir e solicitar cópia. De todo modo, o melhor cenário decorre da análise pessoal do médico decorrente da verificação da confiança do familiar na relação com o idoso.

A situação se modifica quando o paciente for menor de 16 anos, porque nesta hipótese o representante legal pode ter acesso às informações, independentemente da concordância do menor, em razão de ser o responsável legalmente (art. 3º do CC). Os maiores de 16 e menores de 18 anos podem expressar concordância e impor limite na divulgação da informação (art. 4º do CC).

Contudo, a instituição de saúde deve atentar-se quando uma pessoa, diferente do paciente, solicitar o acesso ao documento, tais como familiares distantes, amigos ou outros profissionais que atenderam o paciente, por exemplo. Para que outra pessoa, diferente do paciente, tenha acesso ao prontuário médico, deverá apresentar autorização por escrito do paciente e especificar qual parte do documento pretende ter acesso. De todo modo, o hospital deve ter um critério definido estabelecido previamente para o uso e consulta ao prontuário por aquele que não é paciente, com o objetivo de impedir que seja revelado o segredo de maneira incondizente ao definido na lei.

■ **O prontuário pode ser objeto de pesquisa de outros profissionais?**

Pode ocorrer de um profissional desejar realizar pesquisas em prontuários médicos de uma determinada instituição para auxiliá-lo em seu estudo. Como exemplo, tem-se a análise de documentos médicos para verificar a maior incidência de violência obstétrica em mulheres negras e pobres.

Para que se tenha o acesso a essas informações, o hospital deve, antes, analisar a intenção do pesquisador e instruí-lo sobre a responsabilidade com o sigilo das notícias contidas. Com a assinatura do termo de responsabilidade e autorização do paciente, o pesquisador poderá realizar o estudo de modo a garantir a privacidade do enfermo.

■ **As informações obtidas durante o exame médico de trabalhadores podem ser reveladas pelo médico?**

O Código de Ética Médica prevê a vedação, ao profissional da saúde, em "revelar informações confidenciais obtidas quando do exame médico de trabalhadores, inclusive por exigência dos dirigentes de empresas ou de instituições, salvo se o silêncio puser em risco a saúde dos empregados ou da comunidade" (art. 76 do CEM).

Sendo assim, o médico pode revelar informações confidenciais obtidas durante o exame médico de trabalhadores, quando houver risco à saúde dos empregados ou da sociedade. Como exemplo, o médico do trabalho que identifica grave apneia do sono em um motorista de caminhão. Diante do risco de o trabalhador dormir enquanto dirige, o médico tem o dever de informar à transportadora de caminhão e, com isso, pode quebrar o sigilo médico para revelar esta importante informação.

■ **O médico residente, os enfermeiros e as secretárias têm o dever de sigilo profissional?**

Embora não haja previsão legal, o médico residente tem o dever legal de preservar o silêncio quando recebe a informação durante sua formação técnica e intelectual. Embora não seja médico profissional, tem acesso ao conteúdo informativo inerente à atividade laboral de médico.

Os demais profissionais que exercem atividade juntamente com o médico possuem, por extensão, a obrigação de preservar as informações dos pacientes e somente se admite a quebra do sigilo em situação excepcional. Para alguns, a obrigação de guardar sigilo nesses casos é moral e, para outros, é contratual.

■ **Com a morte do paciente se encerra o dever do sigilo médico?**

Em regra, o dever do sigilo permanece mesmo após a morte do paciente, ou seja, o médico deve manter em secreto as informações obtidas na relação médico-paciente (art. 73, parágrafo único, do Código de Ética Médica). Assim, por exemplo, a genitora pode ajuizar ação para que seja excluída a causa da morte de seu filho no atestado de óbito, com fundamento na obrigação do dever de sigilo médico mesmo após sua morte. Por ser um documento público, o atestado de óbito poderia, em tese, ser acessado por qualquer pessoa e, consequentemente, teria conhecimento da causa da morte do paciente, o que não era querido pela genitora (art. 17 da Lei de Registros Públicos).

Por se tratar de morto, a legitimação para requerer medida protetiva dos direitos da personalidade caberá ao cônjuge sobrevivente, qualquer parente em linha reta ou colateral até o quarto grau (art. 12, parágrafo único, do CC). Assim, a família do falecido pode se beneficiar da obrigação do segredo médico em caso de doença, cuja divulgação pode causar constrangimento ou outro prejuízo aos familiares.

■ **Se o médico desconfiar que o paciente cometeu um crime, é possível quebrar o sigilo médico?**

Nas hipóteses em que o médico se deparar com um crime praticado por seu paciente, como exemplo, indicativos de que a paciente tenha praticado aborto, é dever do médico guardar a informação (art. 73, parágrafo único, alínea c, do Código de Ética Médica). A obrigação permanece se a informação do crime, em tese, cometido pelo paciente sobreveio em razão do atendimento médico.

Caso o médico constate que o paciente não foi autor do crime, mas sim vítima, poderá avisar as autoridades para iniciarem a investigação. Nessa hipótese, não há quebra de sigilo médico, pois o médico tem o dever de manter o segredo médico com o paciente e não com o algoz.

■ **Médico acaba de deixar a sociedade de uma clínica para abrir seu próprio consultório. Ao deixar a empresa em que trabalhava, poderá** levar consigo os prontuários de seus pacientes com o objetivo de dar continuidade ao atendimento deles?

Quando há sociedade de médicos, na maioria das vezes, há unificação de prontuários manipulados pelos profissionais que ali atendam. Contudo, os documentos são de obrigação explícita do profissional devido à relação existente entre ele e os pacientes. Ao deixar a sociedade, o médico deve lembrar que as informações contidas nos documentos pertencem ao paciente e a guarda é dever do médico. Portanto, após comunicar os pacientes, o profissional deve levar consigo os prontuários para dar continuidade aos atendimentos.

2.9 Medicina baseada em evidência

Entende-se por medicina por evidência aquela cuja comprovação do melhor resultado é obtida por meio da observação de tratamentos de saúde sistemáticos, embasado na excelência científica disponível, após investigação e pesquisa intensa sobre determinada doença e sua evolução. Assim, a opção terapêutica disponível é considerada com base na experiência de resultados de estudos científicos.

Com fundamento na Medicina de resultados, pode-se concluir que é a melhor opção o emprego da mais perfeita técnica para que se tenha o melhor resultado para o paciente, baseando-se em resultados científicos disponíveis procedentes de sérias pesquisas e investigações, e não de teoria ou experimentos individuais. É a convicção de que o paciente está recebendo o que há de melhor e mais apropriado em tratamento para sua necessidade.

Para tanto, renomados cientistas, após longos anos de estudos e inúmeros pacientes, concluem por um tratamento eficaz para determinada doença. Mas, diante dos inúmeros estudos médicos, qual é a melhor opção que o médico deve escolher para seu paciente? Antes, é necessário compreender como são apresentadas as evidências científicas para os profissionais se basearem na melhor escolha para o paciente. Basicamente, o profissional pode fundamentar sua escolha em três possibilidades:

- **Um**, experiência pessoal. A prática de longos anos induz o médico a acreditar que determinado tratamento é o mais indicado para o doente. Essa escolha possibilita falhas, já que o sucesso com o método estará diretamente ligado à experiência anterior do profissional e é pouco provável que a escolha esteja ligada a novos estudos científicos. Como exemplo, tem-se a cirurgia de retirada de amígdala nos casos de infecção recorrente. O procedimento cirúrgico era muito comum e ainda é utilizado até hoje por profissionais experientes.
- **Dois**, resultados de estudos realizados por indústrias farmacêuticas. Nessa hipótese, a evidência científica é concluída após estudos de empresas especializadas com base na eficiência do medicamento produzido por ela. Deve ser analisado com cautela porque, aqui, o poder aquisitivo das indústrias para o estudo e divulgação do fármaco pode seduzir o profissional a acreditar que a nova droga é a melhor escolha para o tratamento do seu paciente.
- **Três**, resultados de estudos controlados. As pesquisas e estudos científicos são realizados por profissionais sérios que deduzem, após repetição do tratamento em uma diversidade de pacientes, que o tratamento apresentado é a melhor escolha para determinada patologia. Geralmente, os estudos são apresentados e revisados por empresas internacionais sem fins lucrativos, portanto, sem influência da indústria farmacêutica. O fruto produzido pelos estudos científicos é mais confiável e com maior possibilidade de eficácia no tratamento médico.

Conforme visto anteriormente, basicamente o médico pode optar por uma das três linhas de estudos científicos para indicar o melhor tratamento médico para seu paciente. Contudo, é importante refletir sobre as incertezas que permeiam a Medicina Baseada em Evidência para compreender que nem sempre aquilo que se denominava a melhor opção terapêutica para uma doença no passado continua a ser assim denominada atualmente.

Diante da pluralidade de estudos médicos sobre opções de tratamentos para doenças, muitos médicos podem experimentar uma certa insegurança quanto à melhor opção terapêutica para a situação específica de seu paciente, porque o resultado esperado com o fármaco dependerá da condição específica do enfermo, como a análise de sua condição física, mental, cognitiva e social. Como exemplo, o médico pode escolher um medicamento mais forte para tratar o paciente idoso debilitado e pode ocorrer de indicar um diferente medicamento para outro doente com idade diferente, mesmo que tenham a mesma enfermidade, em razão de o último gozar de maior estabilidade de saúde. Mesmo após a escolha do melhor recurso terapêutico, pode ocorrer de cada organismo de cada paciente não responder às expectativas previstas nas conclusões dos estudos científicos para aquela doença. Assim, não é seguro afirmar que a Medicina Baseada em Evidência obterá o mesmo resultado em todos os pacientes, uma vez que cada particularidade do enfermo contribui para o resultado do tratamento.

É importante esclarecer que a Medicina Baseada em Evidência não é algo estático e definitivo, a Medicina está em constante evolução e permite que novas opções de tratamentos médicos cheguem ao mercado por meio de avanços tecnológicos, e a chegada de novas pesquisas e estudos científicos recomendados para o tratamento de doenças.

Um tempo atrás, os Estados Unidos lançaram um medicamento para tratamento de sepse generalizada em pacientes internados com a promessa de curar a infecção e promover melhora na saúde do enfermo. Contudo, o medicamento era de alto custo e havia desconfiança da classe médica com a expectativa dos resultados prometidos, o que acarretou dúvida entre os profissionais quanto à melhor opção de tratamento: o novo e revolucionário medicamento ou o tratamento original e reconhecidamente eficaz. No Brasil, a Anvisa não autorizou a comercialização do fármaco em razão do alto custo financeiro e incerteza quanto ao resultado prometido. De fato, após algum tempo, o medicamento foi retirado do mercado estadunidense, por não promover a cura da sepse, que acometia enfermos.

Por essa razão, nos últimos anos, os profissionais da saúde encontram dificuldade em escolher a melhor opção a ser seguida para o tratamento de saúde do paciente, principalmente quando estão diante de verdades provisórias e que se modificam ao longo do tempo. Um bom exemplo da inconstância de evidência na área da saúde é o consumo de ovos para pacientes com problemas cardíacos. Há pouco tempo, muitos médicos condenavam a ingestão de ovos por haver diversos estudos que ligavam o consumo do alimento ao aumento do colesterol. Hoje, sabe-se que o ovo não é o alimento vilão, mas, sim, o modo como é preparado.

A discordância entre as opções terapêuticas reflete diretamente no aumento de número de ações judiciais, já que muitas ações são baseadas em evidências médicas que nem sempre são confeccionadas por profissionais de saúde sérios e sem influência da indústria farmacêutica. Diante da facilidade trazida pelo acesso a informações, muitos pacientes solicitam ao médico o tratamento ou medicamento que acreditam ser eficaz para sua saúde, contudo, nem sempre coincide com a melhor escolha.

Um bom exemplo da pluralidade terapêutica influenciada por informações midiáticas é o medicamento, surgido anos atrás no Brasil, que prometia a cura para pacientes com câncer e era produzido pelo laboratório de uma universidade estatal. O fármaco não havia sido testado em humanos e tampouco era reconhecido pela Anvisa – órgão responsável por autorizar fármacos no Brasil, mas a promessa de cura alavancou inúmeras ações judiciais em que se requeria o acesso ao medicamento para o tratamento dos doentes. Mesmo não testado em humanos e sem estrutura para produção em larga escala, o laboratório foi obrigado a fabricar o comprimido em grande quantidade para atender as demandas judiciais. Em pouco tempo, o excesso de requerimentos para o uso do medicamento obrigou a Anvisa a proibir a fabricação pela universidade, pois, como não haviam sido realizados testes em humanos e não havia autorização para comercialização, o órgão entendeu que havia demasiado risco para a saúde dos enfermos.

Por não ser estática, a Medicina enseja ao profissional a constante atualização com enfoque nas novas opções terapêuticas e evolução da ciência médica, que surgem a cada dia. Assim, esse conhecimento é fundamental para auxiliar o médico na escolha da melhor opção terapêutica para o paciente, e, por que não, para o órgão julgador, nas lides envolvendo direito à saúde.

3

Documentos médicos

Documento é toda anotação escrita ou registro que tem como objetivo reproduzir uma informação. No estudo do Direito Médico, os principais documentos médicos que interessam para a justiça são: notificações, atestados, prontuários, relatórios e pareceres.

3.1 Termo de consentimento livre e esclarecido

Termo de consentimento livre e esclarecido ou simplesmente termo de consentimento é um dos documentos que confere maior proteção ao profissional e à instituição de saúde, contudo, a sua ausência ou preenchimento incompleto podem ser prova fundamental da inobservância de direitos basilares do paciente e acarretar a condenação do médico e/ou hospital.

Diante de *status* de proteção, muitos hospitais e médicos entregam ao paciente incontáveis termos para assinarem como garantia de proteção de futura condenação judicial; apesar disso, mais do que uma assinatura no papel, é de suma importância a observância de algumas informações. Vejamos.

A confecção do documento deve ser realizada com as **informações** sobre o procedimento/tratamento/cirurgia a que será submetido o paciente, sendo entregue pelo médico com a explicação de todos os termos, principalmente sobre reações adversas, condutas prejudiciais ao paciente e prescrição medicamentosa.

A falta de observação do direito à informação fere diretamente os seguintes dispositivos: art. 5°, XIV, da CF (direito à informação), art. 7°, III e V, da Lei n° 8.080/1990 (preservação da autonomia do paciente e direito à informação às pessoas assistidas sobre sua saúde), art. 6°, III, do CDC (informação clara e adequada) e art. 8° do CDC (produtos ou serviços não acarretarão riscos à saúde).

Em seguida à entrega do direito à informação, é ofertado ao enfermo o **direito hipocrático da autonomia da vontade do paciente**, em que este pode traçar seu próprio destino e decidir qual tratamento indicado pelo médico é mais vantajoso para sua situação. Assim, é de suma importância para a validade do documento que o consentimento ocorra quando o paciente puder expressar seu desejo frente ao procedimento/tratamento a que se submeterá.

Após o direito à informação e o direito à autonomia, o paciente, junto com o médico, decidirá a melhor opção de tratamento diante do seu estado de saúde (**decisão compartilhada**). Portanto, para que exista o consentimento informado ou termo de consentimento livre e esclarecido é preciso que se tenha os seguintes passos:

- O médico deve informar o paciente – ato primário do médico.
- O paciente escolhe o médico/procedimento – ato de consultar.
- A execução do ato exige a aceitação do paciente – ato de anuir.

Quando o documento é entregue sem que sejam observados os mencionados direitos, há a perda da capacidade decisória do paciente – característica principal para validade do contrato.

O CFM editou a Resolução nº 1/2016 com orientações sobre o Termo de Consentimento Livre e Esclarecido (TCLE) e que deve ser empregado pelo médico como guia para a lavratura de tal documento.

Perguntas

- **A ausência do TCLE ou a entrega do documento sem as informações ao paciente pode acarretar responsabilização ao médico?**

Embora alguns profissionais da saúde considerem a confecção desse documento apenas como um protocolo a ser seguido, o Termo é a garantia da preservação dos direitos do paciente e sua anuência ao procedimento que irá ocorrer em seguida. Hoje, encontramos diversas jurisprudências em que a instituição de saúde não confeccionou devidamente esse documento e acabou sendo condenada civilmente e, em muitos julgados, não há sequer imputação de erro médico. Assim, a concordância do paciente frente às informações contidas no TCLE é fundamental para a manutenção da boa relação médico-paciente.

- **O TCLE é suficiente para excluir a responsabilidade do médico?**

A responsabilidade civil do médico é baseada na existência de conduta imprudente, negligente ou imperita,[1] e a confecção do TCLE não isenta o profissional das consequências do seu ato. Como exemplo, temos o médico que presta as informações ao paciente antes do procedimento médico, contudo, durante a cirurgia acaba causando danos ao paciente. Aqui, embora tenha prestado as informações sobre possíveis riscos na cirurgia, sua conduta durante o procedimento foi imperita/negligente/imprudente e prejudicou o paciente. Vejamos a jurisprudência a seguir:

---

[1]. *Vide* capítulo de Responsabilidade Civil.

RESPONSABILIDADE CIVL – INDENIZAÇÃO POR DANOS MATERIAIS E MORAIS – Ação dirigida em face do hospital e do médico que prestou atendimento ao autor – DEVER DE INFORMAÇÃO – O dever de informação é consectário lógico da boa-fé objetiva, obrigando o médico a comunicar o paciente sobre os possíveis efeitos da intervenção cirúrgica – Caso em que foi assinado termo de consentimento – Responsabilidade objetiva do hospital que somente pode ser reconhecida após a confirmação da culpa de seus prepostos (o que foi afastado pela perícia) – CIRURGIA OCULAR DE CATARATA. ERRO MÉDICO – Responsabilidade civil subjetiva. art. 14, § 4º, do Código de Defesa do Consumidor. CULPA NÃO COMPROVADA pela perícia judicial – Improcedência corretamente decretada – Sentença mantida – Recurso improvido (TJ-SP – AC: 10172913220188260562 SP 1017291-32.2018.8.26.0562, Rel. Salles Rossi, Data de Julgamento: 28.10.2020, 8ª Câmara de Direito Privado, Data de Publicação: 28.10.2020).

■ **No TCLE, é importante conter as possíveis sequelas ou cicatrizes da cirurgia?**

Em qualquer cirurgia, há riscos que são previsíveis (e até esperados) e outros que são considerados como inesperados ou de difícil ocorrência (como parada cardiorrespiratória). Os riscos previsíveis devem ser mencionados no TCLE para que o paciente saiba o que esperar do procedimento, tais como risco de formação de queloide, e informação do que fazer quando a situação excepcional ocorrer (ex.: episódio de febre, presença de pus no local).

Nas cirurgias estéticas eletivas, há diversas jurisprudências considerando a queloide como sequela inerente à cirurgia plástica, mesmo nos casos em que é reconhecida a obrigação de resultado.[2]

[2.] "ERRO MÉDICO – CIRURGIA PLÁSTICA ESTÉTICA – OBRIGAÇÃO DE RESULTADO RECONHECIDA – NORMA CONTUDO QUE NÃO DETÉM

■ **E nos atendimentos emergenciais, como exigir o TCLE?**

Pela própria excepcionalidade da situação, o médico não é obrigado a exigir a assinatura do documento pelo paciente, até porque, em muitas circunstâncias, não há possibilidade alguma de o enfermo anuir ao termo. Como exemplo, temos o paciente que chega ao hospital inconsciente após sofrer acidente automobilístico com múltiplas fraturas.

3.2 Notificações

São comunicações compulsórias feitas por médicos às autoridades competentes sobre um determinado fato profissional ou social, como, por exemplo, acidente de trabalho e doenças infectocontagiosas com o objetivo de permitir o planejamento da saúde coletiva. Recentemente, o litoral do estado de São Paulo recebeu uma embarcação turística em que diversos passageiros estavam com suspeita de sarampo, doença que, até então, estava erradicada no país. Em caso desses, confirmado o diagnóstico, o médico que atende o paciente deve notificar à Secretaria de Saúde para que se tomem as medidas preventivas cabíveis.

O art. 12 da Lei nº 8.489/1992 é um outro exemplo de notificação compulsória, porque determina que o médico notifique, com urgência, à Central de Notificação, Captação e Distribuição de Órgão (CNCDO) pacientes que tiveram morte encefálica, independentemente da possibilidade de doação ou não (Resolução CFM nº 2.173/2017).

CARÁTER ABSOLUTO – LAUDO PERICIAL CONCLUSIVO – SEQUELAS E CICATRIZES INERENTES AO PROCEDIMENTO – CONDUTA MÉDICA ESCORREITA – NEXO CAUSAL REPELIDO – DEVER DE INDENIZAR NÃO CONFIGURADO – DEMANDA IMPROCEDENTE – SENTENÇA REFORMADA – RECURSO DA RÉ PROVIDO – APELO DA AUTORA PREJUDICADO" (TJSP, Apelação Cível nº 1017353-14.2014.8.26.0562; Rel. Giffoni Ferreira; Órgão Julgador: 2ª Câmara de Direito Privado; Foro de Santos – 9ª Vara Cível; Data do Julgamento: 9.11.2021; Data de Registro: 10.11.2021).

Nos casos em que tiver ciência de crimes de ação pública, o médico está, igualmente, obrigado a fazer a comunicação competente à autoridade policial, ao Judiciário ou ao Ministério Público, desde que não sujeite o seu cliente a procedimento penal (art. 66 da Lei de Contravenções Penais).

A notificação compulsória engloba ainda a verificação de resultados após emprego de medidas sanitárias para combate de determinada doença, como, por exemplo, a notificação de pacientes diagnosticados com HIV/AIDS. Nessa hipótese, a notificação visa verificar o resultado das campanhas publicitárias como medida de prevenção da doença.

Em situações como essa, a divulgação da informação contida por meio da relação médico-paciente não configura quebra de sigilo médico, porque o que se divulga são dados do paciente, como idade e sexo, e não informações sobre o paciente.

A notificação deve ser realizada somente pelo médico. Os demais profissionais devem avisar o médico sobre as informações do paciente. É considerada crime a falta de notificação, quando ela é considerada obrigatória (art. 269 do CP).

3.3 Atestado médico

Atestado médico é o documento que tem como objetivo comprovar a veracidade de um fato médico e suas possíveis consequências. Visa resumir, de forma objetiva, o resultado do exame realizado no paciente, sugerindo um estado de saúde específico, e as consequências imediatas, como, por exemplo, licença, dispensa ou falta ao serviço. Um exemplo é o atestado de boa condição de saúde para o paciente adentrar a área da piscina em um clube.

Pode-se dizer que é um documento particular fornecido pelo médico no exercício regular de sua profissão, elaborado sem compromisso prévio ou legal. Ele deve conter informações sobre o profissional (nome completo, inscrição no CRM e sua assinatura) e o paciente (interessado no atestado), referência à solicitação do atestado, finalidade a que se destina o documento, o fato médico em si e suas consequências, tempo de repouso ou duração do afastamento, local, data e assinatura do médico com respectivo carimbo profissional. No carimbo, deve conter nome do médico e número do CRM.

O conteúdo do atestado possui fé pública, com pressuposto de veracidade e, por essa razão, cabe ao médico ater-se em atestar a veracidade, sob pena de crime de falsidade ideológica.

O atestado médico pode ser destinado aos seguintes fins: **administrativo**, quando versar sobre interesse do serviço ou servidor público; **judiciário**, quando solicitado durante instrução processual; e **oficioso**, nas situações em que envolver interesse privado, como falta ao trabalho pelo paciente.

Há um crime específico no Código Penal brasileiro para a falsidade de atestado médico; é o art. 302, que dispõe: "Dar o médico, no exercício da sua profissão, atestado falso", e é apenado com detenção, de um mês a um ano e, no caso de ser o crime cometido com o fim de lucro, aplica-se também multa.

Pergunta

■ **O médico pode declarar a doença do paciente no atestado médico, sem a expressa autorização do paciente?**

É considerado comum encontrar nos atestados médicos informações sobre a doença do paciente por meio do número inscrito no Código de Identificação de Doenças (CID). Embora a conduta seja considerada comum, trata-se de exposição não autorizada da intimidade do paciente, o que enseja a discussão sobre a necessidade dessa divulgação. Como exemplo de situações semelhantes tem-se o atestado médico para abono de falta ao trabalho. Quando o atestado mencionar sobre faltas ao trabalho, motivadas por doenças consideradas comuns, como gripe, infecção de garganta, é provável que a exposição não afete grandemente o paciente. Contudo, essa situação não ocorre quando a identificação da doença ocasiona constrangimento desnecessário ou coloque em risco a manutenção do emprego, como pode ocorrer no tratamento para hemorroidas, doenças sexualmente transmissíveis e, até mesmo, câncer.

A declaração da doença do paciente, muitas vezes, é atestada por meio do diagnóstico codificado (CID), contudo, existem entendimentos jurisprudenciais que consideram que, nesses casos, há quebra do sigilo médico do profissional que identifica a doença sem a autorização expressa do paciente.

A Resolução CFM nº 1.658/2002 trata da presunção de veracidade do atestado médico e da necessidade de anuência do paciente para a informação do Código de Identificação de Doenças – CID. A Resolução normatiza a emissão de atestados médicos, com menção dos requisitos indispensáveis do documento (art. 3º) e a necessidade de autorização expressa do paciente para que seja identificado o diagnóstico (art. 5º, parágrafo único).

Seguindo esse mesmo entendimento, o CFM editou a Resolução nº 1.819/2007, que veda ao médico o preenchimento dos campos referentes ao CID e tempo de doença nas guias de consulta e solicitação de exames das operadoras de planos de saúde (art. 1º). Reconhece, ainda, que a relação médico-paciente é um direito inalienável do paciente, cabendo ao médico a sua proteção e guarda.

Recentemente, o Tribunal Superior do Trabalho manteve a nulidade da cláusula coletiva, que previa a obrigatoriedade da informação sobre a classificação internacional da doença (CID) como requisito para validade do atestado médico e abono de faltas do empregado. Verificou-se que a exigência da informação transgrediu os princípios de proteção do trabalhador, além de violar normas de ética médica e o direito à inviolabilidade da intimidade, da vida privada, honra e imagem. Sendo assim, a obrigatoriedade da informação, como garantia de validade do atestado médico e abono de falta, fere os direitos constitucionais do empregado. Segundo a decisão, "o sigilo na relação médico-paciente é um direito inalienável do paciente, cabendo ao médico a sua proteção e guarda" (RO-213-66.2017.5.08.0000).

Desse modo, ao revelar informações do paciente sem a expressa autorização, o médico pode inferir no delito de violação do segredo profissional, tipificado no art. 154 do CP. A manutenção do sigilo profissional está descrita no Código de Ética Médica, especificamente no art. 73, que afirma ser vedado ao médico revelar fato de que tenha conhecimento em virtude do exercício de sua profissão, salvo por motivo justo, dever legal ou consentimento, por escrito, do paciente.

3.3.1 Breves informações sobre atestado de óbito

O atestado de morte ou, como é mais conhecido, declaração de óbito, tem como objetivo afirmar a morte, definir a sua causa e outras informações de ordem legal e médico-sanitária. O documento ainda define o fim da existência da pessoa natural com a morte (art. 6º do Código Civil).

Para regulamentar a declaração de óbito, a Lei nº 11.976/2009 dispõe sobre a importância do documento para fins de estatísticas de óbitos em hospitais públicos e privados, criação de comissões e serviços de investigação para verificar a causa da morte, além de o atestado ser assinado por profissional médico habilitado.

Perguntas

■ **Quem deve assinar o atestado de óbito?**

Embora haja divergência, em regra, a declaração de óbito deve ser confeccionada por profissional médico habilitado (art. 1° da Resolução n° 1.779/2005). Esse profissional será responsável pelo preenchimento completo dos dados de identificação do falecido, como nome completo, idade, sexo, cor e filiação, além de dados sobre a morte, como horário do falecimento, local, data e causa da morte (Parecer-Consulta do CFM n° 16/1995).

Nas **mortes naturais**, que são as que **não** tiveram assistência médica, a declaração deve ser confeccionada pelo médico do serviço público de saúde mais próximo ao local da morte, e, na sua ausência, pode ser realizado por qualquer médico. Quando houver, na localidade, o Serviço de Verificação de Óbitos, o profissional responsável habilitará o documento (art. 2°, 1, da Resolução n° 1.779/2005).

Quando a morte natural ocorrer **durante** assistência médica, o médico que prestou atendimento ao falecido estará encarregado de preparar o documento. Caso o paciente esteja internado no hospital à época da sua morte, o médico assistente será o responsável por atestar ou, na sua ausência, o médico substituto (art. 2°, 1, II, da Resolução n° 1.179/2005).

Nas situações em que houver **morte fetal**, os médicos que prestaram assistência à genitora estarão responsáveis pela elaboração do documento. Para tanto, a gestação deve estar igual ou superior a 20 semanas, com o feto medindo, no mínimo, 25 centímetros e com peso igual ou superior a 500 gramas (art. 2°, 2, da Resolução n° 1.779/2005).

Nas situações em que há suspeita de **morte violenta ou não natural**, o documento deve ser assinado pelo profissional responsável do Instituto Médico Legal e não pelo médico que atestou a morte (art. 2°, 3, da Resolução n° 1.779/2005).

É vedado ao médico atestar a morte do paciente quando **não** tenha verificado pessoalmente o falecimento ou quando não tenha prestado assistência ao falecido, salvo, no último caso, se o fizer como plantonista, médico substituto ou em caso de necropsia e verificação médico-legal (art. 83 do Código de Ética Médica).

Quando o profissional verificar que há indícios de morte violenta, não poderá atestar o óbito (art. 84 do Código de Ética Médica). Contudo, a situação se modifica quando, na localidade, houver apenas um médico, nessa hipótese, este é o responsável pelo preenchimento da declaração (art. 2°, 3, parágrafo único, da Resolução n° 1.779/2005).

■ **O médico pode declarar o motivo da morte na declaração de óbito? Em caso positivo, isso configura quebra do sigilo médico?**

O atestado de óbito, conforme estudado anteriormente, tem como objetivo afirmar a morte, definir a causa da morte e informações de ordem legal e médico-sanitária. Para cumprir a determinação legal, o documento deve conter a causa da morte do paciente por meio da identificação utilizada na Classificação Internacional de Doenças da Organização Mundial de Saúde (art. 2°, § 4°, da Lei n° 11.979/2009). Desse modo, o médico responsável pela confecção do documento deve expressamente declarar o motivo da morte, caso tenha conhecimento, como cumprimento da determinação legal.

Mas a dúvida que paira é: a menção da causa da morte não configuraria quebra do sigilo médico-paciente? A princípio, não. A quebra do sigilo médico profissional está regulamentada pelo próprio Código de Ética Médica, que dispõe sobre as possibilidades da exceção; são elas: por motivo justo, dever legal ou consentimento, por escrito, do paciente (art. 73).

Para cumprir a determinação disposta na lei, o médico, excepcionalmente, quebra o sigilo médico e menciona a causa da morte por meio da Classificação Internacional de Doenças. Nessa hipótese, a "violação" do dever de guarda se justifica pelo cumprimento do dever de cumprir a lei, situação prevista como exceção justificada para a quebra.

3.4 Prontuário médico ou prontuário do paciente

O prontuário médico é um dos documentos médicos mais importantes. É formado por um conjunto de documentos médicos que narram todos os contatos dos profissionais da saúde com o paciente e evolução do tratamento da doença. Em uma internação hospitalar, por exemplo, o prontuário deve conter desde as informações iniciais contidas na anamnese até a alta hospitalar. Em razão do agrupamento de elementos informacionais, o prontuário é considerado primordial para a instrução processual, porque a partir dele é possível analisar se houve alguma falha durante o atendimento médico.

O documento deve conter a ficha de ocorrência e de prescrições terapêuticas, os relatórios da enfermagem, do anestesista e da cirurgia e ficha de registro de resultados de exames complementares. É um verdadeiro dossiê sobre a evolução da doença e tratamento indicado.

Basicamente, o prontuário é composto por: boletim de atendimento médico (BAM), o prontuário médico em si, a ficha de prescrição e o controle de sinais vitais. Para compreensão do documento, é importante o estudo sobre a sua composição.

O **boletim de atendimento médico** (BAM) é o documento inaugural do hospital, confeccionado a partir da entrada do paciente na instituição de saúde. Aqui ainda não há propriamente um prontuário, que surgirá com a internação do doente.

O boletim deve ser escrito pelo médico, com relatório do atendimento, que deve conter as principais informações do paciente, locais de ferimentos, se houver, e a evolução clínica. Em muitos hospitais, não há a confecção desse documento, contudo, em caso de morte do paciente antes da formação do prontuário, o médico encontrará dificuldade para apresentar sua defesa.

O **prontuário médico**, ou, como alguns preferem, prontuário do paciente, será instruído com a internação do doente no centro hospitalar. O documento deve conter a evolução clínica do paciente durante todo o período de internação, com anotações minuciosas e completas, preenchidas pelo médico, sobre todas as informações que considerar importantes para a saúde do paciente.

É indicado ao médico anotar as queixas do paciente ou familiares, reações quanto ao tratamento indicado, informações sobre o estado de saúde antes da internação e exames médicos solicitados. Por conter os relatos imprescindíveis para a instrução processual, é primordial que o documento esteja o mais completo possível, com letra legível e sem abreviações. Essa é a parte do prontuário médico na qual o juiz prestará a maior atenção para julgar a lide.

A **ficha de prescrição** deve conter o monitoramento do paciente, com informações sobre seu estado de saúde, a prescrição do medicamento com especificação de horários, inclusive deve constar as trocas de bolsas ou materiais utilizados no doente. A prescrição de medicamentos é ato privativo do médico e ele é quem deve preencher estas informações no prontuário. Contudo, na prática, a ficha não é confeccionada pelo médico e a equipe de enfermagem anota as observações.

Por último, o **controle de sinais vitais** é confeccionado pela equipe de enfermagem, que deverá mencionar os indicadores do estado de saúde e a garantia das funções vitais do paciente. Os parâmetros são medidos de forma seriada e auxiliam o enfermeiro a identificar os diagnósticos de enfermagem, avaliar intervenções e decisões sobre a resposta terapêutica do paciente.

É fundamental que o prontuário médico esteja redigido da maneira mais completa possível, com anotação de todas as informações importantes sobre o estado de saúde do paciente. Esse documento representa a "história" da internação e atendimento do paciente, por isso, será analisado com rigor em juízo. A ausência de elementos impede a defesa completa do profissional, mesmo que tenha exercido sua atividade com excelência e sem indicativos de erros.

Perguntas

■ **A quem pertence o prontuário do paciente?**

Conforme o próprio nome informa, o prontuário pertence ao paciente e deve permanecer sob guarda da instituição hospitalar (art. 87, § 2°, do Código de Ética Médica). O paciente poderá requisitar cópia do prontuário no hospital a qualquer momento e este deverá entregá-la sem objeção. É de responsabilidade do hospital ou clínica médica a guarda e cuidado do documento pelo prazo de 20 anos (art. 8° da Resolução n° 1.821 do CFM).

Quando o médico for requisitado em juízo, para atender ordem judicial, em que se requisita cópia do prontuário médico, deverá encaminhar cópia, somente após a autorização por escrito do paciente (art. 89 do Código de Ética Médica). Quando for necessário que o profissional encaminhe ao processo judicial a cópia do documento médico para que seja realizada sua defesa, deverá solicitar, em juízo, que seja observado o sigilo profissional e, assim, deve entregar o documento lacrado, que somente será aberto pelo perito, sob pena de quebra de sigilo do paciente (art. 89, § 2°).

■ **A família pode requisitar cópia do prontuário médico?**

A rigor, a família **não** pode requisitar cópia e nem ter acesso às informações contidas no prontuário médico, em razão do documento pertencer ao paciente e somente ele pode ter acesso às informações contidas ali (art. 85 do Código de Ética Médica e art. 1° da Resolução n° 1.605/2000 do CFM). Contudo, a situação se modifica quando o paciente possui representante legal. Nessa condição, o médico poderá fornecer ao representante legal o acesso ao documento, quando for solicitado (art. 88 do Código de Ética Médica). Contudo, recentemente, tivemos decisão judicial referente a ação civil pública proposta pelo Ministério Público Federal em face do CFM e CRM de Goiás (Autos n° 26798-86.2012.4.01.3500 – TRF da 3ª Região) que determina

> ao Conselho Federal de Medicina a adoção das devidas providências de orientação aos profissionais médicos e instituições de tratamento médico, clínico, ambulatorial ou hospitalar no sentido: a) fornecerem, quando solicitados pelo cônjuge/companheiro sobrevivente do paciente/morto, e sucessivamente pelos sucessores legítimos do paciente morto em linha reta, ou colaterais até o quarto grau, os prontuários médicos do paciente falecido, desde que documentalmente comprovado o vínculo familiar e observada a ordem de vocação hereditária; b) informarem os pacientes acerca da necessidade de manifestação expressa da objeção à divulgação do seu prontuário médico após a sua morte.

A decisão tem alcance *erga omnes*, sem o limite territorial a que se refere o art. 16 da Lei n° 7.347/1985.

■ **Quem pode preencher o prontuário médico?**

O documento pode ser confeccionado por multiprofissionais que atenderam o paciente, como médico anestesista, médico clínico geral, médico especialista, enfermeiros, técnicos de enfermagem, nutricionista e fonoaudióloga, por exemplo. Quanto à descrição evolutiva do paciente, o médico e os enfermeiros devem anotar as informações. A ficha de prescrição poderá ser descrita pelo médico ou enfermeiros, dependendo da dinâmica do hospital, e o controle de sinais vitais geralmente é preenchido pelos enfermeiros que atenderam o enfermo.

■ **Quando os profissionais de saúde devem anotar as informações?**

É importante que as anotações sejam incluídas no documento simultaneamente ao atendimento e não posterior ao contato com o médico. As descrições devem ser feitas tão logo percebidas pelo profissional para que este não se esqueça e acabe comprometendo o tratamento do paciente. Como exemplo da imprescindibilidade da anotação é o caso do paciente internado no hospital e, durante a madrugada, o enfermeiro não anota que trocou a bolsa de analgesia. Poucas horas depois, outro enfermeiro analisa o prontuário médico e interpreta que não foi trocado o mencionado material no horário indicado, com isso, procede a mudança do medicamento e, logo após, o paciente sofre parada cardiorrespiratória pelo excesso de medicamento. A conduta escolhida pelo profissional ensejou a falta da informação no documento e a falsa compreensão de que a conduta ou procedimento médico não foi realizado, o que permite que seja executado em dobro.

Desse modo, a anotação deve ser simultânea ao atendimento, e qualquer rasura ou alteração pode ser entendida como a prática do crime, em tese, de falsidade ideológica.

3.5 Relatórios médicos

Relatório médico é a descrição mais detalhada do que uma perícia médica, com o objetivo de responder ao requerimento da autoridade policial ou judiciária, em que, geralmente, é feito um juízo de valor, diferentemente da perícia médica.

Quando o relatório é realizado por peritos, após uma investigação, é chamado de laudo. No documento, são utilizados recursos ou realizadas consultas específicas, sendo, portanto, mais completo. Quando o registro é ditado a um escrivão e diante de testemunhas, chama-se auto.

O relatório é composto de:

a) **Preâmbulo**: constam a data, hora e local em que é realizado o exame, com nome da autoridade que o requisitou. Deve conter, ainda, a qualificação do examinado e do médico que realizou a perícia. O art. 159, § 3º, do Código de Processo Penal permite que o Ministério Público, o assistente de acusação, o ofendido, o querelante e o acusado formulem quesitos e indiquem, caso queiram, assistente técnico para a realização da perícia.

b) **Quesitos**: nas ações penais, os quesitos (perguntas) já se encontram formulados, mas o perito pode acrescentar alguma informação que achar conveniente. Em regra, são perguntas sobre fatos considerados relevantes e que originaram o processo. Nas ações cíveis, a parte e o juiz podem formular perguntas a serem respondidas pelo perito.

c) **Histórico**: é o registro dos fatos mais significativos e que motivam o pedido de perícia. Nesta parte, o conteúdo é de responsabilidade do periciado, e não do perito.

O laudo deve apontar não só a análise da lesão em si, mas o que teria causado.

d) **Descrição**: é a parte mais importante do documento. Neste item, o perito exporá as particularidades da lesão, de maneira detalhada e de modo a oportunizar o convencimento do aspecto real e da natureza da lesão. O profissional médico-legal oferecerá ao julgador os elementos para sua convicção, permitindo transparecer a imagem mais aproximada do dano e do mecanismo da ação, que resultou na lesão.

e) **Discussão**: nesta fase, o profissional analisará várias hipóteses levantadas sobre o caso, contudo, deverá afastar elementos pessoais com a citação de autoridades referendadas no assunto.

f) **Conclusão**: é a síntese do diagnóstico do perito, redigido de maneira clara, em ordem, primeiro pela descrição e, em seguida, pela discussão. É uma análise daquilo que os peritos puderam concluir com o estudo.

g) Respostas aos quesitos: os peritos devem responder os quesitos de forma sintética e convincente, de modo claro e apontando a resposta positiva ou negativa para todas as perguntas.

3.6 Parecer médico

É o documento utilizado para esclarecer divergências na interpretação de uma perícia realizada anteriormente. Na maioria das situações, o parecer é confeccionado por um perito especializado e reconhecido no assunto, como o profissional qualificado em análise de crimes sexuais. Desse modo, o médico pode se tornar perito de uma área específica, sendo contratado a intervir em uma ação judicial em andamento. Nesse caso, o perito poderá redigir o parecer com base nas peças processuais contidas na ação judicial, sem necessidade de realizar novo exame técnico.

4

Fertilidade humana e o direito

4.1 Reprodução assistida

Hoje em dia, muitos casais buscam o auxílio médico para que consigam conceber um filho e, em muitas situações, a reprodução assistida passa a ser indicada quando existe no homem ou na mulher impedimentos para que possam gerar espontaneamente um bebê. Uma parte das dificuldades apresentadas pelos casais é a impossibilidade de se conseguir a concepção com a fecundação natural, ou seja, sem auxílio profissional. Entende-se por fecundação natural o processo biológico de união entre o espermatozoide com o óvulo, que origina o embrião e, futuramente, o ser humano. A frustação e sofrimento de casais que passam por esse tipo de problema encontram amparo no avanço da Medicina, que permite que o sonho seja realizado por meio do emprego de técnica de reprodução assistida.

Reprodução assistida é o conjunto de procedimentos que envolvem desde a introdução de gametas masculinos no aparelho vaginal por meio de técnicas específicas até procedimentos mais complexos como a fertilização *in vitro*.

A técnica mais simples é chamada de **inseminação artificial** e consiste na introdução do esperma humano no canal vaginal da mulher, após verificação da qualidade do gameta masculino e higienização do aparelho reprodutor feminino. Essa técnica é realizada durante o período fértil da mulher e busca aumentar as chances de uma concepção sem uma significativa intervenção artificial. A gravidez é verificada por meio de exame de sangue, realizado cerca de 15 dias depois do procedimento.

A **fertilização *in vitro*** é um processo mais complexo e é indicada em situações em que, para que a fecundação ocorra, é necessário maior acompanhamento profissional. A técnica se inicia com o estímulo ovariano para produção de maior quantidade de óvulos que, quando maduros, serão retirados dos ovários. Após, em laboratório, o profissional promoverá o encontro do gameta feminino com o masculino e aguardará alguns dias para acompanhar a evolução do, agora, embrião. Depois de três a cinco dias, os embriões de maior qualidade serão implantados no útero e a mulher esperará em torno de dez dias para realizar o exame de sangue.

Na reprodução assistida, os procedimentos médicos auxiliam na união dos gametas femininos e masculino, possibilitando a concepção do embrião humano. Contudo, alguns casais apresentam problemas específicos em seus gametas que os impedem de conceber o embrião, mesmo com ajuda profissional. É o que ocorre quando o homem apresenta problemas nos espermatozoides ou a mulher na qualidade de seus óvulos. Em situações como essas, a fecundação embrionária é chamada de **fecundação heteróloga**.

A reprodução heteróloga ocorre quando há doação de material genético de terceiro anônimo ou embrião de casal anônimo (Resolução nº 2.294/2021, que revogou a Resolução nº 2.168/2017 do CFM). A técnica ainda pode ser unilateral – material genético de apenas um doador – ou bilateral – material genético de dois doadores ou doação de embrião.

O procedimento envolve uma pluralidade de pessoas, como a mulher, parceiro conjugal, médico, doador ou doadora, esposa ou marido do(a) doador(a), o filho que venha a nascer e a sociedade como um todo. E, por isso, o Conselho Federal de Medicina regulamentou o tema (Resolução nº 2.294/2021) e dispôs que a doação de materiais genéticos não pode ter caráter comercial ou lucrativo, deve ser anônima, exceto na doação de gametas para parentesco de até quarto grau, de um dos receptores (primeiro grau – pais/filhos; segundo grau – avós/irmãos; terceiro grau – tios/sobrinhos; quarto grau – primos), desde que não incorra em consanguinidade e obedecidas as regras quanto à idade limite para doação. Nesse procedimento, é primordial que seja observado o sigilo dos doadores e receptores, portanto, somente o médico deve ter ciência de suas identidades.

Diferente desse procedimento é a **fecundação homóloga**. Nesta, a mulher utiliza o material genético de seu marido para a fecundação e posterior implantação do embrião no útero. A técnica pode ser empregada mesmo após a morte do cônjuge, em que será utilizado o material genético para a reprodução assistida. O Conselho Federal de Medicina regulamenta a autorização do cônjuge ou companheiro para o emprego da técnica médica (Resolução nº 1.358/1992). Com a autorização prévia do marido, presumem-se concebidos na constância do casamento os filhos havidos por inseminação artificial heteróloga (art. 1.597, V, do Código Civil).

Independentemente da técnica de reprodução humana empregada, é necessário que o procedimento médico seja realizado por profissional legalmente autorizado e inscrito no CRM.

O médico deve informar e esclarecer os pacientes sobre a condição de saúde, riscos e chances de sucesso em linguagem compatível com o entendimento das partes envolvidas.

Não menos importante é o consentimento esclarecido dos pacientes para que o procedimento seja realizado. Somente após a ampla explicação sobre o tratamento é que os pacientes podem consentir sobre o tratamento médico indicado pelo especialista. A mera assinatura de papéis não se esquipara e nem supre o consentimento válido, informação prévia suficiente que permita ao paciente uma escolha consciente do tratamento indicado, vedada, em qualquer caso, a exclusão da responsabilidade do médico. Nas hipóteses de doação de gametas ou embrião, é preciso que haja consentimento do(a) doador(a), que deve abranger seu cônjuge, caso seja casado(a).

4.1.1 Aspectos legais sobre reprodução assistida

Embora a concepção de filhos advindos por meio do emprego de reprodução assistida seja diferente dos concebidos naturalmente, os direitos à filiação são basicamente os mesmos, guardadas algumas particularidades.

Acompanhando a evolução da medicina no cuidado com os casais com problemas de fertilidade, o Código Civil dispôs que se presumem filhos os concebidos por meio de reprodução assistida e na constância do casamento: **um**, havidos por fecundação artificial homóloga, mesmo que falecido o marido; **dois**, havidos, a qualquer tempo, quando se tratar de embriões excedentários, decorrentes de concepção artificial homóloga; e, por último, **três**, havidos por inseminação artificial heteróloga, desde que tenha prévia autorização do marido (art. 1.597 do CC).

Por se tratar de uma técnica nova e que vem ganhando aceitação entre os casais com problemas de fertilidade, muito se discute quanto à filiação do doador após o nascimento do embrião, afinal, geneticamente, é genitor daquele que veio ao mundo com o material genético doado. No Canadá, por exemplo, o Relatório sobre a Reprodução Artificial dispõe que o doador de sêmen não poderá manter contato ou qualquer relação jurídica com a criança, não tendo em relação a ela qualquer direito ou dever paternal.

A reprodução heteróloga envolve de um lado a doação de gametas e, na outra ponta, o receptor do material genético. Por essa razão, compreende que há adoção socioafetiva aquele que adota um embrião ou apenas um gameta (óvulo ou espermatozoide). Sendo assim, no Brasil, mesmo que queira, o(a) doador(a) não poderá pleitear filiação daquela pessoa originada com seu material genético, mesmo que sua alegação seja com base em critério biológico (art. 1.593 do CC).

No que tange à adoção da técnica heteróloga *post mortem* não contemplada pelo art. 1.597 do Código Civil, que trata apenas da reprodução homóloga, a doutrina se divide quanto a sua viabilidade. É a situação, por exemplo, de um casal que optou pela ovodoação, mas durante o tratamento de fertilização, um dos cônjuges falece. Como o material genético do oócito é de uma doadora anônima, surge o dilema se o cônjuge sobrevivente pode utilizar esse gameta. Uma parte dos estudiosos entende que, nesse caso, aplica-se a Resolução CFM nº 2.294/2021, item VIII, que permite a reprodução assistida *post mortem* desde que haja autorização específica do(a) falecido(a) para o uso do material biológico criopreservado, de acordo com a legislação vigente. Contudo, outra parte entende que houve adoção do gameta ou embrião por parte do cônjuge falecido e, desde que tenha autorizado expressamente em vida, a(o) viúva(o) poderá dar continuidade ao tratamento de fertilização.

Ainda sobre a técnica heteróloga, é importante ressaltar que pode ser utilizada por cônjuges hétero ou homoafetivos e transgêneros (Resolução CFM n° 2.294/2021, item II, inciso 2), uma vez que o planejamento familiar pode ser concebido por todos os tipos de famílias.

Na Europa, o entendimento sobre reprodução assistida com doação de óvulo ou esperma é diferente do que se entende no Brasil. Em países como França e Espanha, prevalece o entendimento do anonimato daquele que doou o material genético, contudo, na Alemanha e Grã-Bretanha, por exemplo, o direito ao conhecimento genético prevalece sobre o direito ao anonimato.

Em Portugal, a regra é que prevalece o anonimato do doador, contudo, será revelado seu nome para evitar a possibilidade de casamento futuro entre irmãos. Em 2018, o Tribunal Constitucional de Portugal declarou inconstitucional o direito ao anonimato do doador previsto no art. 15 da Lei n° 32/2006, em razão de compreender que o direito da criança em ter um pai prevalecia sobre o direito ao anonimato (Acórdão n° 225/2018).

Contudo, no fim de julho de 2019, em Portugal, foi publicada a Lei n° 48/2019, que garante o sigilo sobre a identidade do doador. As crianças geradas por meio da técnica e com o emprego de doação de material genético poderão "obter informações de natureza genética que lhes digam respeito, desde que tenham idade igual ou superior a 18 anos, obter junto do Conselho Nacional de Procriação Medicamente Assistida informação sobre a identidade civil do doador".

Assim, diferente do que ocorre no Brasil, o direito à identidade genética da criança e em saber quem foi seu doador vem ganhando cada vez mais espaço e amplia o debate para outras discussões, como direito sucessório, direito à visitação e demais consequências decorrentes da filiação.

Assim como houve o aumento de ações judiciais com o objetivo de revelar a identidade genética do(a) doador(a) nos países europeus, pode ocorrer um aumento dessas ações no Brasil, principalmente após a edição da Lei de Acesso à Informação – Lei n° 12.527/2011, que garante o acesso a informações sigilosas.

Outro tema que vem ganhando adeptos é a reprodução assistida realizada em pessoas solteiras e casais homoafetivos. Parte da doutrina questiona se a mulher solteira poderia conceber um filho sem a presença paterna, fundado no possível prejuízo da ausência dessa figura na criação da criança. Os defensores desse entendimento afirmam que, embora exista família monoparental, não há razão para estimulá-la. Na Europa, diversos doutrinadores, como Dr. André Dias Pereira, entendem que a luta pela conquista do direito ao registro paterno, como reconhecimento da paternidade com o exame de DNA, direito a alimentos e visitação, não podem ser diminuídos em razão daqueles que desejam realizar o sonho de ter filhos sem a figura paterna de modo que o direito da criança em ter um pai deveria prevalecer sobre o direito das pessoas solteiras.

Em muitos países, como China e França, essa vedação atinge casais homossexuais que recorrem à reprodução assistida. Para os defensores desse entendimento, a justificativa estaria ligada ao prejuízo de a criança crescer sem a presença paterna ou materna, além de evitar a comercialização da procriação.

Na outra vertente, admite-se a constitucionalidade da família monoparental, que goza da mesma proteção das outras entidades familiares. Esse entendimento é fortalecido quando a legislação autoriza a reprodução *post mortem*. Nessa hipótese, sabe-se que a formação familiar será monoparental diante da ausência física de um dos pais. A família será monoparental quando a genitora for viúva, mãe solteira e nos casos em que o genitor abandona a família.

4.1.2 Gestação em substituição

Em alguns pacientes, mesmo com auxílio de técnicas de reprodução assistida, a gravidade do problema congênito impede que a mulher engravide, e a única solução possível é permitir que outra mulher gere o seu embrião. Mulheres que não possuem útero, com endometriose em grau elevado ou casais homoafetivos são exemplos de dificuldades, às vezes insuperáveis, de alcançar a confirmação da gestação.

Atentando-se à particularidade desses pacientes, a solução encontrada na Medicina foi a gestação realizada em uma mulher diferente da genitora genética, em outras palavras, por meio da gestação em substituição. Para tanto, as clínicas e centros de reprodução estão autorizadas pelo Conselho Federal de Medicina a empregar a técnica de reprodução nos casos em que for necessário esse tipo de gestação (Resolução CFM nº 2.294/2021, item VII).

Contudo, para que seja realizada a transferência embrionária, é necessário que a cedente temporária cumpra alguns requisitos estabelecidos pelo CFM; são eles:

- **Um**, a cessão é temporária e não pode visar lucro ou fins comerciais e a clínica de reprodução não pode intermediar a escolha da cedente.
- **Dois**, a cedente temporária do útero deve ter ao menos um filho vivo e pertencer à família de um dos parceiros em pa-

rentesco consanguíneo até o quarto grau. Demais casos estão sujeitos a avaliação e autorização do Conselho Regional de Medicina.

■ **Três**, a técnica de substituição de gestação será empregada em mulheres de até 50 anos de idade, excepcionalmente pode ser realizada em mulheres com idade fora da estabelecida, desde que baseada em critério técnico e científico fundamentado pelo médico responsável quanto à ausência de comorbidades da mulher e após esclarecimento ao(s) candidato(s) quanto aos riscos envolvidos para a paciente e para os descendentes eventualmente gerados a partir da intervenção, respeitando-se a autonomia da paciente (item I, inciso 3.2).

■ **Quatro**, é importante que seja lavrado um termo de consentimento livre e esclarecido assinado pelos pacientes e pela cedente temporária do útero, contemplando aspectos biopsicossociais e riscos envolvidos no ciclo gravídico-puerperal, bem como aspectos legais da filiação.

■ **Cinco**, a cedente temporária deverá apresentar por escrito documentação de aprovação assinada pelo cônjuge ou companheiro, se for casada ou estiver em união estável.

■ **Seis**, não menos importante, o relatório médico com o perfil psicológico, atestando adequação clínica e emocional de todos os envolvidos.

■ **Sete**, Termo de Compromisso entre o(s) paciente(s) e a cedente temporária do útero que receberá o embrião em seu útero, estabelecendo claramente a questão da filiação da criança.

■ **Oito**, compromisso, por parte do(s) paciente(s) contratante(s) de serviços de reprodução assistida (RA), públicos ou privados, de tratamento e acompanhamento médico, inclusive por equipes multidisciplinares, se necessário, à mãe que cederá temporariamente o útero, até o puerpério.

■ **Nove,** compromisso do registro civil da criança pelos pacientes, devendo essa documentação ser providenciada durante a gravidez.

O objetivo do preenchimento de todos os requisitos previstos pelo CFM é garantir a compreensão exata dos papéis de cada um dos envolvidos no contrato e impedir arrependimento da cedente temporária ou do casal.

Após o nascimento do bebê, o registro de nascimento deve ser realizado pelos pais genéticos, e não pela parturiente, mesmo que esta receba a declaração de nascido vivo. O marido ou companheiro da parturiente não é considerado genitor da criança para fins legais (não se aplica a presunção *pater est*). O Provimento nº 63/2017 do CNJ (art. 17, § 1º) determina que, nas situações de gestação por substituição, não constará no registro o nome da parturiente, informado na declaração de nascido vivo, devendo ser apresentado termo de compromisso firmado pela doadora temporária do útero, esclarecendo a questão de filiação.

Como se percebe, a rigidez na regulamentação dessa modalidade de reprodução assistida visa impedir problemas futuros entre os envolvidos, garantindo que cada um exerça a função preestabelecida e cumpra aquilo que foi acordado no contrato.

O receio de arrependimento da cedente durante a gestação, que poderá desenvolver afeto com o feto, ou da reivindicação de direitos sucessórios da criança com a cedente, pode prejudicar a relação e impedir que aconteça a gestação em substituição.

De todo modo, a Resolução do Conselho Federal de Medicina está à frente do tempo quando comparada com outros países. A rigidez nos requisitos e a obrigação de a cedente ser familiar do casal permitem que esse tipo de gestação seja autorizado no Brasil.

Em muitos países da Europa, a gravidez em substituição não é permitida em nenhuma hipótese. O principal impedimento é o grande receio da comercialização da gestação, em que se contrata uma mulher para gerar o embrião do casal. O fundamento dessa vedação é comparado à proibição de venda de órgãos, ou seja, impedir que o corpo humano seja utilizado com proveitos financeiros.

Em 2012, o Conselho Nacional de Ética para as Ciências da Vida (CNECV) de Portugal publicou o Parecer n° 63 sobre procriação medicamente assistida e gestação de substituição. Quanto à cessão temporária do útero, considerou como direito de a gestante revogar o consentimento da gestação em substituição durante o período gestacional e entendeu que a

> mãe de gestação seja necessariamente considerada para todos os efeitos legais como mãe da criança assim gerada, sugerindo alternativamente que seja deixada ao juiz a busca da solução mais adequada atendendo às circunstâncias do caso, pelo menos para efeitos de tutela e guarda.

Em 2016, Portugal publicou a Lei n° 25/2016, que permitiu que o emprego das técnicas de reprodução assistida seja realizado por meio de gestação em substituição nas situações em que não é possível a genitora gerar o embrião. Por estar entre os pouquíssimos países que aceitavam o emprego dessa modalidade, Portugal passou a sofrer com uma enxurrada de casais de todos os países da Europa interessados em encontrar uma mulher disposta a ceder o útero. O fenômeno foi apelidado como "turismo reprodutivo". A lei portuguesa, diferente da nossa, não elencava a obrigatoriedade de a cedente pertencer à família do casal e, com isso, qualquer mulher poderia aceitar o desafio de gerar o filho de outra pessoa. Contudo, muitos deputados argumentaram pela inconstitucionalidade da lei, fundamentados na violação do princípio da dignidade da pessoa humana e de proteção da infância. Para eles, a autorização da reprodução em substituição permitia "uma verdadeira mercantilização do ser humano" e "um processo de coisificação que, independentemente da natureza onerosa ou gratuita do mesmo, traz indubitavelmente à colação o princípio da dignidade da pessoa humana, seja no que se refere à gestante de substituição, seja no que se refere à criança".

Para os defensores da inconstitucionalidade, a lei colocava a cedente temporária como "instrumentalização ao serviço de um desejo a ter filhos, é por demais evidente, praticamente desaparecendo enquanto sujeito de direitos". Para alguns, a autorização da cedente era comparada aos primórdios da escravidão, em que "não só assistimos à coisificação da mãe de substituição, mas, também, constatamos que a criança que vier a nascer é tratada como um produto, ou seja, um produto final".

Assim, em 2018, o Tribunal Constitucional de Portugal declarou a lei inconstitucional por ser incompatível com os princípios constitucionais da República. Para o tribunal,

> o argumento da instrumentalização da gestante de substituição, segundo o qual está é reduzida à condição de um simples meio (...). Estas posições, todavia, deixam na sombra o papel ativo da gestante, ignorando as suas motivações, e sobrevalorizam os condicionamentos à sua vida decorrentes de uma gravidez (Acórdão nº 225/2018).

E continuou:

> é, por isso, manifestamente exagerado considerar-se que a gestação de substituição implica uma subordinação da gestante em todas as dimensões da sua vida ao interesse dos beneficiários, como se se tratasse de uma situação de apropriação, equivalente a "escravatura temporária" consentida. A existência da gestante, globalmente considerada, não tem de ser colocada ao serviço dos beneficiários e, por conseguinte, não é toda a sua vida que é instrumentalizada. Tão pouco existe um direito dos beneficiários à utilização da gestante. O compromisso que esta assume perante os beneficiários limita-se à observância dos cuidados normais numa qualquer gravidez, em ordem a poder cumprir, após o nascimento, a obrigação de entrega da criança. Daí a proibição de imposição contratual de restrições de comportamentos à gestante de substituição ou de normas que atentem contra os seus direitos, liberdades e garantias estatuída no artigo 8º, nº 11, da LPMA.

Na França, o debate não é muito diferente do que ocorreu em nosso país irmão. Os franceses optaram por proibir expressamente a gestação em substituição e determinou a nulidade de toda convenção que disponha sobre procriação ou gestação em terceiro. Para eles, é considerado crime impor condutas na mulher que aceita ceder seu corpo para gerar filho de outras pessoas, na forma de simulação ou dissimulação que atente contra o estado civil da criança. O posicionamento francês é justificado no combate à exploração da vulnerabilidade da mulher por organizações criminosas, que violam direitos fundamentais, além da luta na proteção de valores morais e éticos da dignidade da pessoa, evitando-se que o ser humano seja objeto de contrato. Sendo assim, aquele que infringe a determinação legal incorre na pena de desconsideração civil dos atos transacionais e de persecução criminal.

4.1.3 Sigilo da origem genética no Brasil

Conforme explicado anteriormente, a segurança na garantia do anonimato do(a) doador(a) é prerrogativa para a doação de material genético, contudo, o princípio não é considerado absoluto e excepcionalmente poderá ser quebrado.

A rigor, no Brasil, a pessoa concebida por meio de fecundação heterogênea poderá, excepcionalmente, requerer do Judiciário o direito à investigação de sua origem genética, como na hipótese de o paciente ser portador de doença genética. Não obstante a esse direito, o requerente não pode discutir vínculo parental-filial, mas informações genéticas. Assim, em situações excepcionais com o objetivo de preservar a vida, a saúde e os direitos de personalidade, é aceitável que se discuta a quebra do sigilo do doador. A Resolução nº 2.294/2021 do CFM determina que será mantido, obrigatoriamente, sigilo sobre a identidade dos doadores de gametas e embriões, bem como dos receptores, com ressalva do item 2 do Capítulo IV.[1] Em situações especiais, informações sobre os doadores, por motivação médica, podem ser fornecidas exclusivamente para os médicos, resguardando a identidade civil do(a) doador(a) (item IV, inciso 4).

4.1.4 Análise embrionária

Antes da transferência do embrião para o útero, os avanços tecnológicos permitem que sejam realizados exames

---

[1.] Os doadores não devem conhecer a identidade dos receptores e vice-versa, exceto na doação de gametas para parentesco de até quarto grau, de um dos receptores (primeiro grau – pais/filhos; segundo grau – avós/irmãos; terceiro grau – tios/sobrinhos; quarto grau – primos), desde que não incorra em consanguinidade.

de mapeamento de doenças genéticas, como, por exemplo, Síndrome de Down. Com o resultado em mãos, é permitido ao casal escolher os embriões de maior qualidade para a transferência uterina.

Sendo assim, diante da possibilidade de análise genética do embrião, muitos casais indagam o profissional responsável pela reprodução assistida se podem escolher o sexo do embrião, contudo, por conta da Resolução nº 2.294/2021, o casal não pode mais ter acesso à sexagem fetal. De acordo com a Resolução, só é permitido informar se o embrião é masculino ou feminino em casos de doenças ligadas ao sexo ou de aneuploidias de cromossomos sexuais.

Nesse ponto, acertou a Resolução em evitar questionamento sobre o alcance da tecnologia na manipulação de embriões diante da escolha entre o feminino e masculino. O acesso ao material genético do embrião, que ainda está no laboratório, permite a chance daqueles que defendem a escolha do embrião com melhores características, como tipo físico, grau de inteligência, habilidades esportivas, probabilidades de doenças futuras, entre outras infinidades de informações que são possíveis com o exame genético.

A possibilidade de selecionar o melhor embrião, ou seja, escolher dentre aqueles os que têm maiores vantagens físicas e cognitivas, pode seduzir os casais que passam pelo tratamento de reprodução assistida. A oportunidade de decidir pelo embrião mais inteligente, com habilidades esportivas, características físicas privilegiadas e livre de doenças remete à memória os filmes hollywoodianos em que o homem se mistura à máquina. A chance de diminuir doenças, como câncer, surdez, Síndrome de Down, por exemplo, eleva o encanto pelo tema, mas, de outro lado, a manipulação genética pode permitir que haja uma geração de "selecionados geneticamente superiores" quando comparados à geração de pessoas comuns.

Qual a chance de uma pessoa concebida naturalmente disputar o mercado de trabalho com outra concebida por meio de escolha de "melhores genes"? A possibilidade de haver dois grupos distintos em que um é visivelmente superior a outro amplia o questionamento em um futuro pouco distante. A seleção de fetos já é realidade em alguns países, como na Finlândia, por exemplo, em que é autorizado o aborto de fetos diagnosticados com Síndrome de Down. A exclusão desse feto pode acontecer antes da concepção ou durante a gestação e a consequência disso é que nesse país não nascem mais portadores dessa síndrome. A reflexão sobre a exclusão permanente de grupo de pessoas da sociedade ou a seleção artificial por pessoas consideradas superiores remete à lembrança dos tempos dos campos de concentração nazistas. Em uma outra vertente, é aceitável que o casal procure a reprodução assistida para escolher o embrião que tiver o mesmo defeito genético que os seus, como, por exemplo, surdez de nascença? Nesse caso, é justo ou aceitável que a criança seja condicionada a ser portadora de uma doença pela escolha dos próprios pais?

Diante dos inúmeros debates gerados com as possibilidades de manipulação genética na sociedade, a escolha do sexo em razão de doença genética, tais como hemofilia ou distrofia muscular, seria o mais justificado. Mesmos assim há discussões éticas sobre a motivação dessa escolha.

No Brasil, a Resolução nº 2.294/2021 do CFM abordou o assunto e estabeleceu, como regra geral, a vedação da escolha de sexo do embrião ou qualquer outra manipulação de característica biológica, salvo para evitar doenças no possível descendente (item I, inciso 5). Portanto, é vedada a escolha da identidade genética do embrião, inclusive o acesso a essa informação, sendo possível somente quando se tratar de doenças genéticas, situações que permitem a seleção dos embriões.

Ao mesmo tempo que a tecnologia está a serviço do homem é preciso questionar o alcance que ela pode ter na sociedade e até onde é permitida a sua influência para as próximas gerações. Em breve, discussões como estas farão parte de debates envolvendo bioética.

4.1.5 Embriões congelados

Uma das primeiras etapas do tratamento de reprodução humana é a estimulação ovariana, em que a mulher recebe altas doses hormonais para aumentar a produção de óvulos em seus ovários, que serão aspirados e levados ao laboratório. A justificativa dessa prática é aumentar as chances de sucesso no tratamento médico, afinal, o alto custo financeiro e, por que não dizer, emocional, visam garantir a maior quantidade possível de óvulos. Uma vez obtidos os óvulos, o profissional introduz o melhor espermatozoide no oócito feminino e aguarda a multiplicação celular, que deve ocorrer no prazo de três a cinco dias. Após, o embriologista analisa aqueles que evoluíram e os classifica de acordo com a quantidade de células multiplicadas.

Os agora chamados embriões serão escolhidos pelo casal, que optará em proceder pela análise genética e seleção dos melhores para introdução no canal vaginal, pelo que os demais embriões serão congelados para, se for o caso, serem implantados posteriormente.

A Resolução nº 2.294/2021 limitou o número total de embriões gerados em laboratório ao determinar que não poderá exceder a oito. Assim, será comunicado aos pacientes para que decidam quantos embriões serão transferidos a fresco, conforme determina essa Resolução. Os excedentes viáveis serão criopreservados. Como não há previsão de embriões viáveis ou quanto a sua qualidade, a decisão deverá ser tomada posteriormente a essa etapa.

Diante do número de embriões congelados em diversas clínicas em todo o país, indaga-se a necessidade urgente de discutir qual tempo que poderão permanecer congelados, bem como sobre a possibilidade de doação para outros casais que os desejem, sobre o descarte dos remanescentes ou sua utilização em pesquisas genéticas. É possível considerá-los como pessoas ou coisas? Qual a relação jurídica dos genitores com os embriões? O descarte pode ser considerado como aborto? Reflexões como essas batem à porta dos operadores do Direito e espelham a necessidade urgente de discussão.

A legislação brasileira não apresenta respostas adequadas para todas essas questões uma vez que, por exemplo, o Código Civil foi redigido levando-se em conta apenas como molde familiar o que existia há anos. Por isso que a Lei de Biossegurança (Lei n° 11.105/2005) é considerada um marco divisor no Direito, uma vez que regula a atividade de pesquisas de células-tronco em embriões gerados por meio de fertilização *in vitro*, o descarte e doação dos excedentes.

Assim, como resposta a algumas das indagações anteriores, a lei previu a possibilidade do encaminhamento de embriões considerados inviáveis ou congelados há mais de três anos para que sejam utilizados em pesquisas de células-tronco (art. 5°). Contudo, para tanto, é necessário o consentimento dos genitores antes de conduzi-los para pesquisas (art. 5°, § 1°). Também avança ao estabelecer crimes e penas para aquele que utilizar embrião humano em desacordo com o art. 5°, assim como praticar engenharia genética em célula germinal humana, zigoto humano ou embrião humano (arts. 24 e 25). A lei veda a realização de clonagem humana e utilização comercial de tecnologias genéticas de restrição de uso (arts. 26 e 28).

Mas, diante de temas não tratados no Código Civil e na Lei de Biossegurança, de forma complementar, o Conselho da

Justiça Federal vem publicando enunciados sobre diversos temas ligados à Saúde como alternativa para alcançar a evolução das técnicas de reprodução humana e suas consequências no direito sucessório. Embora não possuam força vinculatória, os enunciados contribuem para estabelecer caminhos para solução de conflitos judiciais. Como exemplo, cite-se o Enunciado nº 103, referente ao art. 1.593 do CC, em que reconhece

> outras espécies de parentesco civil além daquele decorrente da adoção, acolhendo, assim, a noção de que há também parentesco civil no vínculo parental proveniente quer das técnicas de reprodução assistida heteróloga relativamente ao pai (ou a mãe) que não contribuiu com seu material fecundante, quer da paternidade socioafetiva, fundada na posse do estado de filho.

Além disso, com o objetivo de solucionar conflitos entre os médicos e o Direito, o Conselho Federal de Medicina editou a Resolução nº 2.294/2021, em que adota normas éticas para a utilização das técnicas de reprodução assistida, na defesa do aperfeiçoamento das práticas e da observância aos princípios éticos e bioéticos que visam à segurança e eficácia de tratamentos e procedimentos médicos.

Nesse mesmo caminho, o CFM editou o novo Código de Ética Médica em que prevê a proibição de o médico "descumprir legislação específica nos casos de transplantes de órgãos ou de tecidos, esterilização, fecundação artificial, abortamento, manipulação ou terapia genética" (art. 15).

Infelizmente, no Brasil, a demora do Direito para acompanhar a evolução da Medicina e da sociedade prejudica a elaboração de normas capazes de evitar e solucionar alguns conflitos nessa área. Por isso que a regulamentação infralegal desses assuntos é uma tendência inescapável principalmente porque capaz de compatibilizar a dinâmica com que novas práticas médicas surgem a cada dia e o processo legislativo tradicional que a edição de um projeto de lei geralmente necessita.

4.2 Aborto

Conforme estudado no capítulo anterior, o Direito ampara a vida muito antes do nascimento, impõe normas de cuidado desde a concepção do embrião e prevê sanções como forma de proteção para o novo ser humano. Visando ao cuidado com a vida intrauterina, o legislador tipifica o aborto no rol dos crimes contra a vida.

Há algumas distinções no plano penal e médico acerca do conceito de aborto. Para a Medicina Obstétrica, é considerada aborto a morte do feto que ocorre até a vigésima semana de gestação. Após esse período gestacional, a morte fetal é conceituada como morte intrauterina. Já para o Código Penal comete crime aquele que destrói a vida que exista dentro do útero, independente do período gestacional, ou seja, comete crime aquele que, com intenção, ceifa a vida intrauterina. Por isso que, para a Medicina Legal, não há distinção entre os períodos gestacionais para a caracterização do crime de aborto. Se o ilícito foi praticado enquanto a gestante estava com 39 semanas de gestação, será considerado crime de aborto, e não morte fetal. Portanto, nas situações em que se ceifa a vida uterina de maneira dolosa, se considera como crime de aborto, independentemente do tempo gestacional.

No direito brasileiro, o Código Penal estabeleceu quatro modalidades de aborto, com diferenciação pela natureza do agente, existência ou não de consentimento da gestante, podendo ser:

- **um,** aborto provocado pela própria gestante ou consente que outrem lhe provoque (art. 124);
- **dois,** aborto provocado sem o consentimento da gestante (art. 125);
- **três,** aborto provocado com o consentimento da gestante (art. 126);
- **quatro,** o aborto praticado pelo médico nas hipóteses de: não haver outro modo de salvar a vida da gestante e se a gravidez resulta de estupro e o aborto é precedido de consentimento da gestante ou, quando incapaz, de seu representante legal (art. 128).

A primeira hipótese do crime previsto no Código Penal é da gestante que pratica o ilícito em si mesma ou permite que outra pessoa pratique nela. Independentemente da ação da gestante – praticar o aborto em si ou autorizá-lo –, a responsabilidade penal e punição serão as mesmas (art. 124 do CP). Assim, insere no tipo penal a gestante que ingere medicamentos para provocar a morte fetal ou permite que outra pessoa ceife a vida uterina. É apenado com detenção de um a três anos.

A segunda hipótese legal ocorre quando outra pessoa pratica o aborto **sem** o consentimento materno. Como exemplo, cite-se a gestante que é forçada pelo genitor do feto a ingerir medicamentos para provocar a morte fetal. A intenção do agente do crime é ceifar a vida intrauterina e a gestante não consegue impedi-lo (art. 125). É apenado com reclusão, de três a dez anos.

Na terceira situação, o aborto é provocado **com** consentimento da gestante (art. 126). Aqui, como exemplo, a mulher procura uma clínica de aborto clandestino e permite que outra pessoa proceda condutas para impedir a vida fetal. Quando comparado ao crime anterior, a pena é um pouco menor – reclusão de um a quatro anos.

Quando o médico realiza o aborto na paciente nas situações previstas em lei é chamado de aborto necessário e pode ter sido motivado em decorrência da necessidade de salvar a vida da gestante ou decorrente de estupro (art. 128 do CP). Essas são duas causas de exclusão de antijuridicidade previstas em nossa lei, desde que sejam fundamentadas na indicação médica e sentimental.

4.2.1 Aborto terapêutico

O aborto terapêutico é indicado quando a debilidade no estado de saúde da genitora justifica o sacrifício da vida do feto. O aborto se baseia no estado de necessidade, em que o sacrifício da vida intrauterina prevalece em prol da vida da mãe, por ser considerada de maior valia.

Com a evolução da Medicina, é possível antever com alguma segurança as situações em que a sobrevivência da gestante está em risco, como, por exemplo, a mulher que recebe o diagnóstico de câncer em grau avançado e, ao mesmo tempo, descobre a gravidez. Nesse caso, o médico pode constatar que a manutenção da gravidez impede que seja iniciado o tratamento, o que a expõe a riscos de agravamento da enfermidade.

Portanto, para que seja considerado aborto terapêutico, o estado de necessidade deve ser fundamentado na hipótese de: **um**, a manutenção da gestação oferece perigo de vida materna; **dois**, se o perigo está diretamente ligado na gravidez; **três**, se o risco pode resultar em morte para a gestante; e **quatro**, se o aborto é único procedimento capaz de salvar a vida da gestante.

Nesses casos, o médico não precisa de autorização judicial ou consentimento de cônjuge para agir, pois a decisão médica está amparada na legislação e de acordo com preceitos médicos.

4.2.2 Aborto terapêutico em feto com anencefalia

A anencefalia é uma doença grave que acomete o embrião e causa grave alteração fetal em decorrência de um defeito no fechamento do tubo neural, prejudicando a formação do cérebro, cerebelo, bulbo e medula espinhal. Pode ser diagnosticada a partir das 12 semanas de gestação por meio de ultrassonografia e ressonância magnética.

Por causa da doença, a criança nasce com deformidades neurológicas e físicas no rosto e pescoço, que prejudicam a sobrevivência além de poucas horas ou dias após o nascimento. É provável que o infante tenha reflexos primitivos, como esboçar sorrisos e movimentos físicos, contudo, a gravidade da doença impede o desenvolvimento. Há casos de bebês que sobreviveram maior período em razão de apresentarem pequeno desenvolvimento cerebral.

Como visto, o Código Penal vigente não prevê a autorização do aborto em casos de anencefalia, restringindo-se aos casos de gravidez decorrentes de estupro e em situações que colocavam em risco a vida da genitora.

Por isso que, em meados de 2004, a Confederação Nacional dos Trabalhadores na Saúde ingressou com a arguição de descumprimento de preceito fundamental (ADPF), em que defendia o direito da gestante a optar pela antecipação terapêutica de parto após a confirmação da anencefalia do feto. O pedido incluía a autorização de a gestante exercer o direito sem a necessidade de autorização judicial ou qualquer permissão do Estado. Após oito anos de espera, em 2012, a descriminalização da interrupção da gravidez foi ampliada após decisão do Supremo Tribunal Federal que julgou a Arguição de Descumprimento de Preceito Fundamental (ADPF) n° 54. Por maioria dos votos (8 a 2), foi declarada inconstitucional a interpretação dada aos arts. 124, 126 e 128 (incisos I e II), todos do Código Penal, que criminalizavam o aborto nos casos de anencefalia.

De acordo com o relator Min. Marco Aurélio Mello, o feto sem cérebro, mesmo que biologicamente vivo, é considerado juridicamente morto e, por isso, não desfruta de proteção jurídica. Em seu voto afirma que "a interrupção da gestação de feto anencefálico não configura crime contra a vida – revela-se conduta atípica". A decisão foi fundamentada na chance de sobrevida do feto após o nascimento, pois não poderia ser preservada a qualquer custo, principalmente em detrimento dos direitos da mulher. Desse modo, caberia a mulher, e não ao Estado, sopesar valores e sentimentos para, então, decidir sobre a manutenção ou não da gestação. Durante o voto, o relator afastou a tese contrária argumentada pelos defensores da manutenção da gestação, que fundamentava a defesa na doação dos órgãos do anencefálico depois de seu nascimento. Segundo ele, além de ser vedada a manutenção da gestação somente para possibilitar a doação de órgão, seria praticamente impossível o transplante devido a chance de o feto ter outras anomalias que inviabilizariam o ato. Sem contar que obrigar a mulher a manter a gestação nessa situação e somente com essa finalidade seria desprestigiar seus direitos e submetê-la à condição de objeto. Vale ressaltar que a decisão permitiu o aborto na hipótese em que se comprovar a anencefalia no feto. A confirmação ocorre com o diagnóstico de anencefalia feito por exame ultrassonográfico realizado a partir da 12ª (décima segunda) semana de gestação, que deve conter: I – duas fotografias, identificadas e datadas: uma com a face do feto em posição sagital; a outra, com a visualização do polo cefálico no corte transversal, demonstrando a ausência da calota craniana e de parênquima cerebral identificável; II – laudo assinado por dois médicos, capacitados para tal diagnóstico (art. 2º da Resolução CFM nº 1.989/2012).

Destaque-se, contudo, que, quando o feto for portador de defeitos congênitos ou psíquicos, o aborto não é autorizado, pois, nesse caso, o feto pode ter chances de vida autônoma, o que não é possível no caso de anencefalia.

Seguindo a paradigmática decisão do STF, o Conselho Federal de Medicina editou a Resolução nº 1.989/2012, que dispõe sobre o diagnóstico de anencefalia para a antecipação terapêutica do parto e orienta o médico sobre o direito da gestante em manter a gestação ou optar por interromper imediatamente a gravidez (art. 3º, § 2º). Seja qual for a decisão da gestante, o médico deve orientá-la sobre todas as informações pertinentes as duas possibilidades de escolha, permitindo que exerça o direito de decidir livremente, sem indução ou limitação.

Caso opte pela antecipação terapêutica do parto, o procedimento poderá ser realizado apenas em hospital que disponha de estrutura adequada ao tratamento de complicações eventuais, inerentes aos respectivos procedimentos (art. 3º, § 6º).

Será lavrada ata da antecipação terapêutica do parto, na qual deve constar o consentimento da gestante e/ou, se for o caso, de seu representante legal, além da ata, as fotografias e o laudo do exame referido no art. 2º dessa Resolução integrarão o prontuário da paciente (art. 4º).

Realizada a antecipação terapêutica do parto, o médico deve informar à paciente os riscos de recorrência da anencefalia e referenciá-la para programas de planejamento familiar com assistência à contracepção, enquanto essa for necessária, e à preconcepção, quando for livremente desejada, garantindo-se, sempre, o direito de opção da mulher. A paciente deve ser informada expressamente que a assistência preconcepcional tem por objetivo reduzir a recorrência da anencefalia (art. 5°).

4.2.3 Aborto sentimental

O Código Penal possibilita o aborto com consentimento da gestante na gravidez decorrente de estupro, quando esta for maior de idade ou, se for incapaz, com autorização do representante legal. A gestação decorrente do crime de estupro possibilita a mulher o direito de decidir sobre a continuidade ou não da gravidez. Nessa hipótese, é chamado de aborto sentimental ou moral.

Assim, nas situações em que a gravidez é decorrente de estupro, a lei permite que a mulher opte em não ter o filho do genitor que praticou contra ela a violência, além de remeter a lembrança do momento horrendo sofrido.

Esse tipo de aborto ainda provoca debates sobre a ética de sacrificar a vida de um inocente para reparar uma crueldade anteriormente praticada em face da mulher. Para os contrários, a vida inocente não pode receber a pena de morte por um ato praticado por terceira pessoa. Para quem defende o direito da mulher, a humilhação sofrida não pode se perpetuar no tempo de modo a obrigá-la a reviver, diariamente, o momento de violência de que foi vítima.

Seja como for, o Código Penal admite o aborto decorrente de estupro conforme prevê seu art. 128, II. Para o médico, embora não seja absolutamente necessário, é aconselhável que, antes de realizar o procedimento, tenha autorização do magistrado ou do Ministério Público para praticar o aborto e evitar futura responsabilidade.

4.2.4 Reflexões sobre aborto após o diagnóstico de microcefalia

Em 2016, o Brasil enfrentou um surto de fetos diagnosticados com microcefalia. A doença ataca a formação cerebral do feto e acarreta uma má formação congênita, que impede que o cérebro se desenvolva de maneira adequada e atinja o tamanho normal. Diferente da anencefalia, na microcefalia o cérebro é formado, porém de modo reduzido ou parcial, o que não impede que o feto sobreviva após o nascimento.

Após diversas pesquisas para descobrir a causa do surto, os especialistas identificaram que o alto número de má formação fetal estaria ligado ao mosquito *Aedes aegypti*, que transmite o vírus Zika por meio de sua picada.

Surgiu então um intenso debate jurídico sobre a possibilidade de aborto para as gestações em que fossem confirmadas a microcefalia, sob o argumento de que há nesse caso semelhanças com o aborto do anencéfalo. Assim, a Associação Nacional dos Defensores Públicos ajuizou a Ação Direta de Inconstitucionalidade cumulada com Arguição de Preceito Fundamental no Supremo Tribunal Federal, que questiona dispositivos da Lei nº 13.301/2016 e requer adoção de medidas de vigilância em saúde relativas aos vírus da dengue, Chikungunya e zika, como também os benefícios assistenciais e previdenciários para crianças e mães vítimas das sequelas neurológicas e, por último, a interpretação conforme a Constituição da República aos artigos do Código Penal que dispõem sobre as hipóteses de interrupção da gravidez (ADI nº 5.581/2016).

Para a Associação Nacional dos Defensores Públicos, a microcefalia se assemelha à anencefalia, tanto na enfermidade quanto ao direito da mulher de optar em não seguir com a gestação. Contudo, a dificuldade do diagnóstico correto da doença durante a gestação e a possibilidade de vida depois do nascimento são considerados impeditivos cruciais para que seja autorizado o aborto.

O Supremo Tribunal Federal ainda não julgou a ação, contudo, o Ministério Público Federal, por meio da Procuradoria--Geral da República, opinou pelo não conhecimento das ações, por ilegitimidade ativa da ANADEP, e, ultrapassada a preliminar, pela procedência parcial do pedido cautelar.

4.2.5 Aborto eugênico

O aborto eugênico é o procedimento realizado, durante a gestação, para ceifar a vida do feto que possui defeitos genéticos ou físicos.

Aqueles que defendem o direito de abortar nesses casos concentram-se na autonomia, vontade e no direito de a gestante decidir sobre a manutenção da gestação no caso de obter a confirmação da malformação do feto.

Prevalece, todavia, o entendimento de que o aborto eugênico viola direitos fundamentais primordiais, uma vez que a malformação não retira do feto o direito à vida e a dignidade da pessoa humana, razão pela qual, no Brasil, o aborto eugênico é considerado crime.

Independentemente da discussão acerca do alargamento dos casos de aborto, é preciso ter em conta que a complicação decorrente de aborto está entre as cinco maiores causas de morte materna, segundo a Organização Mundial de Saúde (OMS). A assistência médica ineficiente para atender a essas mulheres permite que muitas delas tenham complicações plenamente evitáveis com a Medicina atual.

Somente a título de informação, a ONU estabelece que, a cada 100.000 nascimentos, ocorram, no máximo, 35 mortes maternas. Em 2018, segundo o Ministério da Saúde, o Brasil conseguiu reduzir em 56% a mortalidade materna com o total de 62 casos de mortes maternas a cada 100.000 nascimentos. É um dado muito alto para não se questionar do que essas gestantes morrem e, segundo a ONU, são: hipertensão, hemorragia, infecção no pós-parto, doenças cardiovasculares e abortos. Esse tópico será estudado com maior profundidade no capítulo sobre Violência Obstétrica.

Em razão desses índices alarmantes é que prevalece que, independentemente da realização legal ou criminosa de um aborto, deve ser dispensado à mulher um atendimento médico suficientemente capaz de salvá-la.

4.3 Esterilização humana

A esterilização humana tem atraído simpatizantes pelo mundo como uma eficiente técnica de controle de natalidade. A técnica pode ser realizada em homens ou mulheres, contudo, é mais comum em mulheres.

Na mulher, o procedimento é conhecido como laqueadura ou ligadura de trompas. Na cirurgia, as trompas da mulher são amarradas ou cortadas, impedindo que o óvulo e os espermatozoides se encontrem. O procedimento cirúrgico pode ser realizado por meio de abertura no abdômen ou via vaginal. No homem, a cirurgia é chamada de vasectomia e consiste em um pequeno procedimento com anestesia local. Na cirurgia, é realizado um corte no canal que leva os espermatozoides dos testículos até as glândulas que produzem o líquido do esperma. Após o procedimento, o homem continua a produzir esperma, mas sem espermatozoides.

A importância do tema fez com que o legislador editasse a Lei nº 9.263/1996 para modificar o § 7º do art. 227 da CF, que trata do planejamento familiar. A lei estabeleceu que poderão recorrer à esterilização voluntária homens e mulheres com capacidade civil plena e maiores de 25 anos de idade ou, ao menos, dois filhos vivos e deve, ainda, observar o prazo de 60 dias entre o desejo de realizar o procedimento e o ato cirúrgico em si. Esse período tem finalidade de permitir ao paciente repensar a decisão e ter acesso ao serviço de regulação de fecundidade e aconselhamento de equipe multidisciplinar. O objetivo principal desse prazo é garantir que a decisão seja segura e sem arrependimento futuro.

Essa lei indica que o procedimento médico pode ser realizado também nos pacientes com risco de morte ou a saúde da mulher ou do futuro concepto, confirmado em relatório escrito e assinado por dois médicos (art. 10, II).

Para que se realize a esterilização, é necessário que se tenha manifestação expressa da vontade em documento escrito e firmado, após a informação a respeito dos riscos da cirurgia, possíveis efeitos colaterais, dificuldades de sua reversão e opções de contracepção reversíveis existentes (art. 10, § 1º).

O ato cirúrgico não deve ser realizado durante os períodos de partos ou aborto, exceto nas situações de comprovada necessidade, por cesarianas sucessivas anteriores (art. 10, § 2º).

A manifestação de vontade não pode ser durante alterações na capacidade de discernimento, incapacidade mental temporária ou definitiva (art. 10, § 3º). A esterilização cirúrgica, como método contraceptivo, somente será executada por meio da laqueadura tubária, vasectomia ou de outro método cientificamente aceito, sendo vedada através da histerectomia e ooforectomia (art. 10, § 4º).

Caso seja realizada a cirurgia em desacordo com o fixado no art. 10 da lei, os autores do ato médico serão punidos com pena de reclusão de dois a oito anos, podendo ser aumentada em um terço se a esterilização for praticada durante o período de parto ou aborto, salvo nas situações de risco de morte materno ou ao concepto (art. 10, inciso II); com manifestação da vontade do esterilizado expressa durante a ocorrência de alterações na capacidade de discernimento por influência de álcool, drogas, estados emocionais alterados ou incapacidade mental temporária ou permanente; por meio de histerectomia e ooforectomia e em pessoa absolutamente incapaz, sem autorização judicial.

Após o procedimento cirúrgico, é necessário que o paciente continue sendo acompanhado por um médico para verificar o sucesso na esterilização, pois, não raro, a natureza se encarrega de reverter o procedimento de modo a lhe devolver a plena e inesperada fertilidade. De todo modo, na maioria das vezes, a mulher procura o médico para realizar o procedimento em razão de não desejar mais filhos naquele momento e, por se tratar de procedimento definitivo, deve ser decidido com o maior grau de certeza possível para que não haja arrependimento no futuro.

Embora a procura pelo procedimento seja, na maioria das vezes, em razão de não desejar mais filhos, a esterilização não deve ser focada simplesmente nesse desejo. Deve ser levantada a hipótese em que uma nova gestação colocaria em risco de morte a paciente, por exemplo. Nesse caso, o importante é que a atenção se volte a condição orgânica, como aquelas acometidas de hipertensão crônica grave, doença renal severa, cardiopatias e neuropatias graves. Seja qual for a fundamentação, é necessário que o médico se assegure de explicar à paciente o caráter definitivo do procedimento e os riscos que o envolvem para que, então, a paciente e seu companheiro concordem com o termo de consentimento informado e esclarecido. Vale ressaltar que a esterilização depende de consentimento do parceiro conjugal e, nas hipóteses de absolutamente incapaz, é necessário que haja autorização judicial (art. 10, § 6º, da Lei nº 9.263/1996).

5

Breve estudo sobre a transfusão de sangue e reflexão sobre a Resolução CFM nº 2.232/2019 – recusa terapêutica por pacientes e objeção de consciência na relação médico-paciente

  É muito comum médicos atenderem pacientes que, antes da realização de procedimento cirúrgico ou durante a internação hospitalar, informam que não autorizam que seja realizada transfusão de sangue em razão de identidade religiosa, por exemplo. Geralmente, situações como essas envolvem muita discussão por enfrentar dois grandes pilares jurídicos que se chocam: os direitos à saúde e à liberdade religiosa. Diante do enfrentamento dos direitos, é possível escolher qual deve prevalecer?

O primeiro relato do debate sobre o enfretamento dos direitos foi em 1962, quando a Corte do Estado de Ohio foi consultada por um hospital sobre a permissão de realizar transfusão de sangue em uma criança que estava internada em razão de graves queimaduras de 2° e 3° graus, atingindo 40% de seu corpo. A consulta era devido à negativa dos genitores de autorizarem o necessário procedimento, que salvaria a vida da pequena criança, por serem da denominação religiosa "Testemunhas de Jeová". A Corte autorizou o procedimento médico indicado e, também, a utilizarem todos os meios capazes de salvar a vida do paciente.

Inconformados com a decisão, os genitores entraram com recurso com fundamento em não existir perigo de morte eminente e que, portanto, a conduta médica era arbitrária. O médico justificou que a criança não estava à "beira da morte", mas que o quadro de saúde poderia piorar em razão da gravidade das lesões e que a morte seria inevitável.

Os genitores fundamentaram a defesa na quebra de princípios constitucionais ao submeter a transfusão contra a suas vontades. Contudo, o Tribunal decidiu que a medida terapêutica era necessária pela ciência médica em razão da gravidade das lesões. Assim, a transfusão foi autorizada e realizada com melhora na saúde do infante.

Portanto, é aceitável que pais se neguem a realizar determinados atos médicos quando não há riscos à saúde do menor, mas, quando há riscos de morte, deve-se prevalecer o direito de viver.

Pergunta

■ Qual a atitude o médico deve ter quando se deparar com a negativa de transfusão de sangue por motivações religiosas, por exemplo?

Quando é indicada a transfusão de sangue e o paciente se nega ao tratamento, é necessário que o médico analise se a condição de saúde do paciente configura urgência médica ou se o procedimento pode ser aguardado ou modificado o protocolo. Em situação de urgência, ou seja, nas situações em que a transfusão de sangue é imprescindível para salvar a vida do paciente, o médico deve submetê-lo a transfusão independentemente de sua vontade, porque, nessa hipótese, o tratamento não está condicionado ao consentimento do enfermo, e sim em realizar todos os procedimentos médicos aptos a salvar a vida. É bem provável que o paciente não tenha conhecimentos técnicos suficientes para entender quais atos médicos são necessários para livrá-lo da morte. Contudo, diante do conflito entre o desejo do paciente e o risco iminente de morte, prevalece a proteção à vida do enfermo, com o emprego de todos os meios e procedimentos necessários para garantir a sua vida.

A saúde humana não é exata e nem em todas as ocasiões se pode escolher qual o tratamento adequado para o caso específico, como se estivéssemos diante de cardápio com um rol de atos médicos plenamente viáveis. Infelizmente, a saúde não funciona assim e, muitas vezes, o médico é questionado sobre a melhor escolha terapêutica como se fosse um locador de serviços. O respeito ao desejo do paciente, após a completa informação de sua saúde, deve existir, principalmente nas situações não emergenciais. Contudo, a situação se modifica quando o médico se depara com imprescindível necessidade de decidir rapidamente sobre o tratamento adequado durante a urgência médica.

Caso o médico não intervenha, poderá responder por crime de omissão de socorro, porque se absteve de praticar determinada conduta médica necessária em razão da negativa do paciente ou familiares (art. 135 do CP). Contudo, não incorre em crime o médico que intervém ou realiza cirurgia sem o consentimento do paciente ou de seu representante legal, em razão do iminente perigo de vida (art. 146, § 3º, I, do CP).

O CFM editou a Resolução nº 1.021/1980 com o parecer jurídico sobre a transfusão de sangue em testemunhas de Jeová. A orientação do CFM para os médicos é de que, quando há negativa do paciente em receber a transfusão de sangue e não houver perigo iminente de morte, o médico deve respeitar a vontade do paciente ou de seus responsáveis. Caso o paciente esteja em perigo real de morte, o médico praticará a transfusão de sangue, independentemente de consentimento do paciente ou de seus responsáveis.

No dia 16 de setembro de 2019, o Conselho Federal de Medicina publicou a Resolução n° 2.232, em que estabeleceu normas éticas sobre recusa terapêutica por pacientes e objeção de consciência na relação médico-paciente.

A **recusa terapêutica** é, nos termos da legislação vigente e na forma da Resolução, um direito do paciente a ser respeitado pelo médico, desde que esse o informe dos riscos e das consequências previsíveis de sua decisão. Assim, a recusa terapêutica remete à memória um dos princípios da bioética (estudado em capítulo próprio), que assegura o direito à autonomia do paciente, ao garantir o respeito à decisão do enfermo, após ser informado pelo médico de todos os riscos de sua decisão.

Para que exerça sua autonomia, o paciente deve ser informado de todas as possibilidades que envolvem sua enfermidade e tratamentos possíveis de acordo com a medicina. De posse de todas as informações, o paciente poderá exercer o direito à autonomia e decidir juntamente com o médico a melhor opção para sua situação.

O respeito à recusa terapêutica possibilita que o desejo do paciente esteja à frente da vontade do médico. É o caso, por exemplo, do paciente que se encontra em estado terminal e deseja não receber mais tratamentos médicos que sabe que serão ineficientes em função da gravidade de sua enfermidade. Cansado de intervenções médicas e tentativas sem resultados, o enfermo deseja receber apenas medicamentos paliativos, que garantam a ausência de dor até que chegue o momento de seu repouso eterno.

Para que seja respeitada a autonomia do paciente, é necessário que seja maior de idade, capaz, lúcido, orientado e consciente no momento da decisão sobre o direito de recusa à terapêutica proposta em tratamento eletivo, de acordo com a legislação vigente (art. 2º). O médico, diante da recusa terapêutica do paciente, pode propor outro tratamento quando disponível (art. 2º, parágrafo único).

Em situações de risco relevante à saúde, o médico não deve aceitar a recusa terapêutica de paciente menor de idade ou de adulto que não esteja no pleno uso de suas faculdades mentais, independentemente de estarem representados ou assistidos por terceiros.

Em caso de discordância insuperável entre o médico e o representante legal, assistente legal ou familiares do paciente menor ou incapaz quanto à terapêutica proposta, o médico deve comunicar o fato às autoridades competentes (Ministério Público, Polícia, Conselho Tutelar etc.), visando o melhor interesse do paciente.

Quando o médico verificar que a recusa terapêutica coloca em risco a saúde de terceiros ou em caso de tratamento de doença transmissível ou de qualquer outra condição semelhante que exponha a população a risco de contaminação, não deve aceitá-la por caracterizar abuso de direito (art. 5º).

A recusa terapêutica manifestada por gestante deve ser analisada na perspectiva do binômio mãe/feto, podendo o ato de vontade da mãe caracterizar abuso de direito dela em relação ao feto.

Para sua segurança, o médico assistente em estabelecimento de saúde, ao rejeitar a recusa terapêutica do paciente, nas hipóteses de o paciente ser menor de idade ou adulto que não esteja em plena faculdade mental, deverá registrar o fato no prontuário e comunicá-lo ao diretor técnico para que este tome as providências necessárias perante as autoridades competentes, visando assegurar o tratamento proposto.

A resolução estabeleceu normas éticas para a **objeção de consciência** do médico diante da recusa terapêutica do paciente (art. 7º). Objeção de consciência é o direito do médico de se abster do atendimento diante da recusa terapêutica do paciente, não realizando atos médicos que, embora permitidos por lei, sejam contrários aos ditames de sua consciência.

É o caso, por exemplo, do médico que se nega a continuar o atendimento médico do paciente que se nega a receber transfusão de sangue. Assim como o paciente, o médico tem o direito de discordar da decisão do enfermo e decidir não participar de sua escolha de tratamento médico. Vale lembrar que o médico é o profissional que luta diariamente com a morte e aceitá-la como alternativa nem sempre é fácil. Assim, permitir que o profissional se abstenha de continuar o tratamento médico é garantir o seu direito.

A interrupção da relação do médico com o paciente por objeção de consciência impõe ao médico o dever de comunicar o fato ao diretor técnico do estabelecimento de saúde, visando garantir a continuidade da assistência por outro médico, dentro de suas competências.

Em caso de assistência prestada em consultório, fora de estabelecimento de saúde, o médico deve registrar no prontuário a interrupção da relação com o paciente por objeção de consciência, dando ciência a ele, por escrito, e podendo, a seu critério, comunicar o fato ao Conselho Regional de Medicina.

Na ausência de outro médico, em casos de urgência e emergência e quando a recusa terapêutica trouxer danos previsíveis à saúde do paciente, a relação com ele não pode ser interrompida por objeção de consciência, devendo o médico adotar o tratamento indicado, independentemente da recusa terapêutica do paciente (art. 10).

Em situações de urgência e emergência que caracterizarem iminente perigo de morte, o médico deve adotar todas as medidas necessárias e reconhecidas para preservar a vida do paciente, independentemente da recusa terapêutica.

A recusa terapêutica regulamentada na Resolução deve ser prestada, preferencialmente, por escrito e perante duas testemunhas quando a falta do tratamento recusado expuser o paciente a perigo de morte (art. 12). São admitidos outros meios de registro da recusa terapêutica quando o paciente não puder prestá-la por escrito, desde que o meio empregado, incluindo tecnologia com áudio e vídeo, permita sua

preservação e inserção no respectivo prontuário.
Nesse sentido, tem-se a jurisprudência:

> APELAÇÃO CÍVEL. INTERVENÇÃO CIRÚRGICA. TERMO DE CONSENTIMENTO INFORMADO. TRANSFUSÃO DE SANGUE. PACIENTE TESTEMUNHA DE JEOVÁ. I – Realizada a ponderação entre direitos e garantias fundamentais, o direito à vida se sobrepõe à liberdade de religião porque o direito à vida é a premissa maior para o exercício de qualquer outro direito assegurado constitucionalmente ou em tratados internacionais. II – O Poder Judiciário não pode ordenar a realização de procedimento médico cirúrgico sem possibilidade de transfusão sanguínea heteróloga em paciente por sua vontade, sob pena de colocar em risco a vida, ofendendo o principal direito fundamental assegurado constitucionalmente. III – Apelação desprovida (Acórdão 1251296, 07126198220198070001, Rel. Vera Andrighi, 6ª Turma Cível, data de julgamento: 27.5.2020, publicado no *DJe* 3.6.2020).

Não tipifica infração ética de qualquer natureza, inclusive omissiva, o acolhimento, pelo médico, da recusa terapêutica prestada na forma prevista na Resolução (art. 13).

6

Terminalidade da vida e o direito

 A evolução da medicina permite que sejam oferecidos a pacientes tratamentos médicos eficientes, diagnósticos precoces, medicamentos modernos, capazes de evitar mortes, até há pouco tempo, inevitáveis. As oportunidades de sobrevida trazidas para os pacientes alteraram a história natural de muitas doenças, que eram consideradas fatais para muitas sociedades antigas, como gripe e infecções. Como exemplo, há a gripe espanhola de 1918, que foi considerada a doença que mais causou mortes na história mundial, espalhou-se por quase todo o mundo e chegou a ceifar a vida de 50 a 100 milhões de pessoas nos dois anos de pandemia. O vírus causador de tanto mal foi um tipo incomum de influenza, conhecido como Influenza A do subtipo H1N1. Em 2009, esse vírus voltou à circulação mundial, contudo, mais fraco do que o anterior. Com a Medicina mais evoluída, as campanhas de vacinação foram eficientes e determinantes para que impedissem uma epidemia ou pandemia; mesmo assim, em 2020, vivenciamos a pandemia originada pelo vírus SARS-CoV-2, que causa a Covid-19.

Hoje, a evolução da ciência médica permite que as maiores causas de mortes não sejam mais infecções ou gripes, mas cânceres e doenças neurológicas como Mal de Alzheimer. Um exemplo desse avanço de intervenção médica eficiente é a que disponibiliza ao enfermo um suporte artificial de vida suficiente para substituir a função vital, como a respiratória, contudo, sem chances de cura. Assim, um paciente que não poderia respirar sozinho e estaria condenado à morte hoje pode desfrutar da vida graças ao desenvolvimento da Medicina.

Contudo, o inegável benefício que o avanço da ciência médica trouxe para a humanidade remonta a outra realidade que, até há pouco tempo, não existia: os pacientes que recebem intervenções artificiais para a manutenção de sua vida, como, por exemplo, os pacientes em estado vegetativo permanente. A sobrevivência desses pacientes depende dos aparelhos aos quais estão conectados e a ciência médica ainda não tem disponível um tratamento que possa promover a cura, o que deu ensejo ao questionamento debatido em todo o mundo: até quando o paciente deve receber intervenções para manutenção artificial de sua vida? É uma pergunta difícil de se responder, principalmente por envolver fundamentos subjetivos, como ética e religião.

Em muitos países europeus, a discussão sobre esse tema se encontra à frente do Brasil e o debate não é apenas sobre a reflexão da morte digna, mas sobre a possibilidade de suicídio assistido daqueles que não são portadores de doenças terminais, mas não desejam mais viver.

O tema da morte digna vem ganhando espaço nas discussões sobre bioética e direciona luz para doentes terminais sem esperanças de cura e cansados de lutar. Para os defensores desse tema, a dignidade deve alcançar esse tipo de doente e permitir a ele morrer de maneira digna.

Há pouco tempo, um atendimento médico recente que envolvia terminalidade da vida ganhou repercussão mundial e fomentou o debate sobre o assunto: o caso do bebê inglês Charlie Gard. Em 2016, poucas semanas após o nascimento, os pais de Charlie notaram os primeiros sinais de enfraquecimento muscular e, dois meses depois, precisaram submeter o bebê a internação hospitalar em razão de apresentar dificuldades para se alimentar, hipoatividade e insuficiência respiratória. Após diversos exames e análise de vários profissionais, os médicos o diagnosticaram com síndrome de depleção de DNA mitocondrial.

Apenas a título de esclarecimento, anote-se que a doença está ligada a uma condição genética muito rara e relacionada ao esgotamento do DNA mitocondrial, capaz de provocar danos no cérebro e músculos. Ela impede que chegue energia nos músculos, rins e cérebro, acarretando ao paciente a impossibilidade de se movimentar, comer e respirar sem ajuda de equipamentos médicos. Ainda não há cura para a doença, apenas tratamentos médicos que possam retardar a sua evolução.

No início de 2017, o enfermo iniciou um tratamento médico experimental com objetivo de retardar a evolução da doença. Ainda no mesmo mês, Charlie apresentou crises convulsivas e deterioração da função encefálica, e os médicos concluíram que todo o tratamento médico experimentado seria inútil diante da gravidade da doença.

Um médico americano se sensibilizou com o caso de Charlie e se ofereceu para realizar o tratamento médico. E, diante de uma nova chance, os pais se encheram de esperanças e comoveram a internet com campanhas para arrecadar recursos financeiros suficientes para custear o tratamento médico. Contudo, os médicos que haviam cuidado do menor até então consideraram que a transferência e submissão a novo tratamento seria prejudicial ao bem-estar do enfermo, uma vez que a doença é grave e incurável.

Em fevereiro de 2017, os médicos solicitaram uma ação judicial, na Divisão de Família do Tribunal Superior de Justiça de Londres, com o pedido para retirarem o suporte artificial de vida com a manutenção de cuidados paliativos para Charlie e o Tribunal decidiu favoravelmente ao pedido médico. Os pais do infante foram contrários à decisão judicial e recorreram, mas a decisão recursal foi revisada e confirmada por três vezes: a primeira, pela Corte de Apelação no mês de maio; a segunda, pela Suprema Corte em junho; e a terceira, pela Corte Europeia de Direitos Humanos, em junho de 2017, em que todas as decisões foram favoráveis ao pedido médico. Após esgotadas todas as vias judiciais, os médicos se prepararam para retirarem o suporte artificial de vida.

A partir de então, instalou-se uma verdadeira campanha mundial em prol da vida do pequeno Charlie, famosos como Papa Francisco e o presidente americano Donald Trump declararam apoio aos pais do pequeno.

Em julho daquele ano, o Great Ormond Street Hospital, renomado hospital londrino em tratamento infantil, apresentou evidências ao Tribunal Superior de Londres de que a técnica empregada pelo médico americano poderia beneficiar Charlie. A decisão foi de que o especialista americano poderia avaliar o bebê em Londres. Foram realizados diversos novos exames e emprego da nova técnica, contudo, a equipe de multidisciplinares concluiu pela gravidade da doença.

Os pais acataram o entendimento médico e solicitaram que Charlie desfrutasse dos últimos momentos em sua casa. Sem divulgar o motivo, o hospital negou o pedido dos genitores e transferiu o infante a um hospital de cuidados paliativos, onde retiraram o suporte tecnológico e o bebê veio a falecer em 28 de julho de 2017, onze meses após o nascimento.

Desse triste caso inglês, é possível identificar algumas perspectivas jurídicas, como o choque de interesses jurídicos entre os pais de Charlie e a equipe médica, além da licitude dos cuidados paliativos para doenças terminais.

Por ser menor de idade, o pequeno Charlie era representado juridicamente por seus pais, que não concordavam com as conclusões dos médicos. Por não terem conhecimento técnico na área médica e sentimentos pessoais na sobrevida do infante, os pais lutaram em todas as instâncias judiciais para impedir que a morte ocorresse, ao menos utilizando-se de todas as ferramentas médicas existentes, o que faz desse um caso emblemático que evidencia que o choque entre as concepções sentimentais e médico-científicas pode produzir grandes conflitos em face de pacientes terminais.

6.1 Diretrizes antecipadas de vontade

Diretivas antecipadas de vontade ou testamento vital é um documento redigido por pessoa maior e em pleno uso de faculdades mentais, com o fim de apontar os cuidados, tratamentos e procedimentos médicos aos quais aceita ser submetida, quando for constatada situação em que estiver com grave risco de morte e não mais estiver em condições de expressar sua vontade.

O documento vai além de reconhecer a manifestação de vontade do paciente nas situações de proximidade de sua morte, porque possui finalidade de reconhecer, transmitir ou extinguir direitos.

Por ser novo no ordenamento jurídico brasileiro, o tema enfrenta resistência entre os operadores do direito e a classe médica, principalmente pelo fato de não haver legislação específica. Contudo, em 2012, o Conselho Federal de Medicina editou a Resolução n° 1.995, que dispõe sobre as diretivas antecipadas de vontade dos pacientes. Segundo a Resolução, diretivas antecipadas é o conjunto de desejos, prévio e expressamente manifestado pelo paciente, sobre os cuidados e tratamentos que deseja ou não receber quando estiver incapacitado de expressar, livre e autonomamente, sua vontade.

O objetivo principal do documento é garantir a autonomia do paciente no final da vida, principalmente, quando não puder mais expressar sua vontade livremente. As diretivas surgem como um sinal de alerta ao avanço tecnológico e tratamentos médicos, conduzidos, muitas vezes, de maneira a garantir a manutenção da vida a qualquer custo, além de desprezar o tratamento fútil e inútil, assegurando ao doente a "morte digna" e condizente com a sua vontade.

A manifestação de vontade do paciente expressada antecipadamente permite o direito de escolher até o momento que deseja cessar o emprego de suportes médicos para mantê-lo vivo. É a garantia da dignidade e autonomia do paciente nos momentos finais de sua existência. Então, por exemplo, o paciente, com diagnóstico de Mal de Alzheimer e com conhecimento do prejuízo para memória com o avanço da doença, resolve confeccionar as diretivas antecipadas para impedir que o suporte artificial de manutenção da vida seja utilizado de maneira demasiada com a progressão da enfermidade.

De posse das desejosas informações, o profissional da saúde deve respeitar os anseios finais do paciente, de modo a impedir que os últimos momentos sejam dolorosos e incompatíveis com a manifestação do enfermo, mesmo que o paciente esteja incapaz de se comunicar ou expressar de maneira livre e independente sua vontade. Pode ocorrer de o paciente designar um representante, que comunicará o médico sobre o desejo final e o profissional deverá seguir as orientações recebidas.

O médico deixará de levar em consideração as diretivas antecipadas de vontade do paciente ou representante que, em sua análise, estiverem em desacordo com os preceitos ditados pelo Código de Ética Médica (art. 2°, § 2°). O profissional registrará no prontuário a manifestação de vontade que foi diretamente comunicada pelo paciente.

Caso haja conflito entre as diretivas antecipadas do paciente e o desejo dos familiares, deverá prevalecer a vontade do enfermo sobre qualquer outro parecer não médico, inclusive de seus familiares.

Não sendo conhecidas as diretivas antecipadas de vontade do doente, nem havendo representante designado, familiares disponíveis ou falta de consenso entre estes, o médico recorrerá ao Comitê de Bioética da instituição, caso exista, ou, na falta deste, à Comissão de Ética Médica do hospital ou ao Conselho Regional e Federal de Medicina para fundamentar sua decisão sobre conflitos éticos, quando entender esta medida necessária e conveniente (art. 2°, § 5°).

Nos casos de doença incurável e terminal, deve o médico oferecer todos os cuidados paliativos disponíveis sem empreender ações diagnósticas ou terapêuticas inúteis ou obstinadas, levando sempre em consideração a vontade expressa do paciente ou, na sua impossibilidade, a de seu representante legal (art. 41, parágrafo único, do Código de Ética Médica).

Com o advento da resolução, a principal crítica dos médicos está na falta de definição da suspensão dos tratamentos, em razão de nem sempre haver o momento exato em que se pode suspendê-los. Um paciente terminal ou em estado vegetativo irreversível precisa ser analisado sistematicamente para concluir a futilidade do tratamento. Sendo assim, eleger um marco temporal ou acometimento em sua saúde pode ser diferente da opinião médica para aquele caso específico. Desse modo, o médico tem um papel fundamental para determinar se a intervenção profissional causará sofrimento ilimitado ao paciente ou sua interrupção pode ser precipitada.

Na visão do profissional da saúde, pode acontecer de o médico se sentir inseguro quanto a se submeter às vontades do doente, em razão de sua profissão exigir decisões rápidas e difíceis com base na circunstância do paciente. Em outras palavras, pode o médico deixar de verificar o momento exato em que deve abster do cuidado e seguir o desejo do paciente.

Para os defensores do documento, as diretivas não abreviam a morte do doente, permitindo que ela ocorra conforme o desejo do enfermo, diferentemente da eutanásia. Além disso, no momento da confecção, o paciente gozava de suas faculdades mentais e decidiu de maneira livre e consciente pelas condutas médicas que não gostaria que fossem empregadas durante seu tratamento.

Como não há lei específica sobre o tema, a fundamentação da sua legalidade está na Constituição Federal, que elevou, dentre os princípios fundamentais, os princípios da dignidade da pessoa humana (art. 1º, III) e da autonomia (princípio implícito no art. 5º). Em relação aos cuidados médicos e, não menos importante, está a proibição de tratamento desumano (art. 5º, III).

Caso este seja o desejo do enfermo, deve registrar sua vontade no cartório, contudo, como não há normas específicas sobre o tema, pode ocorrer de o médico ou familiares não cumprirem com os últimos desejos do doente.

Pergunta

■ **O que o médico deve fazer caso o familiar negue a obediência do testamento?**

Há casos de os próprios familiares negarem a obediência do testamento vital do familiar doente, por não concordarem com a suspensão no tratamento médico, que, aos seus olhos, salvará a vida do doente ou prolongará mais sua permanência.

Em situações como essa, o médico vivencia uma situação embaraçosa e de difícil solução. Ele se vê obrigado a decidir entre a vontade de seu paciente, que orientou como gostaria que fossem os seus momentos finais, ou seguir as orientações da família, que continuará viva e poderá processá-lo. A insegurança causada pela ausência de norma legal própria sobre o tema impõe ao médico um peso na sua decisão, que pode causar problemas futuros.

A rigor, o médico deve obediência à vontade de seu paciente, que estará elencada nas diretivas antecipadas de vontade, pouco importando o desejo dos familiares (art. 2°, § 3°, da Resolução n° 1.995/2012). De todo modo e para segurança do profissional, é aconselhável que este relate a situação no prontuário médico, com as orientações do testamento vital do paciente e a contrariedade dos familiares (art. 2°, § 4°).

6.2 Cuidados paliativos

A evolução da medicina permitiu o aumento das possibilidades de salvar e prolongar a vida, contudo, sem o compromisso de cura do paciente, até porque a promessa de cura não pode fazer parte da rotina do médico em razão da falta de respostas para alguns casos. Porém, o prolongamento da vida de pacientes com doenças incuráveis resulta, não raro, em diversos conflitos econômicos, éticos e legais de onde se destacam as questões sobre até quando se deve prolongar a vida e, não menos importante, as medidas para evitar que o paciente sinta dor nos momentos finais de sua existência.

O limite entre a busca por tratamentos médicos e a decisão pelo cuidado paliativo colide diretamente com a opção em desistir da cura e aceitar que a morte se aproxima. Para alguns, principalmente familiares do doente, essa decisão é encarada como suicídio assistido, em que o paciente decide por optar pela morte e desistir da vida, olvidando-se sobre desgaste da saúde emocional e da própria qualidade de vida daquele que já se encontra fraco e cansado da luta contra a enfermidade.

A busca incessante pelo prolongamento da vida difere dos cuidados paliativos. O primeiro se utiliza de medidas e medicamentos para prolongar a vida a todo custo, que se sabe não ter mais chance de cura. É o caso do paciente em estado terminal de câncer, que continua em busca de todas as opções possíveis de tratamento médico disponíveis para sua situação. A expectativa em encontrar um medicamento que provoque a cura o impede de aceitar a escassez de opções medicamentosas.

Já o cuidado paliativo visa preservar a qualidade de vida do paciente que se aproxima do fim de sua existência, sendo dado a ele o apoio permanente e necessário para garantir que os momentos finais sejam sem sofrimento desnecessário.

O paciente que opta pelo cuidado paliativo não é abandonado à própria sorte e largado à míngua até que se despeça da vida. Pelo contrário, a equipe médica disponibilizará ao enfermo medicamentos e cuidados suficientes para que se sinta confortável e sem dor até seu momento final. É dado a ele o respeito e acalento necessário, não esquecendo de seus familiares que enfrentam os problemas associados à incurável doença.

Essa modalidade de cuidado modifica a relação entre o médico e o paciente, vez que o profissional deixa de buscar a incansável cura para se voltar a vontade do paciente, em seus últimos momentos. A postura e objetivo do médico se transforma com a confirmação que a morte do enfermo é inevitável e passa a acompanhar o "paciente doente", e não a "doença do paciente".

E esse cuidado passa a ser analisado com o viés do princípio da proporcionalidade em relação à perspectiva de sobrevida do doente, em que se analisa a perspectiva médica diante da doença, o desejo da família em relação ao futuro do doente e a própria vontade do paciente em receber medidas terapêuticas.

O cuidado paliativo permite ao paciente terminal receber assistência médica necessária para que conviva com a doença e, posteriormente, com sua morte. O objetivo principal é oferecer ao doente condições para que tenha sobrevivência confortável nos últimos momentos de vida, sem dor e sofrimento.

O CFM editou a Resolução n° 1.805/2006, em que permite ao médico limitar ou suspender procedimentos e tratamentos que prolonguem a vida do doente em fase terminal, de enfermidade grave e incurável, com respeito à vontade do doente ou de seu representante legal (art. 1°). O médico deve esclarecer os tratamentos adequados para a situação em que o paciente se encontra (art. 1°, § 1°) e, após, o profissional deve anotar a decisão fundamentada do enfermo no prontuário médico (art. 1°, § 2°).

O cuidado paliativo consiste em oferecer ao doente cuidados necessários para aliviar os sintomas que levam ao sofrimento, assegurados a assistência integral, o conforto físico, psíquico, social e espiritual, inclusive o direito à alta hospitalar (art. 2°).

Ocorre, por exemplo, quando o profissional da saúde fornece medicamentos para alívio da dor ao paciente com câncer incurável, que deseja desfrutar da presença dos familiares na residência que passou sua vida inteira até que se encontre com a morte.

Permitir que o paciente tenha atendido o pedido de cuidados paliativos é garantir o direito e, por que não, respeito à autonomia no fim de sua vida.

6.3 Eutanásia

À medida que a medicina evolui e permite que novas vidas sejam salvas, surgem debates sobre dilemas éticos em se estabelecer a terminalidade da vida. A crítica principal é de que a formação médica é voltada a salvar vidas e não promover mortes. Por mais sofrimento que o paciente tenha, não cabe ao médico induzir a morte para ceifar sofrimento e dor, mesmo que sejam insuportáveis. Para a maioria das pessoas, não faz sentido que a mesma medicina que salva vidas possa fornecer esse tipo de alívio para o sofrimento dos doentes terminais. A morte não é um assunto fácil e aceito de ser discutido com naturalidade. Embora esperada, não é querida e nem desejada por muitos. O espanto que a sua chegada causa nas pessoas reflete a falta de preparo para lidar com o assunto. Assim, se a morte natural causa tormento em muitos, o ato de antecipá-la, mesmo que o objetivo seja para cessar o sofrimento e a dor do enfermo, é encarado como inadmissível.

O avanço no cuidado à saúde atual permite salvar mais vidas e prolongar aquelas que, sem a medicina, não mais existiriam. Basta se recordar que há poucos anos não havia equipamentos e quiçá medicamentos para prolongar a vida de pacientes terminais. Em face disso, dilemas éticos surgiram e dificultam ajustar um conceito sobre o fim da existência humana. Questionamentos como os aspectos econômicos, morais e legais sobre o emprego exagerado de medidas e indicações nem sempre adequadas de tratamentos médicos e medicamentos permeiam o tema.

A polêmica envolvendo o tema não é nova e até mesmo diversos filmes já abordaram a prática da eutanásia. Um grande filme que ganhou destaque mundial por tratar desse assunto foi *Menina de ouro*, que conta a história real da aspirante a boxeadora Maggie Fitzgerald. Quando a atleta alcança o auge da carreira, sofre um acidente desleal durante uma luta que a deixa tetraplégica. A repentina mudança em sua vida acarreta o abandono de seus familiares e a enferma passa a contar apenas com o auxílio de seu ex-treinador Frankie para cuidar de sua delicada situação. Em determinado momento, após ter sua perna amputada pelo agravamento de seu estado de saúde e sem perspectiva alguma de melhora, Maggie pede para Frankie acabar com seu sofrimento e desligar os aparelhos que a mantinham viva. Depois de relutar, Frankie cede ao último pedido da ex-atleta e entrega um medicamento a ela apto a provocar seu falecimento.

Histórias como a de Maggie Fitzgerald e de tantas outras pessoas apontam a complexidade de se debater sobre o tema. Os choques entre princípios éticos, religiosos, médicos e morais demonstram que não há uma simples resposta sobre a capacidade de alguém poder antecipar a morte de um doente, mesmo que o fim deste esteja próximo.

É possível defender que há distinção entre "estar vivo" e "ter vida", em que se diferencia "estar vivo", no sentido exclusivamente biológico, de poder desfrutar dos benefícios da vida? Há diferenciação entre ceifar a vida de uma pessoa e deixá-la morrer?

Para uma concepção utilitarista, matar uma pessoa nem sempre é destruir a vida de alguém, já que uma pessoa que está viva apenas no sentido biológico não pode exercer livremente as delícias da plenitude da vida. Partindo da premissa utilitarista, não se considera "matar alguém" quando a vítima não possuir consciência para decidir e, logo, aquele que estiver vivo apenas biologicamente e sem consciência poderá ser privado de sua vida, mesmo que não peça que seja realizada a eutanásia. Esse entendimento possibilita alcançar a aceitação da terminalidade da vida daqueles que sobrevivem abraçados a enfermidade incurável e daqueles que desejam apenas encontrar a morte. Contudo, por tratar a vida como um bem, independentemente do valor moral intrínseco ao ato, essa posição consequencialista é criticada porque permite que sejam praticados vários atos indesejados e porque compara matar com roubar, tendo como diferença apenas o bem perdido.

A cobrança pelo direito a uma morte digna, porém, passou a ser exigida, muitas vezes, por familiares de enfermos incuráveis e cansados de padecer nas mãos da doença. Nessa perspectiva, é possível afirmar que a morte digna seria propiciar a morte de um paciente como a Maggie Fitzgerald? Mas permitir a antecipação da sua morte não seria a mesma conduta de ceifar sua vida? Seja qual for a resposta para essas perguntas, é necessário que haja o debate sobre o direito à morte digna daquele que, de acordo com a ciência médica, não tem esperança de cura.

De todo modo, eutanásia é conceituada como morte benéfica, piedosa e, para alguns, reflete o direito de matar aquele que se encontra em situação fragilizada e sem perspectivas de melhora. Em outras palavras, seria o ato de promover a morte antecipadamente para aliviar a dor e o grande sofrimento do paciente.

Aqueles contrários à eutanásia justificam a opinião fundamentando-a na irrenunciabilidade da vida humana, pela impossibilidade de aceitar a eutanásia como opção para o enfermo e, por último, a inidoneidade moral e profissional do médico, que se submete a essa conduta.

Os favoráveis à eutanásia a justificam na impossibilidade de cura do paciente, no grave sofrimento que a doença causa ao enfermo e na imposição de inutilidade ao doente e todos aqueles que convivem com ele.

O Conselho Federal de Medicina editou a Resolução nº 2.173/2017, que define critérios para diagnóstico de morte encefálica para retirada de órgãos, tecidos e partes do corpo humano para fins de transplante e tratamento. Desde então, ampliou-se no Brasil o debate sobre os limites do fim da vida.

Para o diagnóstico de morte encefálica, é preciso que haja como pré-requisitos: **um**, presença de lesão encefálica de causa conhecida, irreversível e capaz de causar a morte encefálica; **dois**, ausência de fatores tratáveis que possam confundir o diagnóstico de morte encefálica; e **três**, tratamento e observação em ambiente hospitalar pelo período mínimo de seis horas. Quando a causa primária do quadro for encefalopatia hipóxico-isquêmica, esse período de tratamento e observação deverá ser de, no mínimo, 24 horas, e, por último, temperatura corporal (esofagiana, vesical ou retal) superior a 35 °C, saturação arterial de oxigênio acima de 94% e pressão arterial sistólica maior ou igual a 100 mmHg ou pressão arterial média maior ou igual a 65 mmHg para adultos.

Além desses, é necessária a presença de dois exames clínicos para confirmar a presença do coma e a ausência de função do tronco encefálico em todos os seus níveis, com intervalo mínimo de acordo com a Resolução. O paciente deve passar pelo teste de apneia para confirmar a ausência de movimentos respiratórios após estimulação máxima dos centros respiratórios em presença de $PaCO_2$ superior a 55 mmHg. Por último, o paciente deve passar por exames complementares para confirmar a ausência de atividade encefálica, caracterizada pela falta de perfusão sanguínea encefálica, de atividade metabólica encefálica ou de atividade elétrica encefálica.

Das quatro situações apresentadas, somente na hipótese de morte encefálica é admissível a declaração de morte e suspensão dos meios artificiais de manutenção de vida. Para tanto, é necessário que o médico verifique as exigências da Resolução para que se conclua que há o diagnóstico de morte encefálica.

Pergunta

■ **Quando praticada, a eutanásia pode ser considerada crime?**

Sim, embora não haja um dispositivo específico no Código Penal que trate sobre o tema, caso seja comprovada que houve a prática da eutanásia, em regra será considerado homicídio privilegiado, com fundamento no valor moral que motivou a conduta do agente, pouco importando se houve ou não consentimento do paciente.

O art. 121, § 1°, do Código Penal determina que, se o agente comete o crime impelido por motivo de relevante valor social ou moral, ou sob o domínio de violenta emoção, logo em seguida a injusta provocação da vítima, o juiz pode reduzir a pena de um sexto a um terço. Sendo assim, o agente que pratica eutanásia em um doente terminal, por exemplo, pode responder pelo crime de homicídio privilegiado por ter praticado, em tese, o crime motivado por relevante valor moral, em razão do sofrimento exagerado do doente.

Mesmo com essa previsão legal, o Projeto de Lei n° 236, de 7.7.2012, que trata do novo Código Penal, traz, além de grandes inovações, dispositivo próprio sobre aquele que pratica eutanásia. O art. 122 do Projeto de Lei n° 236/2012 dispõe que "matar, por piedade ou compaixão, paciente em estado terminal, imputável e maior, a seu pedido, para abreviar-lhe sofrimento físico insuportável em razão de doença grave: Pena – prisão, de dois a quatro anos".

Embora na prática já exista a tipificação legal para aquele que comete o crime, o legislador optou em especificá-lo no projeto de lei. De todo modo, caso o projeto de lei seja aprovado, a inovação legal estará no § 1º do mencionado dispositivo, que prevê a possibilidade de o juiz deixar de aplicar a pena, avaliando as circunstâncias do caso, bem como a relação de parentesco ou estreitos laços de afeição do agente com a vítima.

6.4 Suicídio assistido

O suicídio assistido consiste na abreviação da vida feita pelo próprio enfermo, portador de doença terminal, grave e/ou incurável. Nessa modalidade, é o próprio doente quem pratica o suicídio com os meios disponibilizados por médico ou outro profissional.

Esse tipo de morte ganhou notoriedade, principalmente, após a veiculação do livro e filme *Como eu era antes de você*. A história conta a relação entre a cuidadora Louisa Clark e o tetraplégico Will Traynor, que decide ceifar sua vida em uma clínica de suicídio assistido na Suíça. O filme narra a esperança e luta da cuidadora em convencer o enfermo a não praticar o suicídio assistido.

Diversos países legalizaram o suicídio assistido, tais como Holanda, Bélgica, Luxemburgo, Canadá e a Suíça, onde desde 2001 não é considerado crime auxiliar esse tipo de suicídio. Desde então, o cresce o número de pacientes do mundo inteiro que viajam até esse país para realizar o procedimento, os quais receberam o apelido de "turistas da morte".

Na Suíça, há algumas associações, dentre elas a "Dignitas" e "EXIT", que possibilitam a pessoa praticar o suicídio assistido na unidade, desde que seja membro. Para se tornar membro dessa associação, o paciente deve preencher quatro requisitos:

um, ser portador de doença grave e incurável ou em estado irreversível que cause grande sofrimento físico ou psíquico; **dois**, ser avaliado, em duas ocasiões distintas, por médicos suíços; **três**, conseguir expressar livremente sua vontade; e, **quatro**, ter autonomia para praticar o ato.

No Brasil, não há nenhuma legislação específica que autorize a prática do suicídio assistido, aliás, é considerado crime de auxílio ou instigação ao suicídio (art. 122 do CP) e, caso haja participação do médico, incorrerá em violação aos deveres éticos (art. 41 do Código de Ética Médica).

6.5 Ortotanásia

Ortotanásia é a morte certa, sem abreviações ou estratagemas para prolongar a vida do doente grave, terminal e/ou incurável. Nesse tipo de morte, não há qualquer abstenção, supressão ou limitação de tratamento médico para que a morte ocorra. O que se pretende é a humanização da morte, sem prolongamentos e provocação para que ocorra.

É a morte que ocorre com a limitação terapêutica, com cuidados proporcionais à limitação orgânica do paciente. A ortotanásia é aprovada pelo Conselho Federal de Medicina por meio da Resolução nº 1.805/2006, que dispõe ser

> permitido ao médico limitar ou suspender procedimentos e tratamentos que prolonguem a vida do doente, garantindo-lhe os cuidados necessários para aliviar os sintomas que levam ao sofrimento, na perspectiva de uma assistência integral, respeitada a vontade do paciente ou de seu representante legal.

A Resolução permite a suspensão e limitação de tratamentos médicos que visem ao prolongamento da vida em doentes que estejam em fase terminal, grave e/ou incurável, respeitada a vontade da pessoa ou de seu representante legal (art. 1°). Para tanto, o médico tem a obrigação de esclarecer ao doente ou a seu representante legal as modalidades terapêuticas adequadas para cada situação e a decisão deverá ser fundamentada e registrada no prontuário. Pode ocorrer de o paciente ou seu representante legal solicitar o direito de uma segunda opinião médica para poder decidir sobre o assunto.

Caso a decisão seja favorável à ortotanásia, será garantido ao doente continuar a receber todos os cuidados necessários para aliviar os sintomas que levam ao sofrimento, assegurada a assistência integral, o conforto físico, psíquico, social e espiritual, inclusive assegurando-lhe o direito à alta hospitalar (art. 2°).

6.6 Distanásia

A distanásia é o prolongamento artificial da vida humana, com tratamento insistente, desnecessário e prolongado em paciente no qual não é mais possível curar o mal que o aflige. É considerado tratamento fútil e é o oposto do que dispõe a ortotanásia.

O Código de Ética Médica veda o médico de "empreender ações diagnósticas ou terapêuticas inúteis ou obstinadas, levando sempre em consideração a vontade expressa do paciente ou, na sua impossibilidade, a de seu representante legal" (art. 41, parágrafo único, do CEM).

Ainda sobre o tema, o Conselho Federal de Medicina editou a Resolução n° 2.156/2016, que estabelece critérios de admissão e alta em unidade de terapia intensiva. Os pacientes com doença em fase de terminalidade, ou moribundos, sem possibilidade de recuperação são considerados prioridade n° 5 na admissão na Unidade de Tratamento Intensivo. Em geral, esses pacientes não são apropriados para admissão na UTI (exceto se forem potenciais doadores de órgãos). No entanto, seu ingresso pode ser justificado em caráter excepcional, considerando as peculiaridades do caso e condicionado ao critério do médico intensivista (art. 6°, § 5°).

Os pacientes classificados como Prioridade 5, ou seja, em fase de terminalidade de vida, devem prioritariamente ser admitidos em unidades de cuidados paliativos (art. 8°). Assim, o prolongamento demasiado e custoso ao paciente deve ser evitado e priorizado o cuidado paliativo ao enfermo para que seja garantida a morte digna.

6.7 Mistanásia

Considera-se mistanásia a morte miserável, por falta de leitos ou assistência médica, medicamentos, em que o paciente é lançado a contar com a própria sorte e esperar, em razão da falta de atendimento, a morte chegar. Infelizmente, esse tipo de morte acomete muitos pacientes nos corredores de hospitais públicos do país e arredores de todo o mundo, por não terem condições financeiras para arcar com os custos dos tratamentos médicos.

Diariamente, veem-se notícias em telejornais sobre pacientes à procura de atendimento médico em frente a instituições de saúde ou, quando internados, deixados nos corredores, sentados no chão à espera da misericórdia de acolhimento.

Durante a pandemia, infelizmente, encontramos notícias nos telejornais sobre pacientes que padeceram com a vida à espera de atendimento médico, equipamentos médicos, medicamentos e oxigênio, largados à própria sorte.

Embora chocante, essa é a realidade cruel para aqueles que não possuem condições financeiras e tampouco conhecimentos sobre saúde. A demora no atendimento médico pode gerar não somente a morte, mas também sequelas irreversíveis no enfermo, que continuará a contar com a própria sorte para dar continuidade à assistência médica de que passa a necessitar diariamente.

A mistanásia fere não somente o direito à vida, mas também a dignidade humana, considerada como direito fundamental pela Constituição Federal e, como tal, deve prevalecer nos últimos momentos de vida do ser humano, independentemente da condição social. Ignorar ou considerar aceitável que ainda haja pacientes largados à espera de atendimento médico é ignorar esse princípio constitucional e admitir que existe diferenciação quanto ao direito à vida.

Mesmo com previsão constitucional, é comum encontrar hospitais funcionando sem qualquer estrutura necessária para salvar vidas, seja pela falta de profissionais, medicamentos ou equipamentos indispensáveis para o cuidado ao doente.

Caso a falta de atendimento médico seja proposital e culmine na morte do paciente, o profissional poderá responder pelo crime de homicídio doloso, por exercer a posição de garantidor durante a prestação de seu serviço ou ainda por omissão de socorro, por deixar de prestar assistência médica a pessoa necessitada.

6.8 Breves reflexões sobre o direito à verdade ao paciente que está à espera da morte

Lidar com a morte nem sempre é simples ou fácil, como poucos podem imaginar. Muitas são as famílias que acompanham o sofrimento de um parente querido, que perde a luta contra a doença, e passam a encarar a morte como um alívio dentro de tanto sofrimento.

Mesmo sendo a única certeza da vida, a terminalidade da vida dificilmente é desejada ou, ao menos, esperada pelo doente ou seus familiares. Geralmente, nesses momentos, há uma mistura de amor e culpa, por "desistir" de lutar pela vida do enfermo, o que reflete a confusão de sentimentos nos momentos finais da existência humana.

É inevitável o questionamento sobre a tênue linha divisória entre buscar a cura do enfermo crônico e a extensão demasiada da vida. Ao mesmo tempo, emana o conflito da luta pela preservação da vida e o respeito à espera da implacável morte.

Muitas vezes, para o doente terminal a morte é a esperança viva do término de sofrimento, contudo, para os familiares, interromper o tratamento pode significar que desistiu de lutar contra o fim da existência.

Com base nos dilemas envolvidos, questiona-se: até quando o homem pode intervir e insistir na manutenção da vida artificial daquele que perdeu a batalha contra a doença? Deixar de contar ao enfermo sua real condição de saúde seria impedir ou poupar seu sofrimento? Não há uma resposta exata para esses questionamentos.

A evolução da Medicina permitiu que muitas mortes fossem evitadas, devido à eficácia e segurança de medicamentos capazes de prolongar ou até mesmo salvar a vida daquele que, sem o auxílio médico, não teria chances de sobreviver. E a partir daí, o cenário que se encontra em muitos leitos de hospitais é sobre a dúvida de contar ou não a verdade acerca do estado de saúde daquele que está doente.

De fato, todos os debates levantados até agora não pareciam corretos há pouco tempo. Ao invés de incluir a participação do doente no contexto da enfermidade, preferia-se esconder o avanço da moléstia, porque acreditava-se que, no meio do desconhecimento motivado pela internação hospitalar, o doente tivesse mais chances de cura.

De todo modo, ainda hoje muitas famílias escolhem o silêncio do que a verdade quanto ao estado de saúde do doente. Contudo, seja qual for a decisão dos familiares e da equipe médica, é pouco provável que o enfermo não saiba o que acomete sua saúde, vez que os sintomas e sinais acabam por demonstrar a gravidade da situação, além de acarretar ansiedade e desconforto a pessoa já debilitada.

De frente com o silêncio, vem a verdade e, consequentemente, os interesses e direitos do convalescente em saber a real situação de sua saúde e possibilitar a decisão livremente sobre o que é melhor para si próprio. O conhecimento da verdade permite compreender o diagnóstico, prognóstico, alternativas de tratamentos e sua viabilidade.

A mentira piedosa ou a conspiração do silêncio não devem ser vistas como alternativas para auxiliar o doente a enfrentar a situação. A verdade deve ser dita pelo médico ou familiares ao adoentado, sendo transmitida com compaixão e compatível com a capacidade de sua compreensão.

A atenção e o carinho transmitidos ao enfermo são de grande valia para atravessar o indesejado momento, além de permitir que a autonomia e dignidade do paciente sejam levados em consideração para as opções de suportes médicos possíveis a sua condição de saúde.

7

A tecnologia a favor da medicina

7.1 Telemedicina

Como nunca antes, percebe-se uma dependência estrita entre a medicina e o avanço tecnológico. Não somente equipamentos utilizados para diagnósticos e tratamentos, mas aqueles destinados à comunicação da informação, voltados a consultas médicas (videoconferência), cirurgias e capacitação em geral desafiam a revisitação da relação médico-paciente.

Já há algum tempo que essa nova realidade demanda, por exemplo, junto ao Conselho Federal de Medicina, a regulamentação para o atendimento de pacientes de forma remota ou *on-line*, sempre retardada sob o receio da robotização e perda da qualidade do ato médico.

Relembre-se que, em 2002, o Conselho Federal de Medicina editou a Resolução nº 1.643, em que definia e disciplinava a prestação de serviços através da Telemedicina, definindo-a como exercício da medicina mediado por tecnologias para fins de assistência, educação, pesquisa, prevenção de doenças e lesões e promoção de saúde.

A norma prevê que os serviços prestados por meio da Telemedicina deverão ter a infraestrutura tecnológica apropriada e obedecer às normas técnicas do CFM pertinentes a guarda, manuseio, transmissão de dados, confidencialidade, privacidade e garantia do sigilo profissional. Além disso, em caso de emergência, ou quando solicitado pelo médico responsável, deverá ser prestado o devido suporte diagnóstico e terapêutico pelo médico subscritor do laudo feito a distância.

O ato ainda prevê que a responsabilidade profissional do atendimento cabe ao médico assistente do paciente, sendo que os demais envolvidos responderão solidariamente na proporção em que contribuírem por eventual dano a ele.

A Resolução referida, contudo, não estimulou suficientemente o uso da telemedicina, principalmente porque se limitou a regulamentar a responsabilidade do profissional do atendimento ao paciente e a necessidade de cadastro das pessoas jurídicas no CFM, o que impediu a sua implementação prática.

No ano de 2018, o Conselho Federal de Medicina publicou a Resolução nº 2.227, que definia e disciplinava a telemedicina como forma de prestação de serviços médicos mediados por tecnologias e permitia o uso da telemedicina e da teleassistência médica, em tempo real *on-line* (síncrona) ou *off-line* (assíncrona), por multimeios em tecnologia dentro do território nacional. Contudo, sob a alegação de que era necessário mais tempo para estruturação e funcionalidade da telemedicina no Brasil, o CFM revogou a resolução já no início do 2019.

Para surpresa geral, com a chegada da pandemia causada pela Covid-19, que colapsou o sistema de saúde em nosso país, a telemedicina passou de "nem sempre vista com bons olhos" a "um mal necessário". Diante da necessidade de atendimento médico a distância, visando reduzir contaminação pandêmica e permitir o atendimento ao paciente isolado em sua residência, o CFM, por meio da Resolução n° 2.228/2019 (art. 1°), restabeleceu a vigência da Resolução n° 1.643/2002, que voltou a reger a telemedicina no Brasil.

Além disso, no ano de 2020, o CFM encaminhou ao Ministério da Saúde o Ofício n° 1.752/2020, reconhecendo a necessidade de aperfeiçoar os serviços médicos prestados através da telemedicina, o que resultou na edição da Lei n° 13.989/2020, que dispõe sobre o uso da telemedicina durante a crise causada pelo Coronavírus (SARS-CoV-2). Referida lei dispõe que para o emprego da tecnologia, o médico deverá informar ao paciente todas as limitações inerentes ao uso da telemedicina, tendo em vista a impossibilidade de realização de exame físico durante a consulta. Ademais, dispõe que a prestação de serviço de telemedicina seguirá os padrões normativos e éticos usuais do atendimento presencial, inclusive em relação à contraprestação financeira pelo serviço prestado, não cabendo ao poder público custear ou pagar por tais atividades quando não for exclusivamente serviço prestado ao Sistema Único de Saúde (SUS).

Observe-se que, embora a Lei n° 13.989/2020 se destine ao exercício da telemedicina enquanto perdurar a pandemia da Covid-19, diante do avanço operacional que ela representa, é fácil vislumbrar seu advento definitivo na medicina contemporânea de modo a permitir a assistência à saúde por meio do uso da internet.

Inegável, por fim, que os benefícios acarretados pela telemedicina fomentam a necessidade de uma regulamentação progressiva de modo a garantir a proteção dos dados e direitos dos pacientes e permitir a segurança na atuação dos médicos.

7.2 Direito médico digital

Considerada como a **Quarta Revolução Industrial**, a tecnologia digital uniu o mundo físico, digital e biológico de forma a permitir possibilidades antes inimagináveis e, por outro lado, ofertar perigos à sociedade. Como bem explicado por Klaus Schwab (2016, p. 35), "a Quarta Revolução Industrial gera um mundo no que os sistemas de fabricação virtuais e físicos cooperam entre si de uma maneira flexível a nível global". É a fusão da tecnologia somada à capacidade física de empregar a modernidade.

E qual é a ligação da Quarta Revolução Industrial com o direito médico? Circunstâncias como manipulação genética, sequenciamento genético, inteligência artificial como ferramenta de diagnóstico, nanotecnologia terapêutica, cirurgia a distância realizada por robôs, armazenamento de prontuários em nuvens já são realidade em muitos locais em todo o mundo, e os reflexos disso são experimentados diariamente na relação médico-paciente.

A transformação digital permite uma variedade incalculável de novos modelos de negócios e o seu emprego para criar valor. Os negócios estão sendo fomentados pelo impulsionamento acarretado pela transformação digital com formação da economia digital, promovida pela facilidade que o avanço tecnológico permite e reflete na economia.

Hoje, hospitais e grandes clínicas médicas investem grandes quantias financeiras nos setores de informática para armazenamento de informações, proteção desses documentos, criação de algoritmos, capacidade de análise de dados e, até mesmo, emprego de inteligência artificial para auxiliar o médico no atendimento ao paciente. O investimento é alto, mas os benefícios trazidos pela tecnologia impulsionam aquisições nesse setor.

Na pandemia da Covid-19, empresas farmacêuticas e cientistas do mundo todo empregaram a tecnologia para encontrar vacinas eficientes ao vírus transmissor da doença. Hospitais e médicos se adequaram rapidamente aos impedimentos trazidos pela pandemia e colocaram em prática a telemedicina para que pudessem atender a pacientes sem os limites geográficos.

Essas mudanças trazidas pelo avanço tecnológico e novas realidades fáticas demandam uma inevitável evolução do direito médico.

Em razão disso, além da Resolução n° 2.228/2019, que trata da telemedicina, o CFM editou a Resolução n° 2.299/2021, que autoriza o uso de Tecnologias Digitais da Informação e Comunicação (TDICs) para a emissão dos documentos médicos, tais como prescrição, atestado, relatório, solicitação de exames, laudo e parecer técnico, documentos que podem ser emitidos tanto em atendimentos presenciais como a distância.

Com a finalidade de manter as diretrizes determinadas pelo Código de Ética Médica, os documentos médicos emitidos devem conter obrigatoriamente a identificação do médico com seu nome, CRM, endereço, Registro de Qualificação de Especialista (RQE), em caso de vinculação com especialidade ou área de atuação, identificação do paciente com seu nome e número do documento legal, data e hora e, por fim, a assinatura digital do médico.

Para garantir a proteção das informações, os dados dos pacientes devem trafegar na rede mundial de computadores (internet) com infraestrutura, gerenciamento de riscos e os requisitos obrigatórios para assegurar registro digital apropriado e seguro, obedecendo às normas do CFM pertinentes à guarda, ao manuseio, à integridade, à veracidade, à confidencialidade, à privacidade e à garantia do sigilo profissional das informações. A guarda das informações relacionadas aos documentos emitidos deve atender à legislação vigente e estar sob responsabilidade do médico responsável pelo atendimento. Nos estabelecimentos de saúde essa responsabilidade será compartilhada com o diretor técnico das instituições e/ou da plataforma eletrônica e deve ser assegurado cumprimento integral à Lei Geral de Proteção de Dados (LGPD).

Para o emprego da tecnologia, o médico que emitir os documentos médicos por meio de TDICs deve utilizar a assinatura digital, gerada por meio de certificados e chaves emitidos pela Infraestrutura de Chaves Públicas Brasileira (ICP-Brasil), com Nível de Garantia de Segurança 2 (NGS2), garantindo sua validade legal, autenticidade, confiabilidade, autoria e não repúdio. Os documentos médicos devem possibilitar reconhecimento da assinatura digital por serviços de validação do Instituto Nacional de Tecnologia da Informação (ITI) ou por validador disponibilizado pelo CFM.

Anote-se que os documentos médicos continuam a se submeter às regras de publicidade previstas no Código de Ética Médica e nas Resoluções específicas relacionadas ao tema.

Cumpre também mencionar a Portaria nº 467/2020 do Ministério da Saúde, que dispõe, em caráter excepcional e temporário, sobre as ações de Telemedicina, com o objetivo de regulamentar e operacionalizar as medidas de enfrentamento da emergência de saúde pública de importância internacional previstas no art. 3º da Lei nº 13.979/2020, decorrente da epidemia de Covid-19. Essa outra norma determina que a emissão de receitas e atestados médicos a distância será válida em meio eletrônico, mediante: **um**, o uso de assinatura eletrônica, por meio de certificados e chaves emitidos pela Infraestrutura de Chaves Públicas Brasileira (ICP-Brasil); e **dois**, o uso de dados associados à assinatura do médico de tal modo que qualquer modificação posterior possa ser detectável; ou atendimento dos requisitos:

a) identificação do médico;
b) associação ou anexo de dados em formato eletrônico pelo médico; e
c) ser admitida pelas partes como válida ou aceita pela pessoa a quem for oposto o documento.

Como visto, embora embrionário, o Direito Médico Digital é uma realidade e uma tendência contemporânea, razão pela qual é de suma importância que se estabeleça regulamentação progressiva que garanta a necessária segurança e confiança na atuação dos médicos e no atendimento aos pacientes.

7.3 LGPD

Os médicos, clínicas e hospitais lidam diariamente com informações sensíveis e importantes de pacientes, razão pela qual a proteção dessas informações exige do profissional atenção e cuidado a fim de evitar o mau uso ou o sequestro de dados de pacientes, práticas violadoras dos seus direitos à intimidade e privacidade.

A necessidade de proteção de dados inspirou a edição da Lei nº 13.709/2018, conhecida como Lei Geral de Proteção de Dados (LGPD), que dispõe sobre o tratamento de dados pessoais, inclusive nos meios digitais, por pessoa natural ou por pessoa jurídica de direito público ou privado, com o objetivo de proteger os direitos fundamentais de liberdade e de privacidade e o livre desenvolvimento da personalidade da pessoa natural.

A lei é aplicada a qualquer operação de tratamento realizada por pessoa natural ou por pessoa jurídica de direito público ou privado, independentemente do meio, do país de sua sede ou do país onde estejam localizados os dados, desde que:

I – a operação de tratamento seja realizada no território nacional;

II – a atividade de tratamento tenha por objetivo a oferta ou o fornecimento de bens ou serviços ou o tratamento de dados de indivíduos localizados no território nacional;

III – os dados pessoais objeto do tratamento tenham sido coletados no território nacional.

Percebe-se assim uma fina ligação entre o Direito Médico e a LGPD que descreve alguns importantes conceitos, a saber:

- **dado pessoal:** informação relacionada a pessoa natural identificada ou identificável;
- **dado pessoal sensível:** dado pessoal sobre origem racial ou étnica, convicção religiosa, opinião política, filiação a sindicato ou a organização de caráter religioso, filosófico ou político, **dado referente à saúde ou à vida sexual, dado genético ou biométrico,** quando vinculado a uma pessoa natural;
- **dado anonimizado:** dado relativo a titular que não possa ser identificado, considerando a utilização de meios técnicos razoáveis e disponíveis na ocasião de seu tratamento.

Dentre os conceitos anteriores, a proteção aos dados sensíveis é a que mais interessa ao Direito Médico, vez que, com a entrada em vigor da Lei, passa a ser dever dos profissionais da saúde zelarem por eles. O objetivo do legislador foi garantir aos pacientes a defesa da dignidade, intimidade, privacidade, sigilo e autonomia dos pacientes.

Relembre-se de que as informações relativas ao estado de saúde do paciente fazem parte da sua intimidade e, muitas vezes, nem os familiares mais próximos têm conhecimento daquilo que é confessado no consultório.

O mesmo se diga sobre os planos de saúde, visto que a sensibilidade dos dados informados pelo usuário também indica a necessidade de proteção de toda espécie, capaz de evitar a exposição e prejuízos pelo seu mau uso.

Para evitar a perda de dados sensíveis, a LGPD prevê que sejam utilizadas técnicas capazes para proteger as informações por pessoas não autorizadas, seja por acesso acidental ou intencional. Esse dever de cuidado alcança qualquer pessoa que mantenha contato com o paciente, o que revela que não bastam serem adotadas apenas medidas tecnológicas e informáticas para tanto. Cumpre anotar que o repasse de informações triviais ou mesmo uma imagem de um paciente por um agente de limpeza do local, por exemplo, é suficiente para caracterizar violação à obrigação protetiva decorrente da lei.

Para evitar situações como essa, é fundamental que os funcionários do estabelecimento passem por treinamentos e conscientização sobre a necessidade de proteção das informações.

Quanto às sanções, a LGPD dispõe que os agentes de tratamento de dados, pessoas às quais competem as decisões referentes ao tratamento de dados pessoais, em razão das infrações cometidas às normas previstas na lei, ficam sujeitos a sanções administrativas aplicáveis pela autoridade nacional. Podem ser desde advertência, com indicação de prazo para adoção de medidas corretivas, a multa simples, de até 2% (dois por cento) do faturamento da pessoa jurídica de direito privado, grupo ou conglomerado no Brasil no seu último exercício, excluídos os tributos, limitada, no total, a R$ 50.000.000,00 (cinquenta milhões de reais) por infração, sem exclusão de responsabilidades cíveis e penais cabíveis diante da infração cometida.

A LGPD destaca a adoção de práticas de governança e políticas internas para comprovar o compromisso com a proteção dos dados, o que nos remete ao estudo sobre o programa de integridade ou *compliance* médico.

7.4 Compliance médico

Originalmente concebido como ferramenta destinada à detecção e evitação de fraudes e ilícitos praticados pelas pessoas jurídicas em geral, os programas de integridade ou de *compliance* se especializaram para determinados segmentos econômicos. Adotados por clínicas e hospitais em geral, o *compliance* se consolida pela adoção de regras e de um modelo de negócios aptos a diagnosticar problemas e dar soluções a possíveis riscos jurídicos de modo a evitar conflitos com o paciente, Conselho de Classe, Poder Público e empresas que fabricam produtos e insumos médicos. Por isso, o *compliance* é uma excelente estratégia empresarial e que apresenta inúmeras vantagens para as empresas, dentre elas:

a) diminuição e detecção de ilícitos e fraudes em geral;
b) redução de riscos, perdas e danos por meio de uma gestão de riscos;
c) atenuação das sanções e penalidades legais;
d) aumento da obediência na função social da empresa, que passa a agir para transformação social e aumento dos padrões éticos;
e) melhora da imagem da empresa com aumento do valor de mercado da empresa.

Para cumprir as regras estabelecidas no *compliance*, é importante que a empresa acompanhe o **mapeamento de riscos**, que tem como finalidade estabelecer metas e objetivos concretos de pontos frágeis da empresa com fixação de condutas a serem adotadas.

Outro ponto importante é o **treinamento** dos colaboradores da empresa para que todos tenham condutas alinhadas e orientadas quanto a determinadas situações. São conhecidos também como adoção de protocolos de condutas, em que os colaboradores são orientados e treinados para seguirem padrões comportamentais aptos a reduzirem as ocorrências de erros.

O **monitoramento e auditoria** é uma ferramenta eficaz na governança hospitalar para o fortalecimento e acompanhamento de dados, checagem de informações para apontar irregularidades com rapidez e eficiência.

Além disso, a promoção da ética nas relações nesse setor exerce papel decisivo, por exemplo, na remediação adequada nos erros médicos, porque estabelece rotinas para o enfrentamento e bom atendimento dos casos, além da evitação de litígios e preservação da reputação profissional.

Assim, o *compliance* médico pode servir para uma política planejada de redução de erros, capaz de estabelecer estratégias voltadas à redução de riscos hospitalares e melhoria na imagem da empresa.

8

Direito à saúde no Brasil

8.1 Introdução

Para compreender a importância do direito à saúde na Constituição Federal, faz-se necessária uma breve análise da conquista desse direito nas Constituições anteriores de outros países e no Brasil.

A Constituição Federal italiana de 1948 foi a primeira a reconhecer a saúde como direito fundamental do indivíduo e considerado como um dos direitos a solidariedade inviolável, consagrado no art. 32 da Lei Maior. Em Portugal, a Constituição de 1976 estabeleceu o direito à saúde como universal e assim se mantém até hoje (art. 64), assim como a Constituição espanhola (art. 43) e da Guatemala (arts. 93 a 100), sendo que as leis dos quatro países relacionaram o direito à saúde à seguridade social.

A conquista desse direito fundamental foi devido a importantes batalhas na defesa de direitos humanos. Após a Segunda Grande Guerra, com as atrocidades vivenciadas por milhares de pessoas em todo o mundo, ficou confirmada a necessidade de proteção internacional de direitos do ser humano que fosse atemporal, inviolável e universal. A partir de então, diversos órgãos internacionais passaram a instituir os direitos humanos e exigir dos Estados-membros a positivação por meio dos direitos fundamentais.

Assim, são considerados direitos humanos os direitos essenciais com função de fixação de limites nos conflitos existentes entre a pessoa e o Estado, entre os indivíduos ou grupo de pessoas.

Após a Segunda Guerra, criaram-se normas de proteção internacional dos direitos humanos idealizadas pela Organização das Nações Unidas (ONU) por meio da Carta da Organização das Nações Unidas, que declara em seu art. 55:

> Com o fim de criar condições de estabilidade e bem-estar, necessárias às relações pacíficas e amistosas entre as Nações, baseadas no respeito ao princípio da igualdade de direitos e da autodeterminação dos povos, as Nações Unidas favorecerão: a) níveis mais altos de vida, trabalho efetivo e condições de progresso e desenvolvimento econômico e social; b) a solução dos problemas internacionais econômicos, sociais, sanitários e conexos; a cooperação internacional, de caráter cultural e educacional; e c) o respeito universal e efetivo dos direitos humanos e das liberdades fundamentais para todos, sem distinção de raça, sexo, língua ou religião.

O referido documento entrou em vigor no Brasil por meio do Decreto nº 19.841/1945.

Dentre o rol de direitos humanos elencado nos Tratados Internacionais, encontramos os direitos sociais, especificamente o direito à saúde e, seguindo as premissas internacionais, a Constituição Federal de 1988 passou a garantir a saúde como condição de direito fundamental, pois, até então, as Constituições anteriores se limitavam a prever que legislar sobre a proteção e defesa da saúde era competência da União.

Quando se compreende a importância do direito à saúde para a população e a elevação desse direito como fundamental, conclui-se que o Estado tem a obrigação de implementar medidas eficientes para prevenir e reverter doenças. Em outras palavras, diante da ineficiência, o paciente pode exigir do Estado a proteção de seu direito, seja, por custeio de medicamentos necessários ao restabelecimento ou manutenção da saúde, ou ainda, por tratamentos médicos, indicados e reconhecidos pela Medicina Baseada em Evidência.

Sendo assim, no art. 196 da nossa Constituição, a saúde é direito de todos e dever do Estado, garantido mediante políticas sociais e econômicas que visem à redução do risco de doença e de outros agravos e ao acesso universal e igualitário às ações e serviços para sua promoção, proteção e recuperação.

O objetivo principal do constituinte foi garantir esforços para prevenir doenças e garantir a manutenção do bem-estar do indivíduo, de modo a atingir e beneficiar todos aqueles que estiverem no país, sendo brasileiro ou não, com recursos financeiros ou não (princípios da equidade e da universalidade). Por princípio da equidade, entende-se o acesso ao direito à saúde para os brasileiros e estrangeiros residentes no país, sem distinção entre eles.

O direito à saúde é considerado um princípio universal por atingir a todos os indivíduos que se encontram no território do Brasil, podendo requerer judicialmente a defesa de seu direito por meio de uma ação **individual** – em que o paciente requer individualmente o direito pretendido –, ou **coletiva** – quando se busca o direito à assistência médica ou medicamentos de um determinado grupo em face do Estado.

Na **ação individual**, requer-se o mesmo medicamento para um único enfermo e não um grupo de doentes ou associação de portadores de uma doença específica, por exemplo. Mesmo que o Estado demonstre a falta de recursos financeiros, é muito comum o Judiciário condenar o ente público a custear o medicamento diante da comprovação da necessidade do fármaco. Por isso, as ações individuais são mais fáceis de serem julgadas procedentes do que as ações coletivas.

Sob a ótica do **direito coletivo**, existem as ações coletivas, como a de medicamentos para determinados doentes que ainda não são oferecidos pelo SUS. Como exemplo, temos a ação civil pública, em que se requer um medicamento de alto valor que auxiliará no tratamento de pacientes portadores de hepatite C, não coberto pelo SUS, por não estar no rol da lista de fármacos autorizados pela Anvisa. No transcorrer da ação, o Estado pode demonstrar ou não ter condição financeira para custear o medicamento requerido para essa ação coletiva.

O acesso ao direito à saúde é assegurado pela Constituição Brasileira tanto para os brasileiros, como para os estrangeiros residentes no país, sem distinção entre pessoas (princípios da universalização e equidade). Para se entender a importância desse direito, é preciso relembrar que foram conquistados pela humanidade ao longo da história em grandes contendas, como direito à vida.

A Constituição da República estabeleceu que as ações e serviços de saúde são considerados de relevância pública e será de responsabilidade do Poder Público dispor sobre a regulamentação, fiscalização e controle, nos termos da lei, devendo a sua execução ser feita diretamente ou através de terceiros e, também, por pessoa jurídica ou física de direito privado (art. 197). Contudo, em caso de ineficiência do serviço prestado pelo Estado, o paciente pode buscar auxílio do Judiciário, por meio de ação judicial própria, para que possa ter acesso ao pedido pleiteado.

Embora tenhamos críticas quanto à intervenção do Judiciário, é certo que por meio de decisões judiciais, o ente federado é obrigado a obedecer às leis e atos administrativos emanados por eles próprios. E, diante da ineficiência do Estado, o Judiciário é chamado a agir e garantir a tutela de direitos previstos em lei, que não foram respeitados pelos outros Poderes. Assim, o excesso de ações judiciais, com o objetivo de proteção ao direito à saúde, é um "aviso" do descuido do Estado.

Como exemplo, há o paciente que recebeu diagnóstico de câncer e precisa iniciar a terapia medicamentosa. De acordo com o art. 2° da Lei n° 12.732/2012, o paciente tem direito de se submeter ao primeiro tratamento no Sistema Único de Saúde (SUS), no prazo de até 60 dias, contados a partir do dia em que for firmado o diagnóstico em laudo patológico ou em prazo menor, conforme a necessidade terapêutica do caso registrada em prontuário único. Contudo, pode ocorrer de o enfermo não conseguir acesso ao tratamento dentro do prazo legal e recorrer ao Judiciário para que o Estado seja obrigado a providenciar o tratamento médico com urgência.

Situações como a do exemplo são comuns em todos os Estados da Federação e, por essa razão, houve um aumento exponencial de ações judiciais requerendo a tutela do Judiciário para garantia do direito à saúde. Portanto, quando o paciente aciona o Judiciário para que possa ter acesso a um tratamento de saúde que deveria estar a sua disposição, por exemplo, significa que o Estado não está promovendo políticas públicas eficientes para garantir o direito.

As metas estatais de políticas públicas estão descritas na Constituição Federal como normas programáticas e, por conterem conteúdo jurídico, impõem tarefas a serem desenvolvidas pelo Estado (art. 196 da Lei Maior). Diante de normas programáticas, o legislador deve legislar de modo a implementá-las nos moldes previstos na Carta da República. Não é opção legislativa, é uma norma impositiva, que irradia comando jurisdicional.

As normas programáticas são normas jurídicas ligadas a metas estabelecidas pelo Estado para que se possa conseguir do ente federado a obrigação proposta pelo legislador, como metas de governo, e, para tanto, deve agir de maneira positiva, caso contrário, nenhuma prática ocorrerá. No Direito à Saúde, a imposição legal de saneamento básico para ser cumprido pelos municípios é um exemplo de atitude positiva do Estado em cumprir a lei para que seja feita a vontade do legislador.

Na maioria das vezes, as normas programáticas são consideradas como direitos sociais que estão submetidos ao princípio da reserva do possível, ou seja, dependem da movimentação do Estado para tutelar os direitos que julgar favorável. Em face dos direitos sociais, a doutrina aponta para uma dupla função, ora positiva, que obriga o Estado a implementar os direitos sociais, ora negativa, em que o Estado deve abster-se de praticar atos que possam causar prejuízos a alguém.

Quanto à prestação de serviços do Estado, é importante ressaltar que o Estado não fornece benefícios, mas presta serviços no tocante à saúde, sendo eles: assistência médica e odontológica, atendimento hospitalar e assistência farmacêutica. No aspecto preventivo, a prestação do serviço do Estado pode ser classificada como medidas preventivas, curativas e reabilitatórias.

Os serviços de saúde no Brasil podem ser prestados unicamente pelo ente federado (saúde pública), como também com a prestação de assistência privada à saúde de modo a complementar a rede pública ou suplementar, quando prestada a título oneroso.

8.2 Regras e princípios e a garantia do direito à saúde

Compreende-se que atualmente o Direito é composto por duas espécies de normas jurídicas: as regras e os princípios.

As regras jurídicas são aplicáveis de modo absoluto e, em razão de sua relação silogística direta, preenchidos os pressupostos de fatos exigidos por seu enunciado, devem operar efeitos impositivos/enunciativos/constitutivos e completos de forma direta. Assim, por exemplo, tem preferência à vacina de prevenção à gripe as crianças com idade entre seis meses a cinco anos e maiores de 60 anos. A decisão estatal proferida a partir dessa regra é ao modo do tudo ou nada: as pessoas entre seis meses de idade a cinco anos e maiores de 60 anos terão direito à vacina; aquelas que estão fora das faixas etárias não terão direito.

Os princípios constituem a outra espécie de norma jurídica e conquanto também produzam efeitos vinculantes não são aplicados por meio de mera subsunção dos fatos, o que autoriza uma valoração particularista para sua incidência ao caso concreto. Isso significa que, no caso de não haver uma regra específica para uma determinada situação concreta, a solução deve ser feita mediante aplicação dos princípios que estruturam o ordenamento jurídico. Por isso o estudo dos princípios setoriais relacionados ao direito à saúde ganha importância.

8.3 Aplicação do princípio da proporcionalidade no direito à saúde

Pode ocorrer, porém, que em determinadas situações haja um conflito entre dois princípios que deve ser solucionado por meio da aplicação do princípio instrumental da **proporcionalidade**, que expressa ideias de justiça, bom senso, equidade, moderação, prudência, proibição de excesso, dentre outros. O princípio é estruturado em três importantes elementos: adequação, necessidade e proporcionalidade em sentido estrito (ou razoabilidade). A **adequação** (ou pertinência ou ainda idoneidade) é feita mediante a escolha do meio mais apropriado para o atingimento do objetivo pretendido. A **necessidade**, ou, como é chamada para alguns, exigibilidade, implica a adoção da medida menos prejudicial ou menos gravosa para o caso concreto. Por último, a **proporcionalidade em sentido estrito** implica a análise do ato frente aos outros valores preteridos de modo a assegurar que o resultado desejado seja alcançado por uma medida que não restrinja excessivamente os direitos envolvidos. Como exemplo, temos os genitores que não autorizam os médicos a realizarem transfusão de sangue, por motivações religiosas, na criança internada com graves problemas de saúde. A aplicação do princípio da proporcionalidade na solução do conflito existente entre o desejo dos genitores e a indicação médica é um indicativo para encontrar a melhor resposta para o problema.

8.4 Princípios constitucionais aplicáveis ao direito à saúde

O direito à saúde é estruturado a partir de vários princípios constitucionais, dos quais destacamos o da dignidade da pessoa humana, da isonomia, de proibição do retrocesso, do mínimo existencial, da máxima efetividade e da reserva do possível. Vejamos cada um deles.

O **princípio da dignidade da pessoa humana**, qualificado como princípio-matriz de todos os direitos fundamentais, visa impedir a precificação do ser humano de modo a evitar a utilização da essencialidade humana com propósitos que desprezem um grau mínimo de respeito categórico acerca de sua existência. É princípio que busca proporcionar vida digna para o ser humano, ideia umbilicalmente ligada ao direito à saúde do indivíduo. O conceito é abstrato e pode variar de acordo com o tempo e espaço.

O **princípio da igualdade** implica a necessidade de mesmo tratamento do Estado em face de pessoas que se encontram em situações iguais, de modo a proibir distinções que impliquem privilégios e perseguições. Esse princípio não é consagrado somente na igualdade formal, mas também material. A igualdade formal é aquela igualdade perante a lei, enquanto a igualdade material significa tratar igualmente os iguais e tratar desigualmente os desiguais. Modernamente, o princípio também é compreendido como vetor de eliminação das desvantagens sociais existentes em determinadas situações ou grupos de pessoas, o que implica sua concepção promocional, mediante ações afirmativas, aptas a afirmar a igualdade, como ocorre com as políticas de cotas para negros em universidades, maior proteção contra a mulher vítima de violência doméstica etc. No contexto do direito à saúde, o princípio desemboca no acesso universal e igualitário à saúde para todos os brasileiros e estrangeiros que estiverem no Brasil.

O direito à saúde, como direito fundamental, é protegido pelo **princípio de proibição do retrocesso**, decorrente do art. 60, § 4º, IV, da CF, razão pela qual não poderá ser modificado ou abolido.

Também produzem efeitos sobre o direito à saúde o **princípio do mínimo existencial** (CF, art. 3º), segundo o qual o Estado deve garantir o mínimo de existência digna ao indivíduo mediante prestações estatais que buscam atender as suas necessidades básicas mediante a implementação de políticas públicas concretas. O princípio liga-se diretamente ao disposto no art. 203 da Constituição Federal, que determina o benefício da assistência social prestada a quem dela necessitar, norma que confirma a obrigação que o Estado tem de suprir a existência mínima da pessoa, principalmente daquele que não possui condição de se sustentar sozinho. Em obediência a esse princípio é que o Poder Judiciário profere decisões no sentido de garantir medicamentos ou custeio de tratamento de saúde para melhoria da qualidade de vida e sobrevida de pacientes, com fundamento no direito à saúde.

Outro princípio de suma importância para o Direito à saúde é o **princípio da máxima efetividade**, que dispõe sobre a possibilidade de retirar das normas constitucionais a mais ampla efetividade dos direitos fundamentais.

O **princípio da reserva do possível**, muito discutido nas demandas de direito à saúde, estabelece que os direitos prestacionais estão condicionados à existência de recursos públicos disponíveis de modo que o Estado só pode ser compelido a prestar determinada obrigação se houver capacidade econômica para tanto. A fim de evitar a banalização desse princípio e consequente inviabilização dos direitos sociais, prevalece que a escassez de recursos públicos não pode ser invocada de maneira indiscriminada pelo administrador para justificar a não concretização de direitos fundamentais prestacionais de maior relevância.

8.5 Legislação ordinária relativa ao direito à saúde

Em sede infraconstitucional, cabe destacar as seguintes leis:

- **Lei nº 8.080/1990**: dispõe sobre as condições para a promoção, proteção e recuperação da saúde, a organização e o funcionamento dos serviços correspondentes e dá outras providências. O art. 4º da lei define o Sistema Único de Saúde como sendo o conjunto de ações e serviços de saúde, prestados por órgãos e instituições públicas federais, estaduais e municipais, da Administração direta e indireta e das fundações mantidas pelo Poder Público, com a inclusão das instituições públicas federais, estaduais e municipais de controle de qualidade, pesquisa e produção de insumos, medicamentos, inclusive de sangue e hemoderivados, e de equipamentos para saúde (art. 4° e § 1°). Elenca como objetivos do SUS: a identificação e divulgação dos fatores condicionantes e determinantes da saúde; a formulação de política de saúde destinada a promover, nos campos econômico e social, a observância do disposto no § 1° do art. 2° da lei e, por último, a assistência às pessoas por intermédio de ações de promoção, proteção e recuperação da saúde, com a realização integrada das ações assistenciais e das atividades preventivas (art. 5°). A direção do SUS é única, de acordo com o inciso I do art. 198 da CF, sendo exercida em cada esfera de governo pelos seguintes órgãos: no âmbito da União, pelo Ministério da Saúde; no âmbito dos Estados e do Distrito Federal, pela respectiva Secretaria de Saúde ou órgão equivalente; e no âmbito dos Municípios, pela respectiva Secretaria de Saúde ou órgão equivalente (art. 9°).

- **Lei n° 9.656/1998**, com alterações da MP n° 2.177-44/2001: dispõe sobre as atividades das operadoras de planos de assistência à saúde. Submetem-se à lei as pessoas jurídicas de direito privado que operam planos de assistência à saúde, sem prejuízo do cumprimento da legislação específica que rege a sua atividade, adotando-se, para fins de aplicação das normas estabelecidas nessa lei. É obrigatória a cobertura do atendimento nos casos de emergência, quando implicar risco imediato de vida ou de lesões irreparáveis para o paciente; de urgência, quando resultantes de acidentes pessoais ou de complicações no processo gestacional e de planejamento familiar (art. 35-C). O art. 32 dispõe que as operadoras devem ressarcir, de acordo com normas definidas pela ANS, os serviços de atendimento à saúde previsto nos respectivos contratos, prestados a seus consumidores e dependentes, em instituições públicas ou privadas, conveniadas ou contratadas, integrantes do SUS.

- **Leis nᵒˢ 9.434/1997 e 10.205/2001**: no art. 199, § 4º, da CF prevê sobre lei que disciplinará as condições e requisitos que facilitem a remoção de órgãos, tecidos e substâncias humanas para fins de transplante, pesquisa e tratamento, bem como a coleta, processamento e transfusão de sangue e seus derivados, sendo vedado todo tipo de comercialização. A primeira lei trata da disposição gratuita de tecidos, órgãos e partes do corpo humano, em vida ou *post mortem*, para fins de transplante e tratamento, não estão incluídos a coleta de sangue, esperma e óvulo (art. 1º). A realização de transplante ou enxertos de tecidos, órgãos ou partes do corpo humano só poderá ser realizada por estabelecimento de saúde, público ou privado, e por equipes médico-cirúrgicas de remoção e transplante previamente autorizados pelo órgão de gestão nacional do Sistema Único de Saúde (art. 2º). A segunda lei regulamenta o § 4º do art. 199 da Constituição Federal, relativo à coleta, processamento, estocagem, distribuição e aplicação do sangue, seus componentes e derivados, estabelece o ordenamento institucional indispensável à execução adequada dessas atividades. Não se considera como comercialização a cobrança de valores referentes a insumos, materiais, exames sorológicos, imunoematológicos e demais exames laboratoriais definidos pela legislação competente, realizados para a seleção do sangue, componentes ou derivados, bem como honorários por serviços médicos prestados na assistência aos pacientes e aos doadores (art. 2°, parágrafo único).

■ **Lei n° 9.782/1999**: define o Sistema Nacional de Vigilância Sanitária, que compreende o conjunto de ações definido pelo § 1° do art. 6° e pelos arts. 15 a 18 da Lei n° 8.080, de 19.9.1990, executado por instituições da Administração Pública direta e indireta da União, dos Estados, do Distrito Federal e dos Municípios, que exerçam atividades de regulação, normatização, controle e fiscalização na área de vigilância sanitária (art. 1°), e institui a Agência Nacional de Vigilância Sanitária (Anvisa) com o objetivo institucional de

> promover a proteção da saúde da população, por intermédio do controle sanitário da produção e da comercialização de produtos e serviços submetidos à vigilância sanitária, inclusive dos ambientes, dos processos, dos insumos e das tecnologias a eles relacionados, bem como o controle de portos, aeroportos e de fronteiras (art. 6º).

De acordo com o art. 3°, a Anvisa é uma autarquia sob regime especial, vinculada ao Ministério da Saúde, com sede e foro no Distrito Federal, prazo de duração indeterminado e atuação em todo o território nacional (art. 6°).

■ **Lei n° 9.961/2000**: institui a Agência Nacional de Saúde Suplementar (ANS), autarquia sob o regime especial, vinculada ao Ministério da Saúde, com sede e foro na cidade do Rio de Janeiro – RJ, prazo de duração indeterminado e atuação em todo o território nacional, como órgão de regulação, normatização, controle e fiscalização das atividades que garantam a assistência suplementar à saúde (art. 1°). A natureza de autarquia especial conferida à ANS é caracterizada por autonomia administrativa, financeira, patrimonial e de gestão de recursos humanos, autonomia nas suas decisões técnicas e mandato fixo de seus dirigentes (art. 1°, parágrafo único).

8.6 Apontamentos sobre competência não legislativa dos entes federados

A Constituição Federal estabelece como competência não legislativa, ou seja, administrativa ou material, ligada ao campo político-administrativo, de atuação das funções governamentais no art. 21 (competência exclusiva da União) e art. 23 (competência comum aos entes federados).

A **competência comum** é atribuída a todos os entes federados para "cuidar da saúde e assistência pública, da proteção e garantia das pessoas portadoras de deficiência" (CF, art. 23, II). Refere-se à atuação cooperativa administrativa, com objetivo de execução, em que os entes atuam em condições de igualdade, sem subordinação. A norma busca desse modo otimizar esforços para as atividades nela elencadas, razão pela qual tem-se entendido que há solidariedade entre os entes. Nesse sentido já decidiu o Supremo Tribunal Federal que há responsabilidade solidária entre os entes federados no caso de tratamento médico adequado aos necessitados. Diante da responsabilidade solidária, o polo passivo pode ser composto por qualquer um dos entes, isoladamente ou conjuntamente (RE 855.178 RG, Rel. Min. Luiz Fux, j. 5.3.2015, DJe 16.3.2015).

Em outro julgamento, o Supremo Tribunal Federal considerou constitucional a lei distrital que obriga os médicos públicos e particulares do Distrito Federal a notificarem a Secretaria de Saúde sobre os casos de câncer de pele, com fundamento no art. 23, II, da CF (ADI nº 2.875, rel. Min. Ricardo Lewandowski, j. 4.6.2008, DJe 20.6.2008).

8.7 Apontamentos sobre competência legislativa dos entes federados

Quanto à competência para legislar sobre normas de direito à saúde, os entes federados possuem **competência concorrente** com a União (CF, art. 24, XII), de modo que a União deve fixar normas gerais sobre direito a saúde e os Estados e Distrito Federal suplementar as normas gerais. Entende-se que os municípios podem suplementar a legislação federal e estadual, no que couber.

Em caso de inércia da União em legislar sobre norma geral de direito à saúde, os Estados e o Distrito Federal poderão suplementar a União e legislar sobre normas gerais, exercendo a competência legislativa plena (art. 24, *caput*, c.c. art. 32, § 1º). Caso a União resolva legislar sobre normas gerais, a norma elaborada pelo Estado ou Distrito Federal terá sua eficácia suspensa, naquilo que contrariar a norma da União. Caso não sejam conflitantes, podem conviver harmonicamente.

8.8 Sistema Único de Saúde (SUS)

O estudo do direito à saúde está intimamente ligado ao direito fundamental e prestação de serviço público. No Brasil, podem-se verificar três tipos de prestação de atendimento à saúde: saúde pública, saúde complementar e saúde suplementar. A **Saúde Pública** é realizada pelo próprio ente federado (União, Estado, Distrito Federal ou Município) por meio do Serviço Único de Saúde (SUS) e, quando privado, prestado sem fins lucrativos, é conhecido como **Saúde Complementar**. Ainda dentro desse contexto, o atendimento médico prestado com fins lucrativos, como categoria de comércio, ou seja, visando lucro financeiro, é chamado **Saúde Suplementar**.

No Brasil, a prestação do serviço de Saúde é separada em:

- Saúde pública – SUS;
- Saúde prestada **sem** fins lucrativos – Saúde Complementar;
- Saúde prestada **com** fins lucrativos – Saúde Suplementar.

Antes de adentrar no estudo do Sistema de Saúde no Brasil, é necessária uma breve explanação sobre o contexto histórico da Saúde Pública no Brasil até a criação do Sistema Único de Saúde.

Os primeiros atendimentos médicos profissionais surgiram no Brasil no século XIX, oferecidos de maneira precária, tomados pela concepção de que as questões de cuidado com a saúde eram de responsabilidade do próprio paciente. Enquanto cabia ao indivíduo garantir a saúde por meio do "bom comportamento", às políticas públicas de saúde incumbiam o controle das doenças epidêmicas, do espaço urbano e do padrão de higiene das classes populares. Ainda naquele século, as políticas públicas eram definidas como um modelo de atenção para controle de endemias e generalização de medidas de imunização. As medidas repressivas se davam por meio de panfletos e folhetos avulsos com informações sobre doenças.

A classe operária passou a exercer papel fundamental para que as políticas públicas voltassem atenção para a camada trabalhadora da época. Contudo, mesmo com as reivindicações, o modelo sanitarista permaneceu no mesmo molde com exigências sanitárias postuladas pela classe dominante até a década de 1920. Nesse período, a maioria dos trabalhadores eram excluídos dos benefícios previdenciários e buscavam auxílio dos serviços públicos ou atendimento de profissionais liberais para que pudessem ter acesso à assistência à saúde.

Por volta da década de 1930, em razão das legislações trabalhistas editadas na Era Vargas, foram criados os Institutos de Aposentadorias e Pensões (IAPs), que consolidaram a medicina previdenciária destinada à união de trabalhadores (e não empresas). Os IAPs eram autarquias com maior subordinação aos recursos do Estado e atendiam os trabalhadores em ambulatórios com atendimento médico de várias especialidades.

Até 1948, a Saúde no Brasil não era vista como direito fundamental, embora naquele ano tenha sido editada a Declaração Universal dos Direitos Humanos pela ONU, que estabeleceu a saúde como direito fundamental, dependente, é verdade, de uma atitude concreta do Estado para assegurar esse direito.

Nos anos 1950, as medidas sanitárias passaram a ser importantes para a exportação de alimentos e, na década seguinte, houve a unificação do IAPs com o Instituto Nacional da Previdência Social (INPS), com o atendimento médico previdenciário, quando, então, para ter acesso ao sistema de saúde, era necessário que o indivíduo contribuísse com a previdência.

Na década de 1970 teve início a criação do importante projeto de cooperativa médica, promovido por entidades médicas, que tomava posição em face do assalariamento do médico. Nessa década, houve uma mudança no modelo médico-assistencial privatista de saúde com cuidados individuais e, de outro lado, um aumento significante de construções de hospitais, laboratórios, serviços de atendimento médico privado e crescimento do número de universidades de medicina.

Como não havia programas de Saúde Pública, verificou-se que uma grande parcela da população não tinha acesso à assistência à saúde, o que desembocou em um quadro geral de caos no cuidado a saúde e falha no atendimento médico-previdencial. Somado a isso, a própria classe médica demonstrava insatisfação financeira e com as péssimas condições de atendimento médico à população. Esse período ficou conhecido como a era Pré-SUS.

A década de 1980 foi marcada por críticas ao sistema de saúde brasileiro, que buscava um modelo alternativo de saúde, com participação popular, universalização dos serviços e atendimento público acessível. O objetivo principal era universalizar o direito à saúde e garantir o acesso de todos ao tratamento médico. Ainda nessa década, houve a 7ª Conferência Nacional de Saúde, que fortaleceu as críticas ao Programa Nacional de Serviços Básicos de Saúde (PREV-Saúde). Em 1986, houve a 8ª Conferência Nacional de Saúde, promovida por funcionários da saúde que buscavam a melhoria no atendimento assistencial, mas não somente com o atendimento curativo (após o surgimento da doença), mas com a propagação da ideia de que a saúde estaria ligada à melhoria na alimentação, condições de higiene, lazer, emprego, entre outros fatores.

Com a entrada em vigor da Constituição Federal, a Saúde foi elevada à categoria de direito fundamental (art. 6º da CF), e o cuidado com a saúde passou a ser visto como direito do indivíduo e obrigação do Estado.

Após a garantia constitucional, houve a criação do Sistema Único de Saúde por meio da edição da Lei nº 8.080/1990 e, posteriormente, com a Lei nº 8.142/1990, que elencou as normas para a gestão do Sistema Único de Saúde. As leis estabelecem o gerenciamento do SUS, sua função e distribuição de atribuições entre os entes federados, sendo assim sistematizado:

Lei nº 8.080/1990	Lei nº 8.142/1990
Organização, gestão e objetivos do SUS.	Define a participação social na gestão do SUS.
Competência e atribuições dos entes federados.	Transferências intergovernamentais de recursos de financiamento.
Funcionamento e participação complementar do setor privado.	
Política de recursos humanos.	
Recursos financeiros, planejamentos e orçamentos.	

Antes de se estudar os princípios do SUS previstos na Lei, é preciso analisar as **diretrizes estabelecidas no art. 198 da Constituição Federal**, que são basilares para a formação dos princípios do SUS, sendo eles: descentralização, com direção única em cada esfera de governo (inciso I), atendimento integral, com prioridade para as atividades preventivas, sem prejuízo dos serviços assistenciais (inciso II) e participação da comunidade (inciso III).

A **descentralização** é identificada com a distribuição de poder entre os entes federados, o que permite que não haja subordinação entre eles de modo a permitir que o SUS seja adequado à realidade específica de cada região do país, de modo que suas particularidades devem ser analisadas pelo Estado ou Município e ensejar uma gestão dos recursos financeiros voltada àquele local. Na prática, isso implica, por exemplo, a inexistência de subordinação entre o ministro do Ministério da Saúde e o Secretário Estadual de Saúde.

O **atendimento integral** tem como objetivo unificar ações preventivas, curativas e de reabilitação, suprir a necessidade de recursos tecnológicos que o paciente necessita, tais como visita domiciliar até questões que envolvam alta complexidade hospitalar.

Por último, a **comunidade** deve participar para identificar problemas e soluções, além de fiscalizar e avaliar as ações e os serviços públicos de saúde.

Das diretrizes do art. 198 da Carta Magna derivam os chamados princípios do SUS, estabelecidos no art. 7º da Lei nº 8.080/1990. E que se dividem em dois grupos de princípios. O primeiro ligado aos **princípios éticos/doutrinários**, mais genéricos, e o segundo, **princípios organizacionais/operativos**, que determinam como o sistema deve funcionar.

Princípios éticos/doutrinários:

- princípio da universalidade;
- princípio da equidade; e
- princípio da integralidade.

Princípios organizacionais/operativos:

- princípio da regionalização e hierarquização;
- princípio da resolubilidade;
- princípio do controle social;
- princípio da participação complementar do setor privado; e
- descentralização.

O primeiro grupo é composto pelos princípios da universalidade, equidade e integralidade. A **universalidade** visa garantir o acesso às ações e serviços a todas as pessoas, independentemente de sexo, raça, ocupação, ou outras características sociais ou pessoais. A **equidade** tem como objetivo diminuir as desigualdades com a identificação de cada necessidade e oferecer serviços específicos para suprir as particularidades daquela região. A **integralidade** é o conjunto articulado e contínuo das ações e serviços preventivos e curativos, individuais e coletivos, exigidos para cada caso em todos os níveis de complexidade do sistema.

No segundo grupo de princípios há os princípios da regionalização e hierarquização, resolubilidade, controle social, participação complementar do setor privado e descentralização. A **regionalização e hierarquização** versa sobre a atenção que se deve ter com a regionalização do atendimento ao usuário do SUS de modo que, sem descurar de sua universalidade e equidade, seja assegurado ao gestor a atenção à particularidade da região que administra e assim suprir a necessidade dos usuários daquela localidade. Mas, como mencionado, mesmo diante da regionalização é importante que haja uma gestão universal, com atuação uniforme pautada em planos estratégicos para todo o país, como, por exemplo, uma campanha nacional de vacinação para prevenção da gripe e uma campanha regional de vacinação para prevenção de febre amarela.

Quanto à hierarquia, há o **atendimento primário** básico, que é prestado, na maioria das vezes, pelo município (**princípios da hierarquização e descentralização**), com atendimento em postos de saúde e programas como "saúde da família", que deve ser responsável por solucionar 80% dos problemas de saúde da população. No **nível secundário** de atenção, há o atendimento em centros de referências, que pode ser atendimento ambulatorial e solucionar 15% dos problemas de saúde. No **nível terciário** de atenção à saúde, há os hospitais de referência, destinados a resolverem 5% dos problemas de saúde. Diante dessas informações, conclui-se que os gestores devem investir em estrutura de atenção primária para que os hospitais não sofram de superlotação em situações que poderiam ser solucionadas no atendimento primário. A organização e administração correta de recursos financeiros promovem o atendimento médico igualitário e permitem que não haja sobrecarga nos hospitais, os quais devem focar sua atenção em casos de média e grave complexidade.

Com o auxílio dos conselhos de saúde (municipais, regionais, estaduais e nacional) e conferências de Saúde, o Poder Público e a sociedade formulam estratégias para executar a política de saúde dos entes federados (**princípio do controle social**). Como forma de controle, a população possui garantia legal (art. 4°, II, da Lei n° 8.142/1990), por meio de entidades representativas, de participar do processo de formulação das políticas de saúde e do controle de sua execução, em todos os níveis, desde o federal até municipal.

Quando a gestão do Sistema de Saúde é centrada na prevenção de doença, tais como orientação com higiene pessoal, a incidência de doenças primárias diminui e, consequentemente, o atendimento em postos de saúde e hospitais disponibilizará atendimentos para os casos realmente necessários e de maior complexidade. Com isso, há também a redução com gastos em medicamentos e internações.

Quanto ao **princípio da resolutividade**, entende-se pela exigência em atender o usuário quando este buscar atendimento ou quando surgir um problema de impacto coletivo sobre a saúde. O serviço deve ser capacitado para enfrentá-lo e resolvê-lo até o nível de sua complexidade.

A Constituição da República instituiu que, diante da ineficiência do setor público, é possível a complementação por meio de contratação de serviços privados, que se dá em três condições: **um**, celebração de contrato entre o setor privado e público, nos moldes do direito público; **dois**, a instituição privada deve obedecer aos princípios básicos e normas técnicas do SUS; e **três**, os serviços prestados pela iniciativa privada devem obedecer à organização prevista pelo SUS (**princípio da participação complementar do setor privado**).

Após o estudo sobre os princípios previstos pelo SUS, é importante analisar os objetivos elencados no art. 5° da Lei n° 8.080/1990, que são a identificação e divulgação dos fatores condicionantes e determinantes da saúde; a formulação de política de saúde destinada a promover, nos campos econômico e social, a observância do disposto no § 1° do art. 2° desta lei e a assistência às pessoas por intermédio de ações de promoção, proteção e recuperação da saúde, com a realização integrada das ações assistenciais e das atividades preventivas.

Um dos pontos diferenciais do programa do SUS é a realização de atividades preventivas, com o objetivo de evitar doenças, e atividades curativas, para curar o paciente. No aspecto preventivo, os entes federados devem promover ações assistenciais com objetivo de orientar a prevenção de doenças e manutenção da saúde, como exemplo, a orientação de higiene de alimentos e pessoal.

As despesas com gastos do Sistema Único de Saúde devem estar diretamente relacionadas ao atendimento à saúde. Como exemplo, gastos com saneamento básico e merenda escolar não estão ligados à saúde, embora sejam condicionantes ou determinantes na saúde dos indivíduos. Assim, os recursos financeiros não podem ser direcionados a esses setores.

O art. 6°, I, da Lei n° 8.080/1990 estabelece ainda o campo de atuação do Sistema Único de Saúde (SUS) na execução de ações, a participação de vigilância sanitária, vigilância epidemiológica, saúde do trabalhador e assistência terapêutica integral, inclusive farmacêutica.

Cabe ao SUS a participação na formulação da política e na execução de ações de saneamento básico, ordenação da formação de recursos humanos na área de saúde, vigilância nutricional e a orientação alimentar, a colaboração na proteção do meio ambiente, nele compreendido o do trabalho, a formulação da política de medicamentos, equipamentos, imunobiológicos e outros insumos de interesse para a saúde e a participação na sua produção, o controle e a fiscalização de serviços, produtos e substâncias de interesse para a saúde, a fiscalização e a inspeção de alimentos, água e bebidas para consumo humano, a participação no controle e na fiscalização da produção, transporte, guarda e utilização de substâncias e produtos psicoativos, tóxicos e radioativos, o incremento, em sua área de atuação, do desenvolvimento científico e tecnológico, a formulação e execução da política de sangue e seus derivados (art. 6º da Lei nº 8.080/1990).

8.9 Participação complementar do setor privado no SUS

O setor privado pode ser contratado para prestar serviço de saúde quando a prestação pelo setor público for insuficiente, contudo, é preciso o cumprimento de três requisitos:

a) O contrato ou convênio entre o poder público e ente privado deve conter as chamadas cláusulas exorbitantes, que permitem que o contrato seja alterado unilateralmente pela Administração Pública, desde que necessário para defesa do interesse público.

b) A instituição obrigatoriamente deve responder às normas técnicas e princípios básicos estabelecidos pelo SUS.

c) O atendimento do setor privado deve ser regionalizado com hierarquia própria do SUS.

Quando o setor público for insuficiente, os serviços privados podem ser contratados para prestarem atendimento nos moldes do atendimento do SUS. Em outras palavras, o setor privado disponibilizará atendimento médico **sem** fins lucrativos, por meio de contratos ou convênios. As entidades filantrópicas e as sem fins lucrativos terão preferência para participar do Sistema Único de Saúde.

Os critérios e valores para a remuneração de serviços e os parâmetros de cobertura assistencial serão estabelecidos pela direção nacional do SUS, aprovados no Conselho Nacional de Saúde. Na fixação dos critérios, valores, formas de reajuste e de pagamento da remuneração, a direção nacional do Sistema Único de Saúde deverá fundamentar seu ato em demonstrativo econômico-financeiro que garanta a efetiva qualidade de execução dos serviços contratados.

Os proprietários, administradores e dirigentes de entidades ou serviços contratados não poderão exercer cargo de chefia ou função de confiança no Sistema Único de Saúde (SUS).

8.10 Saúde suplementar

Conforme explicitado anteriormente, no Brasil, a assistência médica pode ser prestada na forma de saúde pública, saúde complementar e saúde suplementar. A saúde suplementar é o atendimento médico-assistencial prestado por empresas privadas e de maneira onerosa. O consumidor/paciente/cooperado adere ao contrato de prestação de serviços médico-hospitalares, a título oneroso, e poderá fazer uso do atendimento médico, exames laboratoriais e serviços hospitalares, conforme previsão no contrato e obediência à Lei nº 9.656/1998. O consumidor poderá contratar a operadora de plano de saúde de modo individual ou familiar, coletivo empresarial ou coletivo por adesão.

Para que possa exercer a atividade no setor de saúde suplementar, é necessário que a pessoa jurídica de direito privado tenha sido constituída sob a modalidade de sociedade civil ou comercial, cooperativa, ou entidade de autogestão, que opere produto, serviço ou contrato de plano de assistência à saúde, sem prejuízo do cumprimento da legislação específica que rege a sua atividade, adotando-se, para fins de aplicação das normas estabelecidas na Lei nº 9.656/1996.

As operadoras de planos de saúde são reguladas pela Agência Nacional de Saúde Suplementar (ANS), que foi criada pelo Ministério da Saúde para promover a defesa do interesse público na assistência suplementar à saúde, regular as operadoras setoriais e contribuir para o desenvolvimento das ações de saúde no país (conforme a Lei nº 9.961/2000).

Para obter a autorização de funcionamento, as operadoras de planos privados de assistência à saúde devem satisfazer os requisitos, independentemente de outros que venham a ser determinados pela ANS: **um**, registro nos Conselhos Regionais de Medicina e Odontologia; **dois**, descrição pormenorizada dos serviços de saúde próprios oferecidos e daqueles a serem prestados por terceiros; **três**, descrição de suas instalações e equipamentos destinados à prestação de serviços; **quatro**, especificação dos recursos humanos qualificados e habilitados, com responsabilidade técnica de acordo com as leis que regem a matéria; **cinco**, demonstração da capacidade de atendimento em razão dos serviços a serem prestados; **seis**, demonstração da viabilidade econômico-financeira dos planos privados de assistência à saúde oferecidos, respeitadas as peculiaridades operacionais de cada uma das respectivas operadoras; e **sete**, especificação da área geográfica coberta pelo plano privado de assistência à saúde.

8.11 Parceria com setor privado

Uma das grandes dificuldades enfrentadas pelos Estados é garantir o direito à saúde à população nos moldes em que fora idealizado na Constituição Federal. O desafio está diretamente ligado ao avanço tecnológico, altos custos para manutenção de centros médicos, má administração hospitalar e gestão de recursos financeiros destinados à saúde, modificação de padrões de enfermidades, ciclos de epidemias e gastos destinados às ações judiciais de custeio de saúde. Como solução para os desafios enfrentados, os Estados vêm celebrando contratos de parceria com a iniciativa privada com o objetivo de aumentar a eficiência, transparência e controle dos recursos públicos no setor da saúde.

Esse tipo de contrato envolvendo o ente federado e a empresa privada vem crescendo na prestação de serviços de saúde, por meio do colaborativismo previsto em figuras como Organizações Sociais (OS), Organização da Sociedade Civil de Interesse Público (OSCIP), Parcerias Público-Privadas, cujo principal objetivo é reforçar a capacidade estatal de promover o cuidado com a saúde em um sistema de cogestão com a iniciativa privada. O crescimento dessas parcerias, contudo, não pode ser instrumento para uma pura e simples privatização da saúde, mediante isenção da responsabilização do Estado na prestação de serviços públicos de saúde, uma vez que é dever constitucional do Estado oferecê-los.

Pergunta

■ **Mas é possível este tipo de contrato no setor da saúde?**

Em 2015, o STF julgou a ADI n° 1.923, em que se discutia a constitucionalidade do modelo de gestão por Organizações Sociais. No voto vencedor, o Min. Luiz Fux declarou a constitucionalidade das parcerias com o terceiro setor nas áreas da saúde, ensinando que:

> cabe aos agentes democraticamente eleitos a definição da proporção entre a atuação direta e a indireta, desde que,

por qualquer modo, o resultado constitucionalmente fixado – a prestação dos serviços sociais – seja alcançado.

Daí por que não há inconstitucionalidade na opção, manifestada pela Lei das OS's, publicada em março de 1998, e posteriormente reiterada com a edição, em maio de 1999, da Lei nº 9.790/1999, que trata das Organizações da Sociedade Civil de Interesse Público, pelo foco no fomento para o atingimento de determinados deveres estatais.

(...) Em outros termos, a Constituição não exige que o Poder Público atue, nesses campos, exclusivamente de forma direta. Pelo contrário, o texto constitucional é expresso em afirmar que será válida a atuação indireta, através do fomento, como o faz com setores particularmente sensíveis como saúde (CF, art. 199, § 2º, interpretado *a contrario sensu* – "é vedada a destinação de recursos públicos para auxílios ou subvenções às instituições privadas com fins lucrativos") e educação (...), mas que se estende por identidade de razões a todos os serviços sociais.

O julgamento afastou a ideia de que o serviço público de saúde somente pode ser prestado diretamente por entes federados e foi considerado constitucional que pessoa jurídica forneça o serviço nos moldes do que seria realizado pela Administração Pública. A decisão permite que novos contratos sejam firmados para que a população tenha acesso à saúde e, desde então, o STF vem proferindo diversas decisões semelhantes nesse sentido.

Outra decisão importante no mesmo sentido foi do Min. Dias Toffoli no RE 588.481/RS em que trata sobre parceria público-privada:

DIREITO CONSTITUCIONAL E ADMINISTRATIVO. AÇÃO CIVIL PÚBLICA. ACESSO DE PACIENTE À INTERNAÇÃO PELO SUS COM A POSSIBILIDADE DE MELHORIA DO TIPO DE ACOMODAÇÃO RECE-

BIDA MEDIANTE O PAGAMENTO DA DIFERENÇA ENTRE OS VALORES CORRESPONDENTES. INTELIGÊNCIA E ALCANCE DA NORMA DO ART. 196 DA CONSTITUIÇÃO FEDERAL. MATÉRIA PASSÍVEL DE REPETIÇÃO EM INÚMEROS PROCESSOS. REPERCUSSÃO GERAL RECONHECIDA. (...) A ação complementar não implica que o privado se torne público ou que o público se torne privado. Cuida-se de um processo político e administrativo em que o Estado agrega novos parceiros com os particulares, ou seja, com a sociedade civil, buscando ampliar, completar, ou intensificar as ações na área da saúde. (...) **Isso não implica que haja supremacia da Administração sobre o particular, que pode atuar, em parceria com o setor público, obedecendo sempre, como mencionado, os critérios da consensualidade e da aderência às regras públicas.** Como se constata pelas exitosas experiências em países como Alemanha, Canadá, Espanha, França, Holanda, Portugal e Reino Unido, dentre outros, na área da saúde, importantes requisitos das parcerias, como contratualização, flexibilidade, possibilidade de negociação, consensualismo, eficiência e colaboração são fundamentais para que os serviços possam ser prestados de forma ao menos satisfatória. (...) Entretanto, essa complementariedade não autoriza que se desconfigure a premissa maior na qual se assenta o serviço de saúde pública fixada pela Carta Maior: o Sistema Único de Saúde orienta-se, sempre, pela equanimidade de acesso e de tratamento; a introdução de medidas diferenciadoras, salvo em casos extremos e justificáveis, é absolutamente inadmissível (grifos nossos).

A decisão informou que a complementariedade da prestação do serviço fornecido pelo particular não implica diminuição de responsabilidade do Estado e prejuízo ao usuário do serviço. Pelo contrário, com o auxílio do particular, a atividade explorada deve ter como meta a ser alcançada a premissa idealizada na Constituição Federal, não menos do que isso.

O art. 199, § 1°, da CF dispõe que a complementariedade na prestação do serviço à saúde pode ser realizada por entidade particular, mediante contrato de direito público ou convênio, desde que obedecidos os preceitos do SUS.

A ideia de o serviço à saúde ser realizado somente pela Administração Pública vem sendo modificada nos últimos anos, conforme mencionado nos dois julgados anteriores. Diversos países, com modelos de saúde similares ao do Brasil, vêm modificando seus sistemas e incluindo o particular nas prestações do serviço público. Alguns países europeus enxergaram na parceria público-privada uma estratégia para ampliar o alcance do atendimento à saúde e, ao mesmo tempo, reduzir custos financeiros. A saúde é dever do Estado, mas também inclui nesse dever adotar modelos eficientes e condizentes com a ideia do legislador.

No que tange à responsabilidade civil, é indiscutível que permanece com a Administração Pública, mesmo que a gestão e administração sejam transferidas para o particular.

8.12 Empresa brasileira de serviços hospitalares (EBSERH)

Com finalidade de dar continuidade à reestruturação dos hospitais universitários foi editado o Decreto n° 7.082/2010, que instituiu o Programa Nacional de Reestruturação dos Hospitais Universitários Federais (Rehuf) – marco legal que criou condições materiais e institucionais e permitiu que hospitais exercessem funções voltadas ao ensino e assistência à saúde mediante metas para financiamento, melhoria de gestão, adequação de estrutura física, recuperação do parque tecnológico, reestruturação do quadro de funcionários, aprimoramento das atividades e incorporação de novas tecnologias.

Depois, em 15.12.2011, foi promulgada a Lei nº 12.550/2011, que instituiu a empresa pública brasileira de serviços hospitalares, com sede em Brasília/DF, pessoa jurídica de direito público com personalidade de pessoa jurídica de direito privado e patrimônio próprio, vinculada ao Ministério da Educação (art. 1º, *caput*, da Lei nº 12.550/2011). O objetivo da nova empresa pública da União é conseguir a adesão de todos os Hospitais Universitários no Brasil para prestar serviços de assistência médico-hospitalar, ambulatorial e apoio diagnóstico e terapêutico, assim como serviço de apoio ao ensino, pesquisa e extensão (art. 3º). Em outras palavras, com a adesão, os hospitais universitários passam a ser administrados pela empresa pública.

A ideia do legislador foi unir a educação de médicos em formação acadêmica e o atendimento à saúde, possibilitando o atendimento de milhares de usuários do serviço público. Há hoje, no Brasil, cerca de 46 hospitais universitários em funcionamento e com a adesão seria a maior rede de atendimento médico do país. Vale lembrar que os hospitais universitários pertencem às Universidades Públicas e, por essa razão, possuem personalidade de autarquias (Decreto nº 200/1967). Eventualmente existem universidades que são fundações públicas.

Os recursos financeiros são oriundos de dotações consignadas no orçamento da União (art. 8º, I), receitas decorrentes da prestação de serviços compreendidos em seu objeto, alienação de bens e direitos, aplicações financeiras que realizar, dos direitos patrimoniais, acordos e convênios (art. 8º, II). Os recursos ainda podem ser de doações, legados, subvenções e outros recursos e rendas provenientes de outras fontes (art. 8°, III e IV).

Por ser um novo modelo de gestão, há alguma incerteza se a empresa brasileira de assuntos hospitalares beneficiará os hospitais universitários e os pacientes que dependem deles para ter acesso a atendimento médico.

9

Responsabilidade civil na medicina

9.1 Debates sobre responsabilidade civil à luz do direito brasileiro

A medicina lida com o bem mais precioso do ser humano: a vida. E, por essa razão, espera-se que a atenção e cuidado sejam livres de qualquer descontentamento. Contudo, é preciso lembrar que, diferente de outras áreas, a medicina não é uma ciência exata e tampouco se pode garantir o resultado de um tratamento ou atendimento médico. O aborrecimento advindo do insucesso no tratamento médico ou o desrespeito aos direitos do paciente fazem com que a relação do profissional da saúde com o paciente seja uma atividade vulnerável e, quiçá, a mais ameaçada nos últimos tempos.

A insatisfação do paciente durante o serviço médico gera uma distorcida percepção de que ele foi vítima de erro presumido e, consequentemente, expectador de uma reparação de danos que acredita ter sofrido. Do mesmo modo, apto a gerar o dever de indenizar, é a quebra ao direito de informação como ocorre com a falta de esclarecimento prévio do profissional da saúde sobre informações antecipadas do que pode acontecer durante o tratamento médico ou acerca de quais reações são consideradas normais do organismo ou ainda sobre mudanças necessárias quanto ao recurso terapêutico ofertado ao paciente.

Essa situação é agravada diante da possibilidade de acesso a informações disponíveis na rede mundial de computadores sobre doenças e tratamentos médicos, o que possibilitou alcance a dados que, até então, pertenciam ao grupo seleto dos profissionais da medicina. Embora essas informações possam ser verdadeiras e falsas, o que pode prejudicar o enfermo que já se encontra frágil pela doença, essa nova realidade implica um incremento informacional ao médico, que deve esclarecer e tranquilizar o paciente a fim de fortalecer a relação de confiança entre eles.

Além disso, lembre-se de que, até pouco tempo, o médico era visto como uma autoridade superior, e a relação com o enfermo era paternalista ou superior. O aumento de especialidades médicas, porém, esfriou a relação do médico com o paciente e transformou o profissional em um técnico impessoal, que recebe o paciente indicado por outros médicos. Atualmente, o médico perdeu o *status* que havia e é considerado um profissional comum, que deve responder pelos erros cometidos, situações que podem explicar o aumento pela responsabilidade desse profissional.

De todo modo, a crescente insatisfação nessa relação profissional não é exclusiva do Brasil. Países como Canadá, Alemanha, Bélgica, entre tantos outros, enfrentam o crescente número de ações judiciais em face da negligência dos profissionais da saúde, fenômeno que provocou uma modificação na postura do profissional da saúde diante do paciente, com a adoção de medidas preventivas de processos judiciais, acompanhada de contratação de um seguro de risco profissional, providências responsáveis pelo aumento dos honorários desse profissional. Segundo a União de Defesa Médica da Inglaterra, o crescente número de ações judiciais naquele país estaria ligado à negligência médica durante o atendimento e à falta de consentimento do paciente diante do ato médico, o que demonstra que a melhor estratégia para o médico evitar processos judiciais é estabelecer e manter uma boa relação com o paciente.

O maior prejuízo que pode ocorrer com a modificação dessa relação é a inibição na atuação emergencial do médico, porque o lapso temporal entre a condução do atendimento médico e a autorização do paciente visando a obtenção de sua anuência para a intervenção pode ser prejudicial ao caso, como pode ocorrer em um caso em que o paciente ingressa em uma determinada emergência hospitalar após sofrer grave acidente de carro. É certo que nesse caso o médico pode proceder à assistência médica tão logo avalie e constate a situação de emergência, sendo no mais das vezes dispensável a autorização dos familiares ou do próprio paciente para intervir. O receio de ser processado não deve impedir que os profissionais de saúde prestem auxílio aos enfermos.

Feitas essas colocações iniciais, passemos à análise do tema da responsabilidade civil.

No direito, a responsabilidade implica o dever de alguém suportar as consequências legais que lhe são impostas, sobretudo quando praticado algum ato ilícito, assim definido em lei, o que enseja diferentes análises, sob diferentes perspectivas e instâncias. No Brasil, ante o sistema de independência de instâncias, o médico poderá ser responsabilizado nas esferas penal, administrativa (junto ao seu órgão de classe – CRM e CFM) e cível. De modo geral, no **âmbito penal**, a responsabilidade centra-se na prática de um delito que enseja a aplicação de pena restritiva da liberdade. No **âmbito administrativo**, caracterizado pela aplicação de sanções de cunho administrativo junto ao órgão de classe, geralmente o parâmetro do julgamento é infração ao Código de Ética Médica. Na **esfera civil**, a responsabilidade enseja a análise acerca da ilicitude da conduta praticada e o potencial de dano ou prejuízo econômico causado ao paciente ou seus parentes, situação resolvida pela fixação de indenização pecuniária. É principalmente desse tipo de responsabilidade que trataremos neste tópico.

No tocante à responsabilidade civil, o Código Civil brasileiro adotou a teoria dualista, em que se divide a responsabilidade em aquiliana (ou extracontratual) e contratual.

Responsabilidade civil extracontratual ou aquiliana resulta da violação à ordem jurídica, e não de um contrato ou serviço entre aquele que recebe o serviço e o que o presta. Aqui, o contrato não é elemento indispensável, porque a responsabilidade está na violação de algum princípio geral de direito, e não necessariamente infração do contrato. Por isso que se entende que a violação depende da culpa *lato sensu* por meio de suas modalidades, que são: negligência, imprudência e imperícia.

No certame médico, **negligência** seria a conduta recheada de omissão.[1] O profissional será cobrado por aquilo que ele deixou de fazer, e não por aquilo que ele fez, como, por exemplo, quando o médico examina superficialmente o paciente e obtém informação com enfermeira, sem se ater às particula-

---

[1] "APELAÇÃO CÍVEL. AÇÃO DE INDENIZAÇÃO POR DANOS MORAIS. ERRO NA APLICAÇÃO DO MEDICAMENTO. RESPONSABILIDADE SUBJETIVA. ALERGIA MEDICAMENTOSA. INFORMAÇÃO CONSTANTE NO CARTÃO DA GESTANTE E PRESTADA NO ATENDIMENTO. **NEGLIGÊNCIA COMPROVADA. NEXO DE CAUSALIDADE. DEVER DE INDENIZAR.** VALOR INDENIZATÓRIO ADEQUADO. AUSÊNCIA DE MAIORES GRAVIDADES. SENTENÇA MANTIDA. (...)" (Acórdão nº 1.296.779, 07015324420208070018, Rel. Josapha Francisco dos Santos, 5ª Turma Cível, data de julgamento: 28.10.2020, publicado no *DJe*: 10.11.2020 – grifos nossos).

ridades do estado de saúde do paciente. Caso o enfermo seja prejudicado em decorrência da falta do profissional, este poderá ser responsabilizado por isso.

A **imprudência** está ligada a ação do profissional que agiu de maneira a causar danos a paciente, como, por exemplo, o médico que prescreve o medicamento por telefone com as poucas informações dadas pelo paciente. A culpa é pela ação do profissional.

Já a **imperícia** está ligada à falta de conhecimento e capacidade de laborar em um seguimento de trabalho. Em princípio, se o médico possui credenciais para exercer o ofício, em tese, é difícil verificar que falta a ele conhecimento dentro da sua profissão.[2] Entretanto, não há profissional que detenha todo o conhecimento da profissão, como, por exemplo, o médico que é chamado para realizar uma cirurgia que necessita do emprego de uma técnica específica para a complexidade do caso, como uma cirurgia neurológica. Aqui, é aceitável que o médico não tenha conhecimento específico.

De modo geral, são considerados requisitos da responsabilidade médica a existência de sujeito ativo, conduta, culpa, dano e nexo causal. Vejamos:

[2.] "APELAÇÃO CÍVEL E RECURSO ADESIVO. RESPONSABILIDADE CIVIL. CIRURGIA PLÁSTICA ESTÉTICA. OBRIGAÇÃO DE RESULTADO. CULPA PRESUMIDA. IMPERÍCIA. RESULTADO INSATISFATÓRIO. DANO MORAL, ESTÉTICO E MATERIAL. LUCROS CESSANTES. A partir do contexto fático-probatório, há elementos de prova convincentes no sentido de que houve defeito, em parte, na prestação do serviço **médico** alcançado por ocasião do procedimento cirúrgico estético realizado na autora (lipoaspiração de abdômen), fato evidenciado no laudo pericial e a partir da visualização das fotografias acostadas nos autos, nas quais se nota as sequelas decorrentes do procedimento, que, evidentemente, não faziam parte do **resultado** esperado por ocasião da contratação da cirurgia plástica. Dessa forma, devidamente caracterizada a falha do serviço prestado, o nexo causal e os danos sofridos pela autora, não há como se eximir o demandado do dever de indenizar. (...)" (Apelação Cível nº 70081345571, Vigésima Câmara Cível, Tribunal de Justiça do RS, Rel. Afif Jorge Simões Neto, Julgado em 14.10.2020).

- **Sujeito ativo** é o profissional habilitado legalmente para o exercício da medicina. Caso o sujeito não seja médico e pratique atos exclusivos desse profissional, responderá pela prática, em tese, do crime de curandeirismo ou charlatanismo, além de ser responsável civilmente pelos danos que causar.
- **Conduta** é o ato humano que produz efeitos jurídicos. A conduta pode ser positiva (agir) ou negativa (deixar de praticar uma conduta), devendo, neste último caso, a relevância da omissão ser analisada frente ao dever jurídico de agir.
- **Culpa** pode ser dividida em duas modalidades: culpa *stricto sensu* (nas modalidades negligência, imprudência e imperícia) e dolo direto e eventual. É possível também a caracterização da culpa em decorrência de atos praticados por outra pessoa nos casos em que o profissional tinha o dever de vigilância ou de má escolha (*in vigilando* e *in elegendo*).
- **Dano** é o prejuízo decorrente da conduta ilícita. É o resultado lesivo ocorrido a partir do ato médico. Prevalece que ele deve ser real e efetivo para que se possa estabelecer o valor indenizatório, como no caso de paciente que ficou com sequelas após procedimento cirúrgico.
- **Nexo causal** é a relação entre o ato médico, que é a conduta, e o dano gerado. É a relação de causa e efeito entre a conduta e o dano provocado de modo que, embora seja imaterial, deve, imprescindivelmente, ser demonstrado para a caracterização da responsabilidade civil. A ausência do nexo causal induz à ausência de qualquer responsabilidade sobre o profissional.

Dentre os elementos anteriormente descritos, o nexo causal é o que resulta maior dificuldade para comprovação, porque nem sempre a conduta médica causou o dano no paciente. A título de informação, todo procedimento cirúrgico envolve risco de morte para o paciente e, por mais seguro que o médico esteja sobre a saúde do paciente, não há como prever que nenhuma intercorrência possa acometer o paciente. Outra situação é como o paciente vai agir após as recomendações médicas, pois pode ocorrer de o convalescente não obedecer às orientações previstas pelo médico e acarretar um comprometimento com a cura.

É importante o julgador ter em mente a possibilidade de **concausa** no resultado do tratamento médico, que são causas supervenientes imprevisíveis e estranhas à conduta inicial do médico. A subjetividade do organismo humano é um bom exemplo de circunstância superveniente imprevisível principalmente, porque, embora haja relativo desenvolvimento da ciência médica, não é possível assegurar a inexistência de reações e efeitos colaterais frente a medicamentos. É por isso que dois pacientes com mesma doença e tratamentos idênticos podem, inadvertidamente, ter resultados diversos sem que se possa inquinar de ilegal a conduta do profissional. Nesse quadro, pode ocorrer de o médico empregar a melhor técnica e obter o resultado adequado, mas o paciente pode não ficar contente com o resultado. A expectativa do paciente foi frustrada diante do resultado. Um bom exemplo é cirurgia plástica, em que o paciente espera o resultado na cirurgia e se frustra com o resultado da cirurgia. Para parte da jurisprudência, há obrigação de resultado. Contudo, há entendimento em sentido contrário justificado no subjetivismo do paciente, que pode esperar por um resultado incompatível com seu corpo, e a própria resposta do organismo do paciente, que pode não responder conforme esperado no tratamento.

Por isso entendemos que a cirurgia plástica não deve ser considerada como obrigação de resultado porque há situações que estão fora do controle do médico, como exemplo a própria cicatrização do paciente. Não há previsibilidade acerca disso porque as condições da pele do paciente interferem na cicatrização e modificam a aparência do tecido cutâneo. A obrigação do médico nesses casos é, salvo melhor juízo, empregar a melhor técnica profissional de modo a produzir as alterações anatômicas pretendidas mais próximas possíveis da desejada, sem a possibilidade de prometer cura ou resultados no mesmo grau daquele esperado e desejado pelo paciente. Essas elevadas e fantasiosas expectativas, embora causa de grande frustração do paciente, não podem ser transferidas como responsabilidade do profissional. Na relação médico-paciente, na maioria das vezes, não há compromisso do médico com a cura do paciente, mas sim com a utilização da melhor técnica e cuidado com o paciente.

Em razão dessa dificuldade, no Direito, há a previsão de causas eximentes de responsabilidade que estão ligadas à defesa do profissional médico decorrente da ausência de erro no diagnóstico ou da terapêutica.

9.2 Responsabilidade contratual e extracontratual à luz do Código Civil

A responsabilidade civil, prevista no Código Civil, divide-se em contratual e extracontratual.

A **contratual (ou negocial – art. 389 do CC)** deriva da inexecução de uma obrigação contratual e, com o inadimplemento ou mora de um dos contraentes, nasce a ilicitude contratual. A responsabilidade advém da inobservância de qualquer dever contratual que fora livremente pactuado entre as partes contraentes. Com isso, conclui-se que:

> o inadimplemento corresponde ao descumprimento de um dever jurídico qualificado pela preexistência de relação obrigacional. Requer, portanto, um preceito individual unindo credor e devedor, vinculados a uma prestação de

dar, fazer ou não fazer. Na lógica da obrigação como processo, o inadimplemento corresponderá a uma indesejada etapa final na qual será alterado o conteúdo do vínculo. Substitui-se a prestação originária por uma obrigação sucessiva de indenizar (ROSENVALD, 2014, p. 94).

Diante das informações, conclui-se que o descumprimento a uma das obrigações é uma infração à vontade dos contraentes anteriormente fixada pelas partes. É importante ressaltar que, para ser parte no contrato, devem-se observar os requisitos de validade estipulados no art. 104 do Código Civil, que dispõe como essencial: agente capaz, objeto lícito, possível, determinado ou determinável e forma prescrita ou não defesa em lei.

A **responsabilidade extracontratual ou extraobrigacional ou aquiliana** requer o descumprimento ao dever genérico de não causar danos a outrem. Nessa modalidade, não há um contrato anterior com previsão de obrigações, e sim um dever geral de cuidado, decorrente do dever geral de não praticar atos ilícitos, do qual decorre o dever de suportar um dano sofrido a alguém. Portanto, a obrigação de indenizar surge em razão do descumprimento da ordem jurídica vigente. Decorre dos arts. 186 e 927 do CC.

A responsabilidade aquiliana pode ser praticada por agente capaz ou incapaz, porque a capacidade civil não está em discussão nessa modalidade de contrato. Na responsabilidade contratual isso não é possível, em razão da necessidade de o sujeito ser pessoa capaz.

Na extracontratual, a responsabilidade está ligada à análise subjetiva da culpa pelo dano. Nas lides médicas, a discussão quanto ao elemento subjetivo é ponto importante em razão da linha tênue que separa o resultado indesejado e o dano originado durante o atendimento médico. A análise individualizada do caso permite ao julgador verificar se o profissional da saúde se atentou aos deveres de diligência e cuidado durante o atendimento ao paciente e, diante de eventual falha, recairá sobre ele a responsabilidade do dano ocasionado. Como exemplo, há a realização de cirurgia ortopédica em membro errado.

Também merece atenção a imprevisibilidade da reação orgânica de cada pessoa, que deve ser levada em consideração para identificar o nexo causal na responsabilidade civil do médico. Cada organismo reagirá ao tratamento de modo individualizado, mesmo recebendo o melhor e mais moderno tratamento médico. Nem sempre a frustração diante do resultado motivado pela falha orgânica não tem ligação com o atendimento do profissional. É preciso lembrar que a saúde é única e individual e um tratamento médico receitado para um paciente pode não ter o mesmo resultado quando aplicado em outro paciente. Nem todo dano sofrido pelo paciente há que ser indenizado pelo médico. De outro lado, isso não significa que há uma impossibilidade de verificar a negligência no atendimento, o que demanda análise de cada situação a fim de verificar o nexo causal e atenção aos preceitos médicos. Por isso que o magistrado deve analisar com muita cautela o nexo causal entre o dano e a culpa do profissional. Miguel Kfouri Neto (2013, p. 93) ressalta que não é preciso "que a culpa do médico seja grave: basta que seja certa. A gravidade da culpa, agora, repercutirá na quantificação da indenização".

Em relação à **graduação de culpa**, na responsabilidade extraobrigacional, a culpa será na medida da extensão do dano (art. 944 do CC). Nas hipóteses em que houver desproporção entre o grau de extensão do dano e a incidência de culpa, poderá haver redução do valor indenizatório (art. 944, parágrafo único, do CC). Na contratual, poderá ter a incidência de culpa previamente fixada no contrato ou isenta de obrigação de indenizar, como exemplo nos contratos benéficos.

Quanto à **extensão do dano**, na responsabilidade extracontratual, o valor indenizatório será fixado a partir da extensão do dano (art. 944 do CC), mas, com fundamento no princípio da proporcionalidade, o magistrado poderá reduzir o valor quando identificar desproporção entre a extensão do dano e a incidência de culpa (art. 944, parágrafo único, do CC).

Na responsabilidade contratual pode haver a inclusão no contrato das cláusulas limitativas de responsabilidades e até mesmo cláusula de não indenizar, desde que se atenha: **um**, não colisão com preceito de ordem pública; **dois**, ausência de intenção de afastar obrigação inerente a função; **três**, inexistência do escopo de eximir o dolo ou a culpa grave do estipulante; **quatro**, bilateralidade de consentimento; **cinco**, igualdade de posição das partes; e **seis**, não existência de limitação legal (conforme ROSENVALD, 2014, p. 97). O CDC veda a inclusão de cláusula que atenue, impossibilite ou exonere da obrigação de indenizar (art. 25 do CDC).

Quanto à **incidência da mora**, na responsabilidade contratual, recairá automaticamente com o ajustado no contrato (art. 397 do CC). Na extracontratual, a contagem é presumida a partir da data da ocorrência do dano (art. 398 do CC).

Quanto ao **ônus da prova**, na responsabilidade extracontratual, incumbe a quem sofreu o dano demonstrar a caracterização de cada um dos elementos estruturais desse tipo de responsabilidade. Na responsabilidade contratual, a vítima do ilícito deverá comprovar a motivação de não agir da maneira prescrita no contrato. Quanto à **matéria de prova**, na extracontratual, a vítima do dano provará a conduta ilícita, culpa, dano e nexo causal. Na contratual, com a constatação do inadimplemento recai sobre o devedor a obrigação de indenizar. Observe-se que no sistema do Código de Defesa do Consumidor é possível a inversão do ônus da prova, conforme será visto em capítulo próprio.

Em razão da dificuldade de demonstrar a culpa daquele que pratica atos ilícitos, de forma episódica, a legislação adota um sistema de responsabilidade objetiva, em que a análise acerca da responsabilidade é feita mediante a dispensa desse elemento subjetivo, o que será abordado mais à frente. É o que ocorre com o sistema do Código de Defesa do Consumidor, como será visto mais à frente.

Quanto à **prescrição**, na responsabilidade extracontratual o prazo prescricional para reparação do dano é de três anos a contar do fato danoso (art. 206, § 3º, V, do CC). O CDC estabelece o prazo de cinco anos a contar do conhecimento pela vítima da autoria do fato do produto ou do serviço (art. 27 do CDC). Na responsabilidade contratual, o prazo se adaptará de acordo com a tutela adotada pelo credor (tutela executiva, monitória ou ordinária).

Quanto ao **foro competente** para as demandas, na contratual será competente o domicílio do devedor (art. 46 do CPC). Na extracontratual, o foro recai sobre o local em que ocorreu o fato (art. 53, IV, do CPC).

9.3 Código de Defesa do Consumidor

A Constituição Federal estabeleceu, dentre o rol dos direitos fundamentais, a incumbência do Estado em promover a defesa do consumidor e, poucos anos após a sua entrada em vigor, foi editada a Lei nº 8.078/1990, que dispõe sobre proteção ao consumidor.

O art. 1º é enfático em evidenciar o objetivo principal do código, que é estabelecer "normas de proteção e defesa do consumidor, de ordem pública e interesse social". Em todo o Código, há normas em defesa do consumidor, que é considerado hipossuficiente diante do fornecedor do serviço. No Direito Médico, o paciente pode invocar os benefícios previstos no CDC quando verificar que sofreu prejuízo durante o atendimento médico.

Um exemplo da proteção consumerista é a utilização da expressão "normas de ordem pública e interesse social" prevista no art. 1°, que são, em poucas palavras, normas de proteção ao consumidor que não aceitam renúncia de direitos. Assim, eventuais contratos confeccionados com a perda de algum direito do consumidor são considerados inválidos.

De modo amplo, a jurisprudência vem entendendo que a responsabilidade civil médica obedecerá às disposições das normas consumeristas e há inúmeros julgados nesse sentido. Para aqueles que defendem esse entendimento, a explicação estaria justificada em os médicos atuarem como profissionais liberais. O próprio CDC incluiu que a responsabilidade pessoal dos profissionais liberais será apurada mediante a verificação de culpa. Portanto, à luz do CDC, os médicos responderão culposamente pelos danos que causarem durante atendimento médico a paciente.

Pergunta

- **Aos olhos do paciente, é mais vantajoso aplicar as normas do Código de Defesa do Consumidor na responsabilidade médica ou a opção pelo regramento do Código Civil seria a correta?**

Ao que tudo indica, a escolha pela lei consumerista beneficia o paciente em razão de algumas vantagens frente ao Código Civil, sendo elas:

a) A **inversão do ônus da prova** em prol do consumidor (art. 6°, VIII). Para muitos doutrinadores, esta é a maior vantagem do CDC frente à lei civil, em razão da dificuldade natural que o paciente/consumidor tem de levar aos autos do processo as provas necessárias para convencer o Judiciário da existência do erro médico. Em razão disso, a maior parte da jurisprudência acata o pedido de inversão do ônus da prova. É importante lembrar que a inversão é possível em ações coletivas. Contudo, não se admite denunciação da lide nos processos em que se envolvem relações de consumo (art. 88 do CDC).

b) **Propositura da ação no domicílio do consumidor** (art. 101, I). De acordo com o Código de Defesa do Consumidor, os pacientes que receberam atendimento médico em local diferente de sua moradia têm direito à possibilidade de ajuizar ação na cidade de seu domicílio. Então, como exemplo, há o paciente que viaja até a capital para receber o atendimento médico e lá sofre um dano médico. Ele poderá ajuizar ação reparatória na sua cidade ao invés do local em que sofreu o dano, por ser mais benéfico a ele acompanhar a lide em sua cidade. A facilidade na defesa de direitos está consagrada no art. 6°, VIII, do CDC.

c) **Prazo prescricional** de cinco anos (art. 27), enquanto o do CC é de apenas três anos (art. 206, § 3°, V, do CC). Quando a relação médico-paciente é regulada como relação de consumo, em caso de dano ao paciente, este terá o prazo prescricional de cinco anos para ajuizar a lide. O termo inicial da contagem do prazo prescricional em casos de erro médico é contado a partir da ciência do dano e do autor do dano (AREsp n° 1.311.258/RJ 2018/0146310-4). Portanto a contagem se inicia quando o paciente (ou familiares, em caso de falecimento) toma conhecimento da existência do dano e sua autoria, mesmo que seja diferente a data do erro médico e o conhecimento do dano.

d) O médico tem o **dever de informar** ao paciente com todas as informações pertinentes ao seu estado de saúde (art. 6°, III c.c. art. 8° c.c. art. 9°). Certo é que esse direito também está incluso nas relações civis, mas, nas relações consumeristas, ganha ainda mais força. Aqui, o médico tem o dever de informar ao paciente todas as informações sobre seu estado de saúde e opções de tratamento. Ao paciente cabe o direito de receber essa informação compatível com seu grau de entendimento. A desobediência desse importante direito pode acarretar ao profissional o dever de indenizar (AgRg no

AREsp nº 703.970/DF, Rel. Min. Ricardo Villas Bôas Cueva, Terceira Turma, julgado em 18.8.2016, DJe 25.8.2016; e AgInt no AREsp nº 827.337/RJ, Rel. Min. Marco Buzzi, Quarta Turma, julgado em 18.8.2016, DJe 23.8.2016).

e) As **cláusulas contratuais** com finalidade de impossibilitar, reduzir ou excluir dever de indenizar são consideradas nulas (art. 51, I). Na relação envolvendo o consumidor e o fornecedor de serviço, é notório o desequilíbrio entre eles e, por essa razão, o CDC estabeleceu que a indenização será integral. São consideradas inválidas as indenizações previamente fixadas em contrato, com exceção nas situações que envolvem pessoa jurídica (art. 51, I, parte final).

Para maior profundidade do estudo, tem-se a jurisprudência:

> CIVIL E CONSUMIDOR. APELAÇÃO. DANO MORAL. RESPONSABILIDADE DO HOSPITAL E DA CLÍNICA PARTICULARES. OBJETIVA. PROFISSIONAL LIBERAL. RESPONSABILIDADE SUBJETIVA. CULPA DO MÉDICO E DO TÉCNICO DE ENFERMAGEM. NÃO CONFIGURADA. 1. Aplica-se o Código de Defesa do Consumidor em contrato de prestação de serviços, no qual o hospital-réu se encaixa como fornecedor (art. 3º do CDC) e o autor como consumidor, eis que destinatário final do serviço prestado (art. 2º do CDC). (...) 4. Ante a ausência de culpa do profissional liberal que realizou o atendimento, não há se falar em responsabilidade do médico e do técnico de enfermagem, tampouco do hospital e da clínica apelados e, por consequência, em dever de compensar, o qual somente existiria se houvesse ato ilícito que porventura desencadeasse algum dano concreto. 5. Recurso conhecido, preliminar rejeitada e desprovido (Acórdão nº 1.273.376, 00327416520168070001, Rel. Carlos Rodrigues, 1ª Turma Cível, data de julgamento: 19.8.2020, publicado no DJe: 8.10.2020).

Assim, do ponto de vista do consumidor, a legislação consumerista é mais benéfica quando comparada à lei civil.

9.4 Responsabilidade hospitalar e do plano de saúde

A evolução da medicina possibilitou ao paciente um atendimento médico multidisciplinar, em que, junto com o médico, diversos profissionais da área da saúde fornecem atenção e cuidado à saúde do paciente. O quadro de profissionais inclui desde médicos de outras especialidades, como também enfermeiros, técnicos de enfermagem, nutricionista, fisioterapia e demais especialidades. Diante do atendimento de diversos profissionais da área da saúde, a identificação do causador do dano e sua responsabilização passou a ser uma tarefa difícil.

Após a entrada em vigor do Código de Defesa do Consumidor, o paciente passou a ser visto como consumidor e o serviço prestado pelo profissional da saúde passou a ser entendido como fornecedor de serviço. Com isso, a maior proteção ao paciente permitiu o ingresso de inúmeras ações judiciais movidas contra os profissionais da saúde, não exclusivamente o médico.

Assim como os profissionais, as instituições de saúde também sofreram com as demandas judiciais, como hospitais, clínicas, planos de saúde, farmácias e demais estabelecimentos comerciais voltados a área da saúde. Nessa mesma vertente, todas essas instituições podem ser atribuídas à responsabilidade civil fundada na teoria do risco, sem a necessidade de comprovação de culpa (art. 14, *caput*, do CDC).

A interpretação literal do artigo permitia a responsabilidade objetiva da instituição da saúde (sem necessidade de verificação de culpa) e responsabilidade subjetiva do profissional de saúde (somente após apuração e verificação da conduta).

O art. 932, III, fomentou a discussão ao prever a responsabilidade do empregador pelos atos do empregado. O STF editou a Súmula n° 341, em que reconheceu a culpa presumida do patrão pelo ato culposo do empregado. Diante dessas disposições, entendeu-se como objetiva a responsabilidade das instituições de saúde, sem possibilidade de análise de culpa de seu preposto.

Quando se analisa a relação jurídica envolvendo o hospital e o paciente, conclui-se que é contratual, independentemente se for escrita ou verbal, tácita ou expressa, gratuita ou onerosa. Via de regra, o contrato que existe entre a instituição de saúde e o paciente é diferente do contrato entre o paciente e o profissional. A principal justificativa para essa conclusão é que o hospital figura como um prestador de serviços para atendimentos eletivos ou de urgência, com enfoque no restabelecimento da saúde do paciente.

Desse modo, a obrigação do hospital é a segurança do paciente e incolumidade relativas à motivação da internação, como acomodação adequada, serviços de hotelaria e alimentação apta a necessidade do paciente. Além dessas obrigações, há a oferta de condições e equipamentos essenciais para a necessidade no atendimento ao paciente, como também corpo técnico voltado ao atendimento. A obrigação ainda inclui a manutenção e cuidado com a guarda de documentos médicos, como o prontuário médico, bem como a proteção ao sigilo envolvendo a relação médico-paciente.

Cabe ao hospital garantir o atendimento adequado ao paciente, sem atrasos, negativas injustificadas, troca de resultados de exames e exigência de pagamento de caução (proibido por lei). Esses são alguns exemplos de coação moral que pode ocorrer durante a internação.

Quanto à **responsabilidade do hospital** diante do atendimento médico ao paciente, se verificam três situações envolvendo enfermo e o nosocômio:

■ **Um**, o doente procura a instituição de saúde em razão das referências de qualidade, conveniência ou preferência. Como exemplo, seria o paciente que escolhe o hospital mais próximo a sua residência para que seja realizado atendimento de urgência.

■ **Dois**, pode ocorrer de a procura ao hospital ser em razão do médico, que presta atendimento na instituição hospitalar devido ao vínculo empregatício que possui. Como exemplo, há a paciente que está em trabalho de parto e gostaria que o parto fosse realizado pelo médico que trabalha em um determinado hospital. A escolha do profissional precede a decisão sobre a instituição de saúde.

■ **Três**, o médico escolhe prestar o atendimento na instituição para utilizar o espaço da internação ou realização de procedimentos médicos. Como exemplo, se tem o médico que avisa a paciente sobre as opções de hospitais em que realiza cirurgias plásticas. Nessa hipótese, é o médico quem informa as opções de hospitais devido a sua preferência.

Na primeira hipótese estudada anteriormente, há um contrato integral entre o enfermo e a instituição, sendo que a última se responsabiliza por todos os procedimentos médicos adotados. Como exemplo, tem-se o atendimento emergencial em hospital privado. A instituição se responsabiliza por todos os atos praticados, como médicos, anestesistas, exames médicos, internação.

Na segunda hipótese, o paciente procura o médico, que possui vínculo com a instituição. Nessa condição, o hospital se responsabilizará pelos atos do profissional, desde que comprovada a conduta culposa do médico. Como exemplo, o médico que atende apenas em determinado hospital e pratica um ato danoso em face do paciente. O hospital poderá ser responsabilizado, após comprovação de culpa do médico.

Na última hipótese, o paciente contrata o médico autonomamente e este opta pela instituição de saúde para realização do procedimento. Nessa hipótese, a responsabilidade do hospital recai sobre os serviços de paramédicos e hotelaria. Nesse caso, havendo dano decorrente do atendimento médico ao paciente, a culpa recairá ao médico e não a instituição. Caso haja falha no serviço prestado pelo hospital, como, por exemplo, infecção hospitalar, este responderá objetivamente.

Nesse sentido, tem-se a jurisprudência:

> PROCESSO CIVIL. DIREITO CIVIL. APELAÇÃO CÍVEL. RESPONSABILIDADE CIVIL DO HOSPITAL. ERRO MÉDICO. FALHA NA TÉCNICA CIRÚRGICA. MÉDICO SEM VÍNCULO EMPREGATÍCIO OU DE PREPOSIÇÃO COM O NOSOCÔMIO. RESPONSABILIDADE CIVIL AFASTADA. INVERSÃO DO ÔNUS DA PROVA. REQUISITOS NÃO VERIFICADOS. VEROSSIMILHANÇA DAS ALEGAÇÕES E HIPOSSUFICIÊNCIA TÉCNICO-CIENTÍFICA NÃO DEMONSTRADAS. SENTENÇA MANTIDA. 1. Nos termos da jurisprudência do STJ, "a responsabilidade objetiva para o prestador de serviço, prevista no art. 14 do CDC, na hipótese de tratar-se de hospital, limita-se aos serviços relacionados ao estabelecimento empresarial, tais como estadia do paciente (internação e alimentação), instalações, equipamentos e serviços auxiliares (enfermagem, exames, radiologia)" (REsp nº 1.769.520/SP, Rel. Ministra Nancy Andrighi, Terceira Turma, julgado em 21.5.2019, DJe 24.5.2019). 2. Segundo entendimento do STJ, se o dano decorre de falha técnica praticada por médico sem vínculo de emprego ou de subordinação com o hospital, não há como impor à sociedade empresária hospitalar a obrigação de indenizar o paciente-consumidor, devendo a responsabilidade ser

imputada exclusivamente ao profissional médico. 3. Ainda que se trate de relação de consumo, a inversão do ônus da prova não tem aplicação automática, pois depende de circunstâncias concretas a serem apuradas pelo juiz no contexto da facilitação da defesa dos direitos do consumidor. 4. A hipossuficiência que justifica a inversão do ônus da prova em favor do consumidor, com fundamento no artigo 6º, inciso VIII, do CDC, é a técnico-científica, que impede o autor de produzir a prova necessária à satisfação da sua pretensão em juízo por não possuir conhecimento técnico específico sobre o produto ou serviço adquirido. 5. Apelação conhecida e não provida. Unânime. (Acórdão nº 1.325.857, 00067613220158070008, Rel. Fátima Rafael, 3ª Turma Cível, data de julgamento: 10.3.2021, publicado no DJe: 25.3.2021).

O art. 14, § 3º, do CDC elenca duas possibilidades de exclusão de responsabilidade, contudo, o rol não é taxativo e inclui também fato de terceiro inevitável, como força maior, caso fortuito e culpa exclusiva da vítima.

Desse modo, a atividade hospitalar não deve ser considerada equiparada ao contrato de seguros, por exemplo, em razão de envolver atividade médica permeada de peculiaridades. O resultado indesejado nem sempre prescinde de má prestação do serviço médico, pois pode advir da progressão da doença ou pela própria resposta indesejada do organismo.

Quanto à **responsabilização do plano de saúde** em situações de má assistência médica, é necessário o estudo de alguns apontamentos. Em razão da precariedade do sistema público de saúde, diversas famílias, principalmente aquelas com poder aquisitivo privilegiado, sucumbem ao contrato de adesão de operadoras de planos de saúde temendo o que pode acontecer a elas, caso precisem de atendimento. Esses contratos têm como objetivo a transferência onerosa e futura de assistência médica.

Após a adesão ao contrato, o paciente escolhe um profissional credenciado ao plano e procura atendimento que necessita. A ligação existente entre a operadora de plano de saúde e o médico é de livre escolha e iniciativa. Em outras palavras, aquela elege o médico credenciado para fazer parte do rol de profissionais credenciados. Por isso, pode-se concluir que a opção por maus profissionais depende exclusivamente da operadora de plano de saúde (culpa *in elegendo*) ou ainda pela falta de avaliação aprofundada quanto às credenciais e à qualidade do serviço prestado (culpa *in vigilando*). Assim como nos demais atendimentos, pode ocorrer de o paciente receber uma assistência inadequada ou ser vítima de um eventual erro.

Diante de situações como estas, o STJ cancelou a Súmula nº 469 e editou nova Súmula nº 608, em que reconhece a aplicação do CDC nos contratos de plano de saúde, com exceção para os administrados por entidades de autogestão. As operadoras de saúde oferecem seus serviços por meio do contrato de adesão (art. 54 do CDC) e devem observar a boa-fé qualificada, pois lidam com o bem mais precioso: a saúde.

As cláusulas abusivas desse tipo de contrato são nulas e não anuláveis (art. 51 do CDC). São consideradas nulas as cláusulas contratuais que ofendem os princípios fundamentais do sistema jurídico (art. 51, § 1º, I), que restrinjam direitos e obrigações fundamentais inerentes à natureza do contrato, de tal modo a ameaçar seu objeto ou equilíbrio contratual (art. 51, § 1º, II), ou se mostram excessivamente onerosas para o consumidor, considerando-se a natureza e conteúdo do contrato, o interesse das partes e outras circunstâncias peculiares ao caso.

A operadora de plano de saúde deve informar o consumidor de maneira adequada, útil e gratuita. Essa obrigação inclui o dever de avisar o consumidor individualmente sobre o descredenciamento de médicos e hospitais, para que o consumidor, em uma situação de urgência, não necessite ficar procurando hospitais credenciados. Outra informação importante é que os contratos que regulam as relações de consumo não obrigarão os consumidores, se não lhes for dada a oportunidade de tomar conhecimento prévio de seu conteúdo, ou se os respectivos instrumentos forem redigidos de modo a dificultar a compreensão de seu sentido e alcance (art. 46 do CDC).

Assim, é necessário que a operadora de plano de saúde informe o beneficiário sobre o descredenciamento de um hospital ou médico especializado. Caso não haja assim, o dispêndio financeiro gerado pela falta de informação poderá ser indenizado pela operadora.

Quanto à responsabilidade civil, a operadora responderá pelos danos causados pelos médicos credenciados. A exceção ocorre quando o médico é escolhido livremente pelo próprio paciente, que, após o atendimento, solicita o reembolso da empresa de saúde.

Outra importante informação é a de que o plano de saúde não pode negar cirurgia de emergência, nem mesmo no período de carência estabelecido no contrato. Caso assim incorra, age de maneira abusiva e deve responder por danos morais. Situação similar a essa ocorre quando o paciente procura atendimento médico emergencial ou urgencial e o plano de saúde, sem qualquer justificativa, recusa o atendimento.

9.5 Responsabilidade dos médicos residentes e estudantes de medicina

Embora ainda exista o entendimento de que o atendimento ao paciente é um ato exclusivo do médico, há um conjunto de profissionais que atuam e colaboram com o resultado da recuperação ou manutenção da saúde do paciente.

Profissionais como enfermeiros, técnicos de enfermagem, fisioterapeutas, nutricionistas e demais profissionais auxiliam no cuidado ao paciente. E, por essa razão, a responsabilidade não deve recair apenas sobre o médico, mas também sobre a gama de profissionais que labutam pela melhora da saúde.

O **médico residente** é um exemplo de profissional que atua em conjunto com o médico. Ele é o profissional que busca especialização, caracterizada por treinamento em serviço, funcionando sob a responsabilidade de instituições de saúde, universitárias ou não, sob a orientação de profissionais médicos de elevada qualificação ética e profissional (art. 1º da Lei nº 6.932/1981). Para ingressar na residência, o médico deve estar devidamente registrado no CRM e, portanto, deve possuir vasto conhecimento sobre a atuação profissional.

Assim como qualquer outro profissional da área, há responsabilidade nos atos praticados pelo médico residente, durante o atendimento ao paciente, e deve recair sobre ele a responsabilidade pelos atos praticados.

O **estudante de medicina** também incorporou a nova realidade e passou a ter, nas instituições de saúde, uma atuação específica e importante. Os atos praticados podem ser considerados como atos profissionais, de maneira autônoma ou sob supervisão velada.

É importante para sua formação acadêmica que seja disponibilizado a ele toda gama de conhecimentos necessários a prática da medicina. O conhecimento de situações emergenciais e autênticas da realidade dos hospitais brasileiros devem fazer parte da rotina de aprendizados. Quanto antes o estudante ater-se para a necessidade da prática profissional, melhor será para sua formação acadêmica.

É claro que não deve recair sobre o estudante a exigência da mesma conduta do médico durante o atendimento. Os atos praticados pelo universitário devem ser acompanhados de um responsável, no caso, o médico. Imputa-se ao aprendiz apenas a responsabilidade pelos atos que são de competência de um estudante de medicina e não na mesma intensidade que um médico formado.

Em 2018, o CFM publicou o Código de Ética do Estudante de Medicina (CEEM), em que institui a prática de determinadas condutas e estabelece princípios a serem seguidos, como respeito e sigilo médico.

9.6 Responsabilidade civil do Estado

O atendimento à saúde pública é direito de todos e obrigação do Estado, garantido mediante políticas sociais e econômicas que visem à redução do risco de doença e de outros agravos e ao acesso universal e igualitário às ações e serviços para sua promoção, proteção e recuperação (art. 197 da Constituição Federal).

Contudo, diante da falha estatal, a Constituição Federal estabelece ao Estado o dever de indenizar os danos causados pelos seus agentes, independentemente de culpa (art. 37, § 6°). Essa constitucionalização da responsabilidade civil do Estado permite constatar que o constituinte preconizou dois importantes princípios: a primazia do interesse da vítima e a solidariedade social.

Nota-se que a Constituição Federal ofereceu atenção especial à vítima ao fundamentar-se na preocupação prioritária diante do evento danoso, desde que haja nexo causal entre o dano sofrido por ela e a conduta do agente público. Quanto à solidariedade social, trata-se de uma incumbência recebida por todos os beneficiados do Estado frente aos prejuízos sofridos pelo usuário e parte da premissa de que os riscos inerentes ao funcionamento dos serviços públicos devem ser repartidos por todos da coletividade, não somente pela vítima.

Fortalecendo a consideração com a vítima do dano, a responsabilidade civil do Estado fundamenta-se em outros, não menos importantes, princípios, tais como: a) princípio da vulnerabilidade, que parte da posição desvantajosa do cidadão diante do Estado e o desnível que existe nessa relação; b) princípio da informação, em que é dever do Estado informar o cidadão daquilo que seja solicitado, salvo nas questões que envolvem segurança nacional; c) princípio da segurança no Estado, que tem o dever de oferecer segurança aos cidadãos e poderá responder quando houver falhas; e d) princípio do *venire contra factum proprium*, no qual o Estado não pode adotar uma postura contraditória que cause insegurança e surpresas. Esse regime jurídico indica que há uma elevação substancial da vítima do dano provocado pela atuação lesiva do Estado.

Nisso reside a adoção da teoria do risco administrativo, que preconiza a responsabilidade objetiva do Estado pelos atos de qualquer agente público, independentemente do seu cargo, pelos danos causados a terceiro (art. 37, § 6º, da CF). A responsabilização do Estado abrange atos praticados pelos agentes públicos, independentemente de qualquer hierarquia, se o trabalho é remunerado ou não e até mesmo pelos atos omissivos (embora, nesse caso, exija verificação de culpa).

A Lei maior foi enfática ao estabelecer o dano, como elemento da reparação – ao invés da culpa. Na teoria do risco administrativo, o Estado é responsável civilmente sem necessidade da comprovação de culpa, o que relega a isenção, unicamente, às hipóteses em que demonstrar que não existiu nexo causal entre o dano e a ação ou omissão, quais sejam: culpa exclusiva da vítima ou caso fortuito ou força maior.

A responsabilidade é caracterizada pela responsabilidade do Estado em garantir os direitos fundamentais previstos na Constituição Federal. Contudo, essa função é ambivalente, porque, ao mesmo tempo que deve garantir os direitos fundamentais, pratica atos que ferem diretamente esses direitos, como, por exemplo, não fornecimento de medicamentos para hospitais. Na outra ponta, a atuação estatal deve ser preventiva com a finalidade de evitar lesão ao direito, como na hipótese de fornecer treinamento a equipe hospitalar para evitar a ocorrência de evento adverso.

É dever do Estado fornecer atenção especial a vítima do dano sofrido e evitar que novos danos ocorram. O zelo com a vítima do injusto caminha em conjunto com os objetivos da responsabilidade civil, que se centra no cuidado com o lesado e desconsidera a culpa em si.

A responsabilidade do Estado recai somente por atos praticados pelo funcionário público? Em situações como esta, o usuário do sistema público de saúde acredita que quem o atende é funcionário público, mesmo não o sendo.

Portanto, a interpretação do conceito agente público deve ser extensiva e assim ampliar o rol de pessoas cujos atos e omissões possam ser passíveis de responsabilização. Para os usuários do serviço público, aparentemente, todos os médicos que ali prestam atendimento o fazem em nome do Estado e não há distinção entre pessoas jurídicas e pessoas físicas. Aos olhos do usuário, os médicos são os "funcionários públicos de fato" o que, em certa medida, justifica a chamada teoria da aparência,[3]

---

3. "CONSUMIDOR E PROCESSUAL CIVIL. RECURSO ESPECIAL. RESPONSABILIDADE DE CONCESSIONÁRIA DE VEÍCULOS AUTOMOTIVOS. ESTELIONATÁRIO. ILEGITIMIDADE ATIVA. PREQUESTIONAMENTO. AUSÊNCIA. CONCEITO DE

afinal o desconhecimento do vínculo contratual do médico não deve acarretar dissabores à parte vulnerável dessa relação.

Por isso, sustenta-se, neste estudo, que nos danos sofridos por usuários da saúde pública a responsabilidade civil do Estado decorre do art. 37, § 6°, da CF, visto que o dano foi praticado por funcionário do ente federado enquanto atendia ao usuário do sistema de saúde. Vale ressaltar que pouco importa se o ato foi praticado por alguém que é ou não remunerado ou se seu vínculo com o Estado é permanente ou temporário. Se há nexo causal entre o dano e o atendimento médico em hospital público, poderá haver a responsabilidade civil.

E quando há excludente de ilicitude da ação ou omissão estatal? São conhecidas como legítima defesa, estado de necessidade, exercício regular de direito e estrito cumprimento do dever legal. Nessa modalidade de excludente, a ação ou omissão nem sempre provocam o resultado e excluem a ilicitude do ato.

Quem pratica **legítima defesa** não pratica uma ilicitude, mas sim um ato lícito (art. 188, I, do CC). Nessa hipótese, há o dever de indenizar? Se o dano gerado foi causado ao próprio agressor, não há dever de indenizar. Mas se, ao exercer a legítima defesa, o agressor atinge terceira pessoa, deverá reparar o dano causado (art. 930, parágrafo único, do CC). É pouco provável que se tenha legítima defesa durante um atendimento médico ou cirurgia, por exemplo.

FORNECEDOR. TEORIAS DA APARÊNCIA E DA CAUSALIDADE ADEQUADA. DANO MORAL. VALOR DE REPARAÇÃO. RAZOABILIDADE. (...) 4. Dessa forma, quando qualquer entidade se apresente como fornecedor de determinado bem ou serviço ou mesmo que ela, por sua ação ou omissão, causar danos causados ao consumidor, será por eles responsável. Aplicação da teoria da aparência e da teoria da causalidade adequada" (REsp n° 1.637.611/RJ, Rel. Min. Nancy Andrighi, Terceira Turma, julgado em 22.8.2017, DJe 25.8.2017).

O **estado de necessidade** é um ato lícito (art. 188, II, do CC), contudo, não impede o dever de indenizar (arts. 929 e 930 do CC). Se, por exemplo, uma ambulância atropela um pedestre enquanto encaminhava um paciente doente para um hospital. Embora esteja presente o estado de necessidade do motorista em conduzir velozmente o veículo, recai ao pedestre o direito de ser indenizado.

O **exercício regular de direito** é considerado um ato lícito, porém, o exercício irregular é ato ilícito (art. 187 do CC). Assim, comete ato ilícito o titular de um direito que, ao exercê-lo, excede manifestamente os limites impostos pelo seu fim econômico ou social, pela boa-fé ou pelos bons costumes. O ato ilícito proveniente do exercício irregular não depende de culpa e incide responsabilidade objetiva.

Embora o exercício regular do direito seja lícito, não significa dizer que se esteja diante de uma excludente de responsabilidade civil. Assim, caso, durante o acompanhamento de trabalho de parto, o médico decide realizar cirurgia cesariana mesmo sem o consentimento da paciente. Mesmo que a cirurgia fosse necessária, se estiver presente o nexo causal entre a ação e omissão estatal e o dano, poderá haver a responsabilização.

O **estrito cumprimento de dever legal** pressupõe a presença de agente público que age no exercício de sua função, contudo, não afasta de imediato a responsabilidade civil.

Quanto à excludente de responsabilidade civil, retira do Estado o dever de indenizar em razão do rompimento do nexo causal. Caso haja culpa concorrente da vítima, pode ocorrer a indenização que será fixada tendo-se em conta a gravidade de sua culpa em confronto com a do autor do dano (art. 945 do CC). As hipóteses mais tradicionais de excludentes são caso fortuito ou força maior.

O caso fortuito ou força maior é a mais tradicional das excludentes e é aceita pela jurisprudência como excludente mesmo diante do silêncio do Código de Defesa do Consumidor. Caso ocorra caso fortuito ou força maior, é provável que haja o rompimento do nexo de causalidade entre o acidente e o dano, sendo dispensável a responsabilidade (art. 393, parágrafo único, do CC).

A *priori*, se um *tsunami* invadir a cidade e destruir o hospital, causando ferimentos em pacientes internados, não poderá recair sobre o Estado a responsabilidade de um evento climático não previsto. Por outro lado, a atuação vai incisiva do Estado em se ater às mudanças climáticas, para evitar futuros problemas semelhantes a este, o que pode conflagrar a responsabilidade estatal.

Quanto à distinção entre caso fortuito e força maior, as expressões são semelhantes e a distinção não é considerada para efeito prático. Assim, no direito brasileiro, não há distinção ou relevância entre caso fortuito ou força maior.

9.7 Espécies de danos

Dano é o fato jurídico que desencadeia a responsabilidade civil, portanto, não há responsabilidade civil sem danos. Segundo o Código Civil, aquele que, por ação ou omissão voluntária, negligência ou imprudência, violar direito e causar dano a outrem, ainda que exclusivamente moral, comente ato ilícito.

Para que o dano seja solucionado na esfera jurídica, é necessária a presença de dois elementos: fato e direito. Fato consiste no prejuízo sentido pelo paciente e direito é a lesão jurídica. É importante que a vítima comprove o prejuízo decorrente do fato violador de um interesse jurídico tutelado do que é titular.

9.7.1 Dano material

Dano material é a reparação dos gastos materiais gerados pelo prejuízo acarretado ao paciente, tais como gastos com fisioterapia para recuperação do membro. Em outras palavras, é a lesão que afeta os bens da vítima e passível de aferição pecuniária para fins de indenização em face do causador do dano (art. 944 do CC).

Os **danos emergentes** são o montante indispensável para eliminar as perdas econômicas efetivamente decorrentes da lesão, reequilibrando assim o patrimônio da vítima (ROSENVALD, 2014). É chamado de dano positivo, porque é possível fazer uma estimativa do dispêndio financeiro. Como exemplo, temos o valor gasto com a cirurgia, despesas com fisioterapia, medicamentos, outros procedimentos médicos.

Lucros cessantes são os ganhos que fluiriam do patrimônio da vítima caso não tivesse havido o dano. Seria o que deixou de ganhar, mas também o que lucraria de acordo com a linha verossímil de acontecimentos. Como exemplo, tem-se a atriz que ficou deformada após procedimento estético. Os contratos que não serão fechados são considerados lucros cessantes.

Nas hipóteses de lesões materiais decorrentes de ofensa à saúde, o ofensor indenizará o ofendido das despesas do tratamento e dos lucros cessantes até ao fim da convalescença, além de algum outro prejuízo que o ofendido pode haver sofrido (art. 949 do CC).

Portanto, nas ações de indenização por erro médico, deve haver a restituição de todos os gastos sofridos pelo paciente, além daquilo que deixou de ganhar e, caso seja constatada a incapacidade permanente, o enfermo poderá requerer a pensão vitalícia e custeio de todos os tratamentos médicos que porventura venham a ser necessários em razão do erro sofrido, com base no princípio da dignidade da pessoa humana (art. 950 do CC).

No caso de falecimento do paciente decorrente da conduta médica, são indenizáveis os danos decorrentes do enterro, gastos com médicos e hospitais, além da viabilidade de requerer pensão alimentícia aos dependentes do falecido (art. 948 do CC).

Caso a morte seja do filho, é possível a indenização aos pais devido à perda da possibilidade de que este poderia prestar sustento pessoal e econômico aos pais (Súmula nº 491 do STF).[4]

9.7.2 Danos morais

É a reparação dos danos não patrimoniais que tenham afetado a psique do paciente e causam perturbação emocional superior ao esperado. Os danos decorrentes do erro médico são, segundo nossa jurisprudência, presumíveis (dano moral *in re ipsa*) e não necessitam de provas, bastando que se demonstre a consequência do ato danoso ou a prova do fato que gerou a dor, como o sofrimento decorrente da morte do filho durante o parto (REsp nº 86.271/SP).

---

[4] "ACIDENTE DE TRÂNSITO. INDENIZAÇÃO POR DANOS MATERIAIS E MORAIS. 1. Em se tratando de família de baixa renda, plenamente aplicável a Súmula nº 491 do Colendo Supremo Tribunal Federal assim disposta: 'É indenizável o acidente que cause a morte de filho menor, ainda que não exerça trabalho remunerado.' 2. Não exercendo a vítima nenhuma atividade remunerada à época, eis que contava com oito anos de idade quando de seu falecimento, para fins de cálculo da pensão devida deve ser adotado como parâmetro o salário mínimo, sendo fixado valor da pensão em 2/3 do salário mínimo a partir da data em que o menor completar 14 (catorze) anos até atingir os 25 (vinte e cinco) anos de idade, sendo reduzida para 1/3 do salário mínimo a partir dos 25 (vinte e cinco) até a data em que completaria 65 (sessenta e cinco) anos ou até que a autora venha a falecer, o que ocorrer primeiro. 3. O valor do dano moral deve ser aferido com razoabilidade, sem excesso, para que não gere enriquecimento, nem com insignificância, que o torne inexpressivo. Recurso parcialmente provido para condenar o réu ao pagamento de pensão à autora e majorar o valor do dano moral para R$ 80.000,00 (oitenta mil reais)" (TJSP, Apelação Cível nº 1011177-25.2020.8.26.0007; Rel. Felipe Ferreira; Órgão Julgador: 26ª Câmara de Direito Privado; Foro Regional VII – Itaquera – 2ª Vara Cível; Data do Julgamento: 9.12.2021; Data de Registro: 9.12.2021).

O modelo de dano moral está próximo do princípio da dignidade da pessoa humana, sendo considerados como dignos o valor ético e a essência do ser humano, que não pode ser medida por padrões individuais, bastando que pertença a essência da humanidade (art. 1°, III, da CF).

Com fundamento nesse supraprincípio constitucional, o dano moral ocorre quando há uma lesão a um interesse existencial concretamente merecedor de proteção, como, por exemplo, o paciente que sofre lesões neurológicas permanentes durante a cirurgia decorrente da negligência do médico anestesista. É inquestionável o dano moral sofrido pela vítima e seus familiares.

Por outro lado, o dano moral não se confunde com os meros transtornos ou aborrecimentos que a pessoa sofre no dia a dia, tais como ligeiro atraso na consulta médica.[5] O sofri-

---

5. "JUIZADO ESPECIAL. RELAÇÃO DE CONSUMO. **CONSULTA MÉDICA NÃO EMERGENCIAL. DEMORA NO ATENDIMENTO. ABORRECIMENTO COMPREENSÍVEL**, MAS QUE NÃO ULTRAPASSA PARA O CAMPO DA LESÃO AOS ATRIBUTOS DA PERSONALIDADE. SITUAÇÃO DE FRAGILIDADE DO AUTOR EM RAZÃO DE CIRURGIA ANTERIOR. AUSÊNCIA DE NEXO CAUSAL ENTRE O ESTADO FÍSICO E A CONDUTA DO HOSPITAL. DANO MORAL NÃO CONFIGURADO. RECURSO CONHECIDO E IMPROVIDO. (...) 5. Não obstante a demora no atendimento tenha gerado compreensíveis aborrecimentos e angústia ao recorrente, estes não tiveram o condão de extrapolar os que comumente ocorrem no cotidiano e que são inerentes às relações humanas e à vida em sociedade nos dias atuais, não configurando o dano moral passível de ser indenizado. Isso porque o dano extrapatrimonial é aquele que extrapola o mero aborrecimento e que ofende os atributos de personalidade (o nome, a honra, a imagem, a dignidade), atingindo seus direitos à integridade física e psicológica, dentre outros, o que não houve no caso em análise. 6. Segundo o recorrente, o dano moral também teria sido ocasionado pelo fato de a demora ter se dado em momento em que ele enfrentava situação de fragilidade física (decorrente de cirurgia bariátrica realizada cerca de duas semanas antes), razão pela qual sua integridade física e psicológica teriam sido abaladas. Contudo, não há nexo causal direto entre o sofrimento decorrente da situação física do recorrente e a conduta atribuída à recorrida. 7. RECURSO CONHECIDO e NÃO PROVIDO. Sentença mantida. Condeno o recorrente ao pagamento das custas processuais e dos honorários advocatícios, fixados em 10% sobre o valor da causa, cuja exigibilidade fica suspensa em razão do deferimento da gratuidade de justiça (ID 12993960). 8. A ementa servirá de acórdão, conforme art. 46 da Lei n° 9.099/1995" (Acórdão n° 1.230.071, 07162970220198070003, Rel. Eduardo Henrique Rosas, Primeira Turma Recursal, data de julgamento: 13.2.2020, publicado no DJe 28.2.2020 – grifos nossos).

mento deve causar no paciente graves transtornos prejudiciais aos direitos de personalidade (nome, honra, imagem e dignidade) com consequência direta à integridade física ou emocional, como depressão, traumas psicológicos.

É de suma importância lembrar que a indenização por dano moral possui caráter principal **reparatório** e caráter **pedagógico** ou disciplinador acessório (coibir novas condutas).[6] O reparatório tem por finalidade reparar os danos experimentados pelo paciente, e o pedagógico vem no sentido de disciplinar o causador do dano de modo a não perpetuar aquela conduta com outras pessoas. O caráter acessório existirá se estiver acompanhado do principal.

Por vezes, o dano sofrido pelo paciente afeta outras pessoas que não compõem a relação médico-paciente, como o dano moral experimentado pelo pai que não pode acompanhar o nascimento do filho. Nessa hipótese, há o dano moral da parturiente e outro do pai. É o chamado **dano moral indireto** ou **reflexo** ou **por ricochete**, em que o agravo atinge o paciente e, também, pessoas próximas a ele, como cônjuge, filhos, genitores.[7]

[6.] Enunciado nº 379 da IV Jornada de Direito Civil: "O art. 944, *caput*, do Código Civil não afasta a possibilidade de se reconhecer a função punitiva ou pedagógica da responsabilidade civil."

[7.] "PROCESSUAL CIVIL. RECURSO ESPECIAL. AÇÃO DE COMPENSAÇÃO POR DANOS MORAIS. NEGATIVA DE PRESTAÇÃO JURISDICIONAL. INEXISTENTE. ADMINISTRAÇÃO DE MEDICAÇÃO. ERRO MÉDICO. ESTADO VEGETATIVO IRREVERSÍVEL. ÓBITO PRECOCE DA GENITORA. DANO MORAL EM RICOCHETE. ARBITRAMENTO. SÚMULA Nº 7/STJ. VALOR IRRISÓRIO. REVISÃO. POSSIBILIDADE. JUROS DE MORA. TERMO INICIAL. RESPONSABILIDADE CONTRATUAL. DATA DA CITAÇÃO. 1. Ação ajuizada em 4.2.2010. Recurso especial interposto em 18.6.2015 e atribuído ao gabinete em 25.8.2016. Julgamento: CPC/1973. 2. O propósito recursal consiste em definir: i) se há negativa de prestação jurisdicional; ii) se o valor arbitrado a título de danos morais é ínfimo; iii) qual o termo inicial dos juros de mora do valor dos danos morais. 3. Ausentes os vícios do art. 535 do CPC, rejeitam-se os embargos de declaração. 4. A revisão do valor da compensação por danos morais demanda a reanálise do conjunto fático-probatório dos autos, circunstância vedada a esta Corte pelo óbice da Súmula nº 7/STJ. Tão somente em hipóteses excepcionais,

Quanto à quantificação da reparação por danos extrapatrimoniais, o valor não deve estar sujeito a tabelamento ou a valores fixos (Enunciado n° 550 da VI Jornada de Direito Civil). Justamente pelo caráter individual do dano experimentado, a fixação da quantia deve ser pautada no prejuízo experimentado pelo paciente, ao contrário do que encontramos em muitos tribunais de nosso país.

De todo modo, mesmo diante da subjetividade da quantia referente ao dano moral, é importante que o autor mencione em números o *quantum* esperado para que o juízo não indefira a inicial ou determine a emenda à petição. Contudo, encontramos em alguns julgados a possibilidade de o autor da ação deixar a critério do juiz a especificação do dano moral (REsp 1.704.541).

Uma excelente dica para precificação do dano é analisar:

a) A extensão do dano.

b) As condições socioeconômicas e culturais dos envolvidos.

c) As condições psicológicas das partes.

d) O grau de culpa do agente, de terceiro ou da vítima.

Outra dica muito importante é o emprego do método bifásico para fixação do valor do dano moral. Nele, na primeira etapa

quando os valores arbitrados na origem forem irrisórios ou exorbitantes, o STJ passa à análise do mérito para restabelecer a razoabilidade e proporcionalidade no particular. 5. A responsabilidade civil por erro médico tem natureza contratual, pois era dever da instituição hospitalar e de seu corpo médico realizar o procedimento cirúrgico dentro dos parâmetros científicos. 6. Entretanto, nas hipóteses em que ocorre o óbito da vítima e a compensação por dano moral é reivindicada pelos respectivos familiares, o liame entre os parentes e o causador do dano possui natureza extracontratual, nos termos do art. 927 do CC e da Súmula n° 54/STJ. Termo inicial dos juros de mora, portanto, é a data do evento danoso, ou seja, a data em que configurado o erro médico causador do dano. 7. Hipótese em que o erro médico configurado no particular foi concausa para concretos elementos de aflição moral, tais como: i) a parada cardiorrespiratória na paciente, ii) período de internação hospitalar, em coma, de cento e cinquenta dias; iii) estado vegetativo irreversível; iv) quatro anos de cuidados ininterruptos em casa; iv) óbito precoce aos 58 anos de idade da genitora dos recorrentes. Compensação por danos morais fixada em 150 salários mínimos para cada recorrente. 8. Recurso especial conhecido e parcialmente provido" (REsp n° 1.698.812/RJ, Rel. Min. Nancy Andrighi, Terceira Turma, julgado em 13.3.2018, *DJe* 16.3.2018).

é fixado valor básico de indenização de acordo com o interesse jurídico lesado e a jurisprudência do tribunal. Já na segunda etapa, a fixação definitiva da indenização de acordo com as particularidades do caso concreto (gravidade, culpabilidade, culpa concorrente, condição econômica das partes, entre outras).

Quanto à fixação do montante a ser pago a título de indenização por danos morais, o STJ tem utilizado o método bifásico como forma de encontrar o valor mais próximo do justo para o caso concreto (AgInt no AREsp n° 1.794.157/SP).[8]

9.7.3 Dano estético

Os danos estéticos são tratados como uma modalidade separada de dano extrapatrimonial e representam a tendência de reconhecimento dos novos danos.

Dano estético compreende-se como a reparação pelos danos causados na alteração corporal interna ou externa do paciente que causou descontentamento e repulsa a pessoa ofendida e também a quem a observa. Como exemplo, temos o sofrimento gerado pela deformidade na barriga decorrente de uma abdominoplastia malsucedida. A indenização tem como objetivo reparar o dano sofrido pelo paciente e melhorar a aparência para que o paciente consiga conviver com seu corpo.

O dano estético é diferente do dano moral, porque naquele há a alteração morfológica de formação corporal e acarreta agressão aos olhos daquele que a vê, causando desagrado e repulsa.

[8.] Informações complementares à ementa: "[...] o entendimento pacífico desta Corte, quanto ao pedido de minoração do *quantum* indenizatório, é que o montante compensatório a título de dano moral deve ser fixado considerando o método bifásico, norteador do arbitramento equitativo exercido pelo juiz, o qual analisa o interesse jurídico lesado e as peculiaridades ocorridas no caso para a definição do valor" (AgInt no AREsp n° 1.794.157/SP).

Já no dano moral, há o sofrimento mental, íntimo, do paciente. O dano estético seria visível, "porque concretizado na deformidade" (STJ, REsp n° 65.393/RJ, Rel. Min. Ruy Rosado de Aguiar, j. 30.10.2005 e REsp n° 84.752/RJ, Min. Ari Pargendler, j. 21.10.2000).

No dano estético, a lesão corporal originada do erro médico deve ter efeitos prolongados, e não meramente transitórios ou temporários. Assim, o dano precisa ser necessariamente permanente, com caráter de definitividade, mas não impede a vítima de passar por procedimentos cirúrgicos para corrigir o problema.

Alguns doutrinadores compreendem que há dano estético somente nas situações em que ocorre desfiguração ou modificação da aparência externa da pessoa (enfeamento), contudo, a jurisprudência abrange como dano estético as hipóteses de prejuízo da funcionalidade do membro do paciente. Como exemplo, temos o paciente que, em decorrência da cirurgia ortopédica, perde a funcionalidade do braço direito. Outro exemplo seria o caso do paciente que perde a audição por conta da conduta do médico, embora não haja modificação da aparência do paciente, houve modificação no uso do corpo da vítima, mesmo que a surdez seja apenas uma redução da audição.

Para finalizar, segundo a Súmula n° 387 do STJ, é lícita a cumulação das indenizações de dano estético e dano moral.

9.8 Iatrogenia

Iatrogenia é a possibilidade de o paciente sofrer alguma adversidade decorrente do atendimento ou tratamento médico de forma imprevisível ou inevitável. Compreender o conceito de iatrogenia na responsabilidade civil médica é fundamental para distinguir a hipótese de erro médico e agravamentos decorrentes da evolução natural, e inevitáveis, da enfermidade provocado pela patologia do paciente. Ela pode ser entendida como: um, *lato sensu*, que compreende todos os danos médicos causados ao paciente praticados fora das normas médicas recomendáveis ou não, o que a aproxima da teoria jurídica da culpa; e **dois**, *stricto sensu*, é aquela que, mesmo diante da conduta médica realizada dentro dos padrões recomendáveis, enseja algum dano não pretendido pelo médico ao paciente, como o evento morte em decorrência do agravamento de uma doença ou má condição de saúde preexistente. A iatrogenia não pode ensejar uma simples presunção de erro de procedimento porque isso levaria a uma acusação injusta e, em última análise, a inviabilidade dos atendimentos médicos. Por isso, "antes de responsabilizar o profissional da saúde, sempre será prudente realizar investigação segura para constatar se o dano não derivou de causa iatrogênica ou escusável" (POLICASTRO, 2010, p. 57).

Nesse sentido, têm-se as jurisprudências:

> CIRURGIA. DANO IATROGÊNICO DECORRENTE DA PRÓPRIA CIRURGIA. CASO FORTUITO. NEXO CAUSAL NÃO CONFIGURADO. INEXISTÊNCIA DE DIREITO A INDENIZAÇÃO. APELAÇÃO CÍVEL. RESPONSABILIDADE CIVIL DO ESTADO. DANO PROVOCADO POR AGENTE ESTATAL. OCORRÊNCIA DE CASO FORTUITO. ROMPIMENTO DO NEXO CAUSAL. INEXISTÊNCIA DO DEVER DE INDENIZAR. DANO IATROGÊNICO DECORRENTE DA PRÓPRIA CIRURGIA. Apesar da responsabilidade civil do Estado estar calcada na teoria da responsabilida-

de objetiva, o rompimento do nexo causal descaracteriza o dever de indenizar, pois não pode ser imputado ao autor da conduta o dano sofrido. A iatrogenia, quando consequência natural e inevitável do tratamento médico dispensado pelo médico, não tem o condão de gerar obrigação do profissional que obrou com o zelo e a perícia atinentes ao caso, pois se assim o fizer, estar-se-ia colocando-o na posição de segurador universal, o que não é aceito no ordenamento jurídico pátrio (TJRJ, Apelação, Processo nº 2008.001.61749, Des. Lucia Miguel S. Lima, j. 5.2.2009, 12ª Câm. Cível, Recurso Improvido).

APELAÇÃO CÍVEL. DIREITO CIVIL E PROCESSUAL CIVIL. CIRURGIA DE REVASCULARIZAÇÃO DO MIOCÁRDIO. PÓS-OPERATÓRIO. INFECÇÃO HOSPITALAR. DANOS MORAIS. PERÍCIA TÉCNICA. PERSUASÃO RACIONAL. IATROGENIA. AUSÊNCIA DE NEXO DE CAUSALIDADE. 1. Hipótese de suposta má prestação de serviço que ensejou infecção hospitalar, a ensejar indenização por danos morais. 2. O Estado não está obrigado a disponibilizar assistente técnico ao perito nos casos de ser a parte beneficiária da gratuidade de justiça. 3. A valoração das provas coligidas aos autos pelas partes deve ser procedida de acordo com o livre convencimento motivado do magistrado, pois não há hierarquia entre as provas no sistema adotado pelo Brasil, nos termos do art. 371 do CPC. 4. De acordo com a teoria da causalidade adequada, para que se observe o nexo de causalidade, é preciso verificar se a ação ou omissão imputada ao agente era ou não adequada à produção do dano. 5. Para Irany Novah Moraes (MORAES, Irany Novah. *Erro médico e a Lei*. 5. ed. São Paulo: RT, 2003, p. 489), a iatrogenia pode ocorrer no caso em que as lesões são previsíveis, mas curialmente não esperadas, decorrendo do risco natural existente em qualquer procedimento médico, situação que se ajusta à hipótese examinada nos autos. 6. A ocorrência de consequências pós-cirúrgicas, em decorrência de condições pessoais do autor ou da própria modalidade de cirurgia, indicadas em perícia judicial, sem que tenha havido a demonstração de negligência, imprudência ou imperícia pelo hospital, não configura a ocorrência de ilícito a ensejar danos morais. 7. Apelação conhecida e desprovida (TJDFT, Acórdão nº 1.150.626, 20160110805152APC, Rel. Alvaro Ciarlini, 3ª Turma Cível, data de julgamento: 6.2.2019, publicado no DJe: 13.2.2019, pág.: 363/368).

A iatrogenia deve ser analisada no caso concreto e verificar se a conduta do profissional da saúde foi correta e de acordo com os protocolos médicos para, assim, ser compreendida como excludente de responsabilidade.

9.9 Responsabilidade da OS/OSCIP

É cada vez mais frequente a veiculação de notícias sobre mau atendimento em hospitais públicos administrados por pessoas jurídicas qualificadas como colaboradoras do Estado (Terceiro Setor), que, não raro, colocam os usuários à míngua e à espera de atendimento médico. Nesse quadro, os danos à saúde ocasionados a usuários nessas unidades são de responsabilidade do ente federado ou da pessoa jurídica de direito privado? Para obter a resposta, é necessário discutir alguns aspectos sobre a responsabilidade do Estado nas ações de indenizações por erro médico.

O Plano Diretor da Reforma do Aparelho do Estado, advinda com a Emenda Constitucional nº 19/1998, estabeleceu, dentro de suas diretrizes, a publicização dos serviços estatais não exclusivos, com a finalidade de transferir específicos serviços para o setor público não estatal, como, por exemplo, a saúde. Dentre os objetivos de contratos como este, constata-se o desejo do ente federado em trazer para administração pública os supostos benefícios do regime jurídico privado.

Sabe-se que pessoas jurídicas de direito privado podem receber qualificações como organizações sociais (OSs) e organizações de sociedade civil de interesse público (OSCIPs) para exercerem atividades, sem fins lucrativos, no âmbito da saúde (art. 1º da Lei nº 9.637/1998 e art. 3º, IV, da Lei nº 9.790/1999, respectivamente).

Uma vez qualificadas, as OSs e OSCIPs podem assinar contrato de gestão ou termo de parceria com o ente federado, respectivamente, e se tornarem responsáveis por administrar um hospital, quando então recebem recursos públicos para tanto. Na gestão, o representante da instituição dirigirá o recurso público nos moldes de uma atividade privada, sem necessidade de licitação e contratação de profissionais sem concurso público.

É verdade que o Decreto Federal nº 5.504/2005 passou a exigir das OSCIPs licitação na modalidade pregão para contratos de obras, compras, serviços e alienações realizadas com recursos de origem pública. Contudo, com o advento do Decreto Federal nº 6.170/2007, há quem defenda que, embora a licitação não seja obrigatória para aquisição de bens e serviços, é necessária, ao menos, uma cotação prévia de preços no mercado e a observância dos princípios previstos no art. 11 do Decreto (ALEXANDRE, 2017, p. 104).

Como dito, o objetivo dessa modalidade de contrato, dentre outros, é permitir que a gestão de alguns equipamentos e serviços públicos, como hospitais e laboratórios, deixe de ter as supostas limitações burocráticas eminentes dos órgãos públicos e passe a ser desempenhada com a dinâmica e liberdade da iniciativa privada e, assim, torná-la mais eficiente, com melhorias ao atendimento à saúde. Por isso que os profissionais concursados podem ser direcionados pelo Poder Público a outros órgãos ou serem cedidos para prestar seus serviços naquela unidade hospitalar (art. 22, § 1°, da Lei n° 9.637/1998).

Independentemente disso, a entidade pode, livremente, contratar e dispensar outros médicos e demais funcionários sem o rigor comum aos órgãos públicos. Na prática, é comum encontrar OSs e OSCIPs que contratam outras empresas médicas para prestarem serviços médicos nos hospitais de atendimento público, como empresa de médicos ginecologistas, por exemplo, que dispõe da escala e horário de atendimento à população. Não raro, mediante contratos sucessivos, acontece de a empresa médica subcontratar a prestação de outros serviços parcelares abrangidos pela avença original, o que cria uma cadeia obrigacional complexa.

Diante da diversidade de pessoas jurídicas prestando atendimento médico, como é possível identificar o(s) responsável(is) pelo dano a saúde envolvendo paciente durante atendimento médico na unidade hospitalar? Antes de responder essa pergunta, faz-se necessário o debate sobre responsabilidade civil do Estado.

Nos dias atuais é possível perceber uma ampliação qualitativa das tarefas e funções do Estado. A modificação é fundada não somente pela constante evolução da sociedade, mas também pela incumbência de o Estado legitimar suas ações e omissões com fundamento nos princípios humanistas trazidos pela Constituição Federal. Em razão disso, baseia-se na progressiva ampliação dos danos indenizáveis pelo

Estado e, de outro lado, na progressiva redução dos espaços de omissão estatal.

No Brasil, há algum tempo, a Constituição Federal estabelece ao Estado o dever de indenizar os danos causados pelos seus agentes, independentemente de culpa (art. 37, § 6º). Essa constitucionalização da responsabilidade civil do Estado permite constatar que o constituinte preconizou dois importantes princípios: a primazia do interesse da vítima e a solidariedade social.

Nota-se que a Constituição Federal ofereceu atenção especial à vítima ao fundamentar-se na preocupação prioritária diante do evento danoso, desde que haja nexo causal entre o dano sofrido por ela e a conduta do agente público. Quanto à solidariedade social, trata-se de uma incumbência recebida por todos os beneficiados do Estado frente aos prejuízos sofridos pelo usuário e parte da premissa de que os riscos inerentes ao funcionamento dos serviços públicos devem ser repartidos por todos da coletividade, não somente pela vítima.

Fortalecendo a consideração com a vítima do dano, a responsabilidade civil do Estado fundamenta-se em outros, não menos importantes, princípios, tais como: a) princípio da vulnerabilidade, que parte da posição desvantajosa do cidadão diante do Estado e o desnível que existe nessa relação; b) princípio da informação, em que é dever do Estado informar o cidadão daquilo que seja solicitado, salvo nas questões que envolvem segurança nacional; c) princípio da segurança no Estado, que tem o dever de oferecer segurança aos cidadãos e poderá responder quando houver falhas; e d) princípio do *venire contra factum proprium*, no qual o Estado não pode adotar uma postura contraditória que cause insegurança e surpresas. Esse regime jurídico indica que há uma elevação substancial da vítima do dano provocado pela atuação lesiva do Estado.

Nisso reside a adoção da teoria do risco administrativo, que preconiza a responsabilidade objetiva do Estado pelos atos de qualquer agente público, independentemente do seu cargo, pelos danos causados a terceiro (art. 37, § 6°, da CF). A Lei maior foi enfática ao estabelecer o dano como elemento da reparação – ao invés da culpa. Na teoria do risco administrativo, o Estado é responsável civil sem necessidade da comprovação de culpa, o que relega a isenção, unicamente, às hipóteses em que demonstrar que não existiu nexo causal entre o dano e a ação ou omissão, quais sejam: culpa exclusiva da vítima ou caso fortuito ou força maior.

Firmadas essas ideias centrais, voltemos à questão principal deste pequeno trabalho: a quem cabe a responsabilidade civil por evento danoso sofrido pela vítima enquanto paciente do hospital público gerido por uma OS ou OSCIP? A responsabilidade é somente do Estado? Infelizmente, a resposta não é simples e a doutrina é controvertida quanto ao assunto.

Parte da doutrina e jurisprudência entendem que o art. 37, § 6°, da CF não pode ser aplicado nesses casos em razão de os médicos que ali trabalham não se caracterizarem propriamente como agentes públicos, mas agentes privados no exercício de sua função. Para os que defendem esse entendimento, a gestão exercida pela OS/OSCIP na unidade hospitalar é de substituição do Estado no desempenho do serviço público, utilizando-se dos bens que ali havia e servidores públicos para tanto. Desse modo, a OS/OSCIP deveria responder nos moldes previstos pelo CDC e nas atividades de risco estabelecidas no art. 927, parágrafo único, do CC.

Há quem defenda também que esse tipo de contrato, por ser prestado por empresas privadas, notabiliza-se como sendo de relevância pública, e não serviço público propriamente dito.

Seja como for, a responsabilidade civil nesses casos continua sendo objetiva, regida pelo Código de Defesa do Consumidor e não pelo dispositivo constitucional. Insta registrar, contudo, que existem julgados em sentido contrário, que não identificam o serviço prestado em hospitais públicos aptos a caracterizar relação de consumo nos moldes do art. 3°, § 2°, do CDC. A justificativa estaria na interpretação literal do CDC que até pode abarcar situações de serviços custeados por tarifa ou preço público (que não são tributos), mas não alcança casos de serviços custeados por meio de receitas tributárias.

Seja qual for o entendimento adotado, segundo visto anteriormente, é dever do Estado fornecer atenção especial à vítima do dano sofrido e evitar que novos danos ocorram. O zelo com a vítima do injusto caminha em conjunto com os objetivos da responsabilidade civil, que se centra no cuidado com o lesado e desconsidera a culpa em si. Por isso, sustenta-se neste estudo que, no caso de danos sofridos por usuários da saúde pública, ainda que prestados em hospitais geridos por OS ou OSCIPs, a responsabilidade civil do Estado decorre do art. 37, § 6°, da CF, visto que, nesse caso, ela não é pautada pela qualidade daquele profissional, na qualidade de pessoa física, que causou o dano. Pouco importa se o ato foi praticado por alguém que é ou não remunerado ou se seu vínculo com o Estado é permanente ou temporário. Se há nexo causal entre o dano e o atendimento médico em hospital público, poderá haver a responsabilidade civil. Ademais, mesmo permeado por um desses contratos, o desempenho do serviço e atendimento público a saúde, ainda que por meio de OS/OSCIP, é feito por eleição do Estado, razão pela qual a responsabilidade estatal não deve ser desnaturada.

Portanto, a interpretação do conceito agente público deve ser extensiva e assim ampliar o rol de pessoas cujos atos e omissões possam ser passíveis de responsabilização. Para os usuários do serviço público, aparentemente, todos os médicos que ali prestam atendimento o fazem em nome do Estado e não há distinção entre pessoas jurídicas e pessoas físicas. Aos olhos do usuário, os médicos são os "funcionários públicos de fato", o que, em certa medida, justifica a chamada teoria da aparência, afinal o desconhecimento do vínculo contratual do médico não deve acarretar dissabores à parte vulnerável dessa relação.

A conclusão a que chegamos é que, nos casos de danos sofridos pelos usuários da saúde pública em estabelecimentos geridos por OS/OSCIPs, o entendimento mais adequado com os preceitos constitucionais vigentes é pela aplicação da responsabilidade objetiva nos moldes do art. 37, § 6°, da CF, vez que a equipe hospitalar que presta atendimento médico no hospital o faz, indistintamente, em nome do Estado.

Resta verificar, ainda que suscintamente, se a responsabilidade do Estado é, nesses casos, solidária ou subsidiária.

Como se sabe, na legislação brasileira, a regra geral é a responsabilidade subsidiária, em que o legislador elege o devedor principal e define quem será o devedor secundário, que somente será acionado quando houver resíduo indenizatório não pago pelo devedor principal, após esgotadas todas as vias patrimoniais do principal devedor. Excepcionalmente a legislação administrativa prevê responsabilidade solidária, como exemplo, nas hipóteses de contratação superfaturada (art. 25, § 2°, da Lei n° 8.666/1993).

À guisa de uma norma jurídica que proclame a responsabilidade solidária entre Estado e entidade contratada do Terceiro Setor, afigura-se adequada a subsidiariedade da obrigação, de modo que:

> O dano sofrido pelo usuário do serviço de saúde não foi praticado pelo Estado, senão mediatamente e responderá

após tentativas de esgotar recursos da empresa privada que aufere proveito econômico com a atividade executada (STJ, REsp nº 1.135.927, Rel. Min. Castro Meire, 2ª Turma, DJ 19.8.2010).

Assim, a obrigação de prestar a indenização será do Estado caso a empresa privada não tenha condições fazê-lo, como nas hipóteses de falência ou eventual insolvência da concessionária.

Este breve estudo identifica os princípios da primazia do interesse da vítima e solidariedade social, decorrentes do art. 37, § 6º, da CF como normas paramétricas que devem reger a responsabilidade objetiva do estado para indenizar as vítimas no caso de danos a usuários do serviço público de saúde, praticados por pessoas jurídicas qualificadas como OS e OSCIPs.

Trata-se de uma leitura condizente com as expectativas legítimas do usuário do serviço público que desconhece as complexas relações negociais firmadas entre os profissionais de saúde que prestam atendimento nessas entidades, mas, dada a aparência pública da relação jurídica, deve ser tutelado com a mesma base normativa prevista na Constituição.

9.10 Obrigação de meio e de resultado

Na obrigação de meio no Direito Médico, o médico não assume o dever de promover o resultado esperado, mas sim de empreender a melhor técnica, diligência e atenção à necessidade do paciente. Exige-se o compromisso da utilização de todos os recursos disponíveis para se ter o resultado, sem a obrigação de alcançar o êxito. Aqui, a obrigação do médico é oferecer o tratamento adequado, ou seja, o recurso terapêutico de acordo com as possibilidades da ciência médica.

O objeto do contrato entre o médico e o paciente é o empenho do próprio profissional, sem compromisso com resultado. A ele cabe o emprego da melhor técnica, esforço e assistência médica disponível.

Por mais experiência que se possa ter na ciência médica, não é possível garantir o resultado de uma cirurgia ou tratamento médico, em razão de existirem circunstâncias aleatórias que não dependem da vontade médica.

Sabe-se, por exemplo, que o cuidado no pós-operatório é determinante para um bom resultado. Mesmo que o médico oriente o paciente das condutas adequadas para recuperação e medicamentos necessários, não é possível atestar que as orientações foram seguidas. Mesmo quando o paciente coloca em prática as recomendações, pode ocorrer de o organismo não reagir da maneira esperada e frustrar o resultado. Um bom exemplo é o aparecimento de queloide na cicatriz cirúrgica. A queloide é uma condição orgânica e independe da técnica empregada pelo médico.

Desse modo, o ato médico e a cirurgia reparadora são consideradas obrigações de meio. Nesse tipo de cirurgia, o objeto do contrato é a própria assistência ao paciente em razão de a finalidade dessa cirurgia ser corrigir lesões deformantes, defeitos congênitos ou adquiridos. O médico se compromete a empregar todos os recursos ao seu alcance, sem garantir o sucesso e pode ser considerado responsável se procedeu sem os devidos cuidados, agindo com insensatez, descaso, impulsividade ou falta de observância às regras técnicas. Como exemplo, tem-se a reconstrução de mama após retirada da mama para tratamento de câncer.

Nas situações de manifesta negligência ou imprudência, se poderá discutir a responsabilidade pela prática de tal ato.

Nos casos de maus resultados obtidos com erro médico, deve-se analisar a existência do nexo causal entre o procedimento médico e o dano, o dano em si, além das circunstâncias de atendimento e grau de previsibilidade do médico em produzir o resultado.

Na obrigação de resultado, o resultado do ato médico é definido e garantido pelo profissional. Caso o resultado seja diferente do combinado, há inadimplência e o devedor assume o ônus por não satisfazer a obrigação que prometeu. No Brasil, o exemplo mais comum dessa obrigação é em cirurgia plástica. A doutrina e a jurisprudência entendem que o médico se compromete com o resultado aguardado pelo paciente.

Nesse tipo de cirurgia, o médico é procurado por uma pessoa saudável com o desejo de melhorar sua aparência, retirar aquilo que considera desagradável. Por ser uma cirurgia eletiva e estética, objetivo é melhorar a aparência.

Esse entendimento atinge também os dentistas. Nos tratamentos ortodônticos, por exemplo, o profissional compromete-se com o resultado do tratamento, e os danos advindos da má prestação do serviço poderão ser passíveis de responsabilização. De acordo com a jurisprudência, o ortodontista tem a obrigação de alcançar o resultado estético esperado pelo paciente. Não obstante, caberá ao profissional demonstrar que o insucesso do tratamento se deu devido à culpa exclusiva do paciente. Uma vez comprovada a quebra do nexo, não há responsabilização.

E nos procedimentos de natureza mista? Como se procede à responsabilidade na cirurgia que é estética e reparadora ao mesmo tempo? Nesse caso, a jurisprudência entende que:

> a responsabilidade do médico não pode ser generalizada, devendo ser analisada de forma fracionada, sendo de

resultado em relação à sua parcela estética e de meio em relação à sua parcela reparadora (STJ, REsp nº 1.097.955, Rel. Min. Nancy Andrighi, 3ª Turma, *DJ* 3.10.2011).

Nesse sentido, tem-se a jurisprudência:

PROCESSUAL CIVIL. APELAÇÃO CÍVEL. PRELIMINAR DE NÃO CONHECIMENTO DO RECURSO POR AUSÊNCIA DE IMPUGNAÇÃO AOS ARGUMENTOS DA SENTENÇA. REJEIÇÃO. AÇÃO DE INDENIZAÇÃO. CIRURGIA ESTÉTICA E REPARADORA. RESPONSABILIDADE SUBJETIVA. AUSÊNCIA DE ELEMENTOS QUE APONTEM FALHA NA PRESTAÇÃO DE SERVIÇOS. AUSÊNCIA DO DEVER DE INDENIZAR. SENTENÇA MANTIDA. 1. Rejeita-se a preliminar de não conhecimento do recurso por ausência de impugnação específica, diante da constatação de que a apelante refutou adequadamente os argumentos da sentença, defendendo que o conjunto probatório não foi corretamente sopesado. 2. De acordo com o art. 14, § 4º, do Código de Defesa do Consumidor a responsabilidade do médico é subjetiva, mesmo nas hipóteses de cirurgia plástica, na qual o profissional obriga-se, contratualmente, a atingir um resultado estético específico. 3. Assim, embora a cirurgia plástica envolva obrigação de resultado, a mera insatisfação da paciente, por si só, não enseja a necessidade de reparação. Para que exsurja o dever de indenizar há que se demonstrar o efetivo dano, não se podendo imputar ao médico e ao hospital a obrigação de reparar prejuízos decorrentes da hipersensibilidade ou de elevadas expectativas do paciente. 4. Se os elementos colhidos nos autos não evidenciam a alegada falha na prestação dos serviços, merece ser mantida a r. sentença que julgou improcedente a pretensão indenizatória, mormente quando fundamentada em laudo pericial técnico e objetivo. 5. Preliminar rejeitada. Recurso desprovido (Acórdão nº 1.314.974, 07118412520188070009, Rel. Josapha Francisco dos Santos, 5ª Turma Cível, data de julgamento: 3.2.2021, publicado no *DJe*: 18.2.2021).

Não obstante essa orientação, em muitos casos, é difícil (para não dizer impossível) identificar e separar qual procedimento é estético e qual é reparador. Muitas vezes, um mesmo procedimento engloba as duas modalidades de cirurgia, o que dificulta a separação.

Na defesa do profissional, é fundamental que haja comprovação das excludentes de ilicitude como manejo de afastar a responsabilidade do médico. Vejamos:

> AGRAVO REGIMENTAL NO RECURSO ESPECIAL. RECURSO MANEJADO SOB A ÉGIDE DO NCPC. ASSISTÊNCIA JUDICIÁRIA GRATUITA. RENOVAÇÃO DO PEDIDO NA VIA ESPECIAL. DESNECESSIDADE. AÇÃO INDENIZATÓRIA. CIRURGIA PLÁSTICA. RESPONSABILIDADE OBJETIVA. **OBRIGAÇÃO DE RESULTADO. PROFISSIONAL QUE DEVE AFASTAR SUA CULPA MEDIANTE PROVA DE CAUSAS DE EXCLUDENTE.** AGRAVO REGIMENTAL NÃO PROVIDO. (...) 2. **Possuindo a cirurgia estética a natureza de obrigação de resultado cuja responsabilidade do médico é presumida, cabe a este demonstrar existir alguma excludente de sua responsabilização apta a afastar o direito ao ressarcimento do paciente.** 3. Agravo regimental não provido (AgRg no REsp nº 1.468.756/DF, Rel. Min. Moura Ribeiro, Terceira Turma, julgado em 19.5.2016, *DJe* 24.5.2016 – grifos nossos).

A exclusão pode ser pautada, por exemplo, na **culpa exclusiva da vítima** que, durante o repouso indicado pelo médico para recuperação de cirurgia plástica de abdominoplastia, retorna à atividade física de grande intensidade e prejudica o resultado da cirurgia (art. 14, § 3º, II, do CDC).

Ou ainda, quando o **defeito não existiu**, como seria o caso da paciente que imputa ao médico a ocorrência de fístula vesico-uterina, que alega ter sido decorrente da cirurgia, contudo, durante a instrução processual, a perícia comprova que a fístula é, na verdade, decorrente da condição orgânica da enferma (art. 14, § 3º, I, do CDC).

9.11 Prazo prescricional

O prazo prescricional do pedido de indenização por erro médico começa a contar da data em que o paciente toma conhecimento do dano, e não da data em que ocorre o dano. Com esse entendimento, possibilita o ajuizamento da ação de vítimas que somente tiveram conhecimento do dano médico anos após o ato em si. Como exemplo, há o paciente que descobre, tempos depois, um objeto esquecido durante a cirurgia. O direito a buscar reparo judicial inicia-se da data do conhecimento do dano médico.

Com base nessas informações, é possível afirmar que a relação do profissional da saúde com o paciente pode se fundamentar no art. 206, § 3º, V, do CC, que prevê que a pretensão de reparação civil prescreve em três anos, ou no art. 27 do CDC, que afirma que prescreve em cinco anos a pretensão à reparação pelos danos causados por fato do produto ou do serviço, iniciando-se a contagem do prazo a partir do conhecimento do dano e de sua autoria.

Quando se considera a relação médico-paciente como uma relação consumerista, caso ocorra dano, prevalece o entendimento jurisprudencial de que não se aplica o prazo prescricional do art. 206, § 3º, V, do CC, mas sim o prazo previsto no art. 27 do CDC.

O termo inicial da contagem do prazo prescricional inicia-se do conhecimento da vítima da irreversibilidade do dano.

Prevalece a aplicação do princípio *actio nata* em que o termo inicial é a data a partir da qual a ação poderia ter sido proposta.

A ação poderá ser proposta quando a vítima ou seus familiares (no caso de falecimento, por exemplo) tomam conhecimento do dano e de quem o praticou.

10

Violência obstétrica

10.1 Conceito de violência obstétrica

Nos últimos anos, telejornais e mídias digitais vêm publicando diversas notícias, de acontecimentos, em todo o mundo, de pacientes que sofreram violência durante a assistência obstétrica. Relatos como morte durante o parto, agressões físicas e verbais e sequelas permanentes advindas durante o atendimento médico vêm, cada vez mais, ganhando atenção do público em geral.

Mas, diante de tantas notícias sobre violência durante o principal momento da vida de uma mulher, como se compreende a violência obstétrica? Esse tipo de violência se caracteriza pela apropriação do corpo e processos reprodutivos das mulheres pelos profissionais de saúde, por meio do tratamento desumanizado, abuso da medicalização e patologização dos processos naturais, causando a perda da autonomia e capacidade de as mulheres decidirem livremente sobre seus corpos e sexualidade, impactando negativamente a qualidade de vida delas.

Em outras palavras, considera-se violência obstétrica todo ato praticado pela equipe de assistência à mulher, durante a gestação, trabalho de parto e pós-parto, nos estabelecimentos médicos hospitalares, que cause ofensa verbal, física ou psicológica (art. 2º da Lei Estadual de Santa Catarina nº 17.097/2017).

O objetivo principal do enfrentamento dessa violência é impedir a ação ou omissão direcionada à mulher durante o período gestacional e puerpério, que cause dor, dano ou sofrimento desnecessário, praticado sem o consentimento ou que desrespeite a autonomia da mulher. Esse tipo de violência pode ocorrer em face da mulher desde a concepção até 42 dias depois do nascimento do nascituro.

É direito da gestante e da parturiente um tratamento respeitoso para, consequentemente, permitir que o processo natural do parto ocorra de maneira progressiva e sem a necessidade de grandes (e, algumas vezes, desnecessárias) intervenções. A inobservância desse direito desemboca em um dos tipos de violência obstétrica, que, quando ocorrida, principalmente durante o trabalho de parto, retrai a mulher e impede que o processo de trabalho de parto evolua de maneira natural. Um bom exemplo da consequência da violência é a falsa compreensão de que nem todas as mulheres dos tempos atuais conseguem suportar as dores e horas de trabalho de parto. A propagação dessa errônea informação induz o entendimento de que a cesariana deve ser compreendida como a primeira opção para muitas mulheres com a falsa impressão de ser mais segura e livre de complicações.

A prática dessa violência está diretamente ligada à inobservância do direito à autonomia da mulher, ou seja, a liberdade de exprimir o desejo e concordância com o procedimento médico que será realizado. Como qualquer procedimento médico, a paciente/parturiente tem o direito à informação sobre as opções de métodos médicos disponíveis e a decisão deve ser compartilhada entre a paciente e o profissional.

Embora pouco compreendida na sociedade atual, essa violência ocorre quando a mulher é tratada, durante o trabalho de parto, de maneira desrespeitosa, com "ameaças veladas" e constrangimentos desnecessários por parte da equipe de profissionais da saúde. Em muitos casos, a parturiente pode ter prejudicada a dilatação uterina e consequente parada de progressão do parto, o que resultará na opção da cirurgia cesariana como necessária via de parto.

Diante de histórias e depoimentos de partos traumáticos e desastrosos, passou-se a aceitar que é mais seguro os nascimentos advindos de cesariana do que o vaginal. Vale ressaltar que, neste estudo, a discussão proposta não será sobre casos em que a cesariana é realmente necessária e é capaz de salvar a vida da parturiente e de seu nascituro. Esse tipo de cirurgia é decorrente da evolução da Medicina e deve ser utilizada em casos indicados com base em evidências médicas.

Contudo, o excesso indiscriminado da cirurgia cesariana pode colocar a saúde da genitora e do recém-nascido em grande perigo sem a real necessidade. Junto ao excesso de cirurgias desnecessárias, há em nosso país a assistência obstétrica insuficiente, o que acarreta altos índices de mortalidade materna e neonatal durante o trabalho de parto. Vejamos.

O aumento de nascimentos por partos cesáreos eletivos ocasiona nascimentos prematuros com desenvolvimento imunológico incompleto, aumentos de mortes maternas decorrentes de hemorragias, infecções e sepses causadas pela cirurgia eletiva. A Organização Mundial de Saúde emitiu um relatório em 2014 (*Partnership for Maternal, Newborn and Child Health*) em que reconhece a relação entre mortalidade materna e neonatal ao abuso de cesarianas no país.[1]

Por ser procedimento cirúrgico, a cesariana por si só envolve o risco natural de qualquer cirurgia e a sua indicação indiscriminada acarreta, como consequência, maior risco de morte materna e neonatal.

Segundo pesquisa "Nascer no Brasil", realizada pelo Instituto Fiocruz, estudos relacionados com crianças nascidas de cesariana eletiva ocorrida entre a 37ª e 38ª semanas, não sendo consideradas prematuras, demonstram que, embora aparentemente saudáveis, são mais frequentemente internadas em UTI neonatal, apresentam problemas respiratórios, maior risco de mortalidade e déficit de crescimento. Essa pesquisa vai ao encontro do levantamento da Organização Mundial de Saúde (OMS) de que é 120 vezes maior a chance de bebês nascidos por meio de cesariana apresentarem problemas respiratórios agudos.[2]

Nos partos ocorridos no Brasil e na rede pública, o parto vaginal ocorre em 65% dos casos, enquanto há 35% de cesarianas. Já nas redes particulares a cesariana é esperada em 83% dos partos e 17% de partos vaginais, contudo, para a OMS, a cesariana deve ocorrer em apenas 15% dos partos! Mesmo diante do elevado risco, esse tipo de parto continua sendo a principal escolha entre as gestantes e equipes médicas com a falsa justificativa de apresentar maior segurança ao feto e parturiente.

O aumento de cesarianas acarreta a maior incidência de prematuridade de neonatos, o que resulta em maior incidên-

---

[1.] *Relatório OMS – PMNCH 2014.* Disponível em: http://www.who.int/pmnch/about/governace/partnersforum/cd_fact_sheet.pdf?ua+1.

[2.] *Informações sobre problemas respiratórios advindos de partos cesáreos.* Disponível em: https://nacoesunidas.org/opas-trabalha-com-o-ministerio-de-saude-para-diminuir-numero-de-cesareas-nobrasil/.

cia e permanência em UTI neonatal e, não menos importante, impossibilita o vínculo materno-fetal logo após o nascimento.

A primeira hora de vida do nascituro (conhecida também como "hora de ouro") é fundamental para estabelecer o vínculo entre mãe e filho, estimular a amamentação e prevenir a incidência de anemia na primeira infância.

Diante dessas informações, questiona-se o motivo de a cesariana ainda ser a principal opção de parto para as gestantes no Brasil e a resposta parece estar umbilicalmente relacionada a incidência de violência na assistência obstétrica das parturientes.

10.2 Formas de violência obstétrica

Em todo o mundo, é aceito que existem três formas de violência obstétrica: física, verbal e moral ou psicológica.

10.2.1 Física

É considerada violência física à gestante e parturiente aquela ação de membro da equipe médica que cause danos a sua integridade física. O exemplo muito comum no parto vaginal é a episiotomia, que, na maioria dos casos, é realizada sem o consentimento da paciente ou até mesmo sem a transmissão de informação para que seja fornecida anuência na realização do ato.

Episiotomia é o procedimento cirúrgico que consiste no corte da musculatura perineal da vagina em direção ao ânus ou da vagina, a caminho da perna direita da paciente, em um ângulo em torno de 45°.

O Ministério da Saúde editou novas Prerrogativas Nacionais de Assistência ao Parto Normal (2018) e determinou que não deve ser utilizada episiotomia de rotina em partos vaginais espontâneos. Portanto, a utilização do corte no períneo deve ser realizada somente em casos excepcionais e quando for considerado fundamental para a saúde da parturiente e do nascituro. Antes dessa recomendação, era aceitável a prática desse procedimento médico em até 10% dos partos vaginais; contudo, hoje, considera-se aceitável somente em casos em que forem necessários para saúde materna e do nascituro.

O objetivo principal dessa regulamentação é impedir a episiotomia de rotina, ou seja, que a manobra médica seja realizada vulgarmente nos partos vaginais. A preocupação é a prevenção de infecção no local, dificuldade de cicatrização e prejuízo à saúde sexual feminina. Sem contar com a possibilidade de contágio de bactérias, principalmente nos casos em que o corte é realizado entre a vagina e o ânus, além da também possibilidade de fibrose no local que acarretará dor durante o ato sexual e mudança na aparência da vagina.

A episiotomia é praticada sob a justificativa de evitar a laceração ocasionada com a passagem do nascituro pelo canal vaginal e, consequentemente, garantir a sua preservação, contudo, a cicatrização da laceração é considerada mais rápida e menos prejudicial do que o procedimento médico realizado pela equipe médica.

Outro ato médico que pode causar grande prejuízo para a saúde materna e do nascituro é a **manobra de Kristeller**, até pouco tempo ensinada nas faculdades de medicina como uma conduta necessária para ajudar o nascimento do feto em partos vaginais. Consiste em um profissional se colocar sobre a barriga da parturiente durante o trabalho expulsivo do parto e pressionar a barriga com movimentos que acarretem a expulsão do feto pelo canal vaginal. Esse procedimento não é mais permitido porque pode ocasionar lesões no nascituro, como fraturas no crânio e clavícula, e na parturiente pode causar fraturas nas costelas e consequente perfuração no pulmão.

Outro exemplo frequente da violência física sofrida pela parturiente é submetê-la a procedimentos dolorosos, desnecessários ou humilhantes, como **raspagem de pelos pubianos**, posição ginecológica **(litotomia)** realizada em local aberto com exposição desnecessária da intimidade da mulher e **exame de toques** praticado por mais de um profissional, sem autorização. Em relação ao exame de toque, diversas leis estaduais, que visam erradicar a violência obstétrica, estabelecem que o procedimento médico deve ser realizado por um único profissional e não empregado para treinamento de médicos residentes e estudantes de medicina. Nesse caso, o legislador visa evitar que, durante o trabalho de parto, a parturiente tenha sua privacidade exposta a vários estudantes para que estes pratiquem, na paciente, o que estudaram em livro, a exemplo, como é realizado exame de toque.

Durante o trabalho de parto, deve ser respeitada a vontade da paciente em se movimentar e caminhar pela sala de parto sem qualquer intervenção ou imposição de posição ginecológica, além da possibilidade de comunicar-se com o mundo exterior e com familiares que estejam em sua companhia. A título de informação, o trabalho de parto para primíparas (primeiro parto da parturiente) demora em média 18 horas e para multíparas (parturientes que já passaram pela experiência do parto) em torno de 15 horas, portanto, é um período considerado longo para que a paciente seja impedida de comunicação com o mundo exterior e sem movimentação física.

Outra conduta que ainda é considerada comum é a **indução** desnecessária ao **trabalho de parto** por meio de medicamentos que provoca grande sofrimento na parturiente. Para acelerar a progressão da dilatação do canal vaginal, é comum que o profissional da saúde opte pelo uso de medicamentos, como "ocitocina", com o objetivo de garantir rapidamente o nascimento do bebê. Contudo, nem todos os casos há indicação do uso do medicamento, uma vez que, devido à aceleração do trabalho de parto, a parturiente é exposta a um aumento substancial da dor.

Conforme mencionado anteriormente, a cesariana nem de longe é um procedimento simples e que não envolve riscos. A realidade é que a morte materna decorrente da cesariana é 3,5 vezes maior que no parto normal, ou seja, desmitifica a alegação de que é opção mais segura para parturiente e o feto, uma vez que possui maior risco de complicações.

Para o procedimento, é necessário que a paciente seja anestesiada (raque ou peridural) e o médico precisará efetuar cortes em sete camadas da pele para alcançar o útero e, após o corte, retirar o nascituro e a placenta. Com o nascimento, a parturiente precisará permanecer internada com acompanhamento médico até que se convalesça e possa ter alta hospitalar. Mesmo com os riscos inerentes que envolvem uma cirurgia e os riscos específicos que a cesariana pode causar, ainda é a via de parto mais praticada para as gestantes e médicos no Brasil.

10.2.2 Verbal

É caracterizada como ofensa verbal aquela proferida pelo profissional da instituição de saúde durante o atendimento à parturiente ou puérpera. Portanto, é considerada ofensa à mulher o tratamento verbal proferido de maneira grosseira, agressiva e zombeteira ou de qualquer forma que faça com que a mulher se sinta mal pelo tratamento recebido, fazer piadas sarcásticas ou recriminar a mulher grávida ou parida por gritos, choro, medo e vergonha, por sua condição física, como obesidade, estrias, evacuação, ignorar queixas e solicitações da mulher grávida e parturiente. Em outras palavras, toda tratativa da equipe médica voltada a ofensas, diminuição ou coisificação da mulher é considerada violência obstétrica.

Como exemplo, os apelidos em diminutivos dado a mulher assim que ingressa no hospital, como "mãezinha", ou ainda frases em tom de ameaças como "se você não parar de gritar, não poderei te ajudar" ou "na hora de fazer, não gritou" demonstram a falta de respeito com a mulher enquanto paciente dentro da unidade nosocomial.

Outra reclamação frequente é que, durante o trabalho de parto e pós-parto, seja negada a paciente o direito de estar acompanhada do genitor do nascituro ou de qualquer pessoa de sua confiança, conforme estabelece a Lei nº 11.108/2005, que obriga os hospitais conveniados ao SUS a permitirem a entrada do acompanhante durante o período de trabalho de parto, parto e pós-parto.

Algumas leis estaduais que dispõem sobre a implantação de medidas de informação e proteção à gestante e parturiente contra a violência obstétrica vedam a liberdade do médico de realizar procedimentos sem, anteriormente, pedir permissão ou explicar a necessidade do que está sendo oferecido ou recomendado (art. 3º, XV, da Lei distrital nº 6.144/2018 e Lei estadual de Santa Catarina nº 17.097/2017).

A intenção do legislador foi garantir que a paciente e seus familiares tenham acesso a informações condizentes com a capacidade intelectual dos mesmos e que a decisão do procedimento seja compartilhada entre a paciente e o médico. Essa previsão normativa é fundamental na frequente insatisfação da parturiente em não receber do profissional informações compreensíveis de sua real situação e necessidade da conduta perpetrada pelo profissional.

Violências como essas abalam o emocional da parturiente e, consequentemente, prejudicam a produção natural do hormônio chamado ocitocina, que é o hormônio produzido pelo organismo para produzir contrações uterinas e intensificar o trabalho de parto. Com isso, acarreta a parada de progressão da dilatação no canal vaginal e retardamento do trabalho de parto. E após horas de dores físicas e emocionais, as parturientes, muitas vezes, acabam por sucumbir à cesariana. Sendo assim, a violência não se caracteriza por apenas um ou dois atos, ela se insere na cultura de coisificação e diminuição da mulher em um momento de fragilidade, que reclama e necessita de amparo.

10.2.3 Moral ou psicológica

A violência moral ou psicológica, como o próprio nome se refere, atinge o emocional da paciente e se concretiza por ameaças veladas ou expressas, mentiras, indução de vontade, privação de roupas, celular ou comunicação com o mundo exterior, como exemplos.

É frequente a reclamação das parturientes de que o profissional da saúde as induziu para sucumbir à vontade daquele que deveria proteger a sua saúde. Declarações como "o feriado está chegando, é melhor agendar sua cesariana para garantir que eu faça seu parto" ou "se você não fizer a cirurgia agora, seu filho nascerá com sequela e a culpa vai ser sua" fazem parte das reclamações de mulheres que já sofreram esse tipo de violência.

10.3 Origem do enfrentamento da violência no Brasil

Em 1979, o Brasil participou da Convenção sobre a Eliminação de Todas as Formas de Discriminação contra as Mulheres, promovida pela Assembleia Geral das Nações Unidas, que se constitui em uma declaração internacional de direitos das mulheres.

Em 1994, o Brasil promoveu a Convenção Interamericana para Prevenir, Punir e Erradicar a Violência contra a Mulher, mais conhecida como Convenção de Belém do Pará. Por serem tratados internacionais, foram ratificados no Brasil em 1994 e 1995, respectivamente.

Desde então, o Brasil se comprometeu diante dos órgãos internacionais a promover soluções eficazes para erradicar ou, ao menos, diminuir a violência perpetrada em face da mulher. E, como tal, a agressão que ocorre durante a assistência obstétrica e que causa grande prejuízo à mulher e ao nascituro deve ser combatida pelo Estado, por meio de medidas capazes de garantir a promoção e cuidado da saúde.

No ano 2000, a Organização das Nações Unidas publicou as metas de desenvolvimento do milênio, que apresentaram oito principais objetivos que os países deveriam se comprometer para garantir o desenvolvimento. Dentre as metas, há a redução da mortalidade neonatal (item 4) e melhorar a saúde materna (item 5).

O alto número de mortalidade materna e neonatal nos países em desenvolvimento justifica a inclusão dos temas nas metas do milênio. No Brasil, segundo dados do Ministério da Saúde, a média de mortes maternas é de 55 a cada 100 mil nascimentos. É um número muito alto, principalmente quando comparado ao máximo tolerado pela Organização Mundial da Saúde, que é de 35 mortes a cada 100 mil nascimentos.

Ainda segundo a OMS, as principais causas das mortes são hipertensão, hemorragia, infecção no pós-parto, doenças cardiovasculares e aborto clandestino. Quando se analisa a razão das mortes, percebe-se que 92% delas são evitáveis em razão da evolução da Medicina atual.

O elevado número de mortes estaria ligado à assistência obstétrica inferior e inadequada para a necessidade das parturientes, desde o alto índice de partos cesáreos, excesso de procedimentos médicos desnecessários e invasivos e despreparo da equipe médica.

Assim, conclui-se que o enfrentamento da violência obstétrica nem de longe é o embate em face da classe médica, mas, sim, que se volte a atenção ao cuidado e a assistência obstétrica eficiente para as gestantes de nosso país.

10.4 Quem pode praticá-la

No Brasil, não há lei federal que trate sobre o tema, apenas leis estaduais e algumas municipais. Contudo, na maioria das leis existentes é imputado aos membros da equipe médica que prestarem atendimento à mulher durante a gravidez, parto e pós-parto a prática da violência obstétrica. Assim, para o legislador, somente profissionais da equipe médica que prestarem assistência à mulher durante a gestação, parto e pós-parto podem praticar a violência debatida.

Contudo, qualquer funcionário do nosocômio, como secretária, equipe de limpeza e segurança, pode praticar a agressão estudada, como, por exemplo, ofensas verbais proferidas por membros da equipe de limpeza ou seguranças do hospital. Portanto, a violência obstétrica pode ocorrer durante todo o período em que a paciente estiver no hospital/clínica médica e pode ser praticada por qualquer funcionário que estiver laborando naquela unidade nosocomial, ou seja, não somente membros da equipe médica podem praticá-la. Como exemplo, há humilhações verbais proferidas pela equipe de limpeza do hospital durante a higienização do leito hospitalar após a parturiente vomitar em decorrência das dores.

Não menos importante é a responsabilização do Estado frente às violências obstétricas ocorridas dentro de suas unidades hospitalares. Enquanto servidor público ou prestador de serviço para o Sistema Único de Saúde (SUS), o Estado possui responsabilidade objetiva sobre as condutas (comissiva ou omissiva) praticadas por aqueles que prestam atendimento (art. 37, § 6º, da CF) e:

> as pessoas jurídicas de direito público interno são civilmente responsáveis por atos de seus agentes que nessa qualidade causem danos a terceiros, ressalvado direito regressivo contra os causadores do dano, se houver, por parte destes, culpa ou dolo (art. 43 do CC).

Embora não haja menção nesta lei sobre essa responsabilidade, ela é inerente à categoria de serviço público e existem diversas jurisprudências nesse sentido.

Divergente é o entendimento dos hospitais e clínicas médicas particulares, porque uma parte da doutrina entende que possuem responsabilidade subjetiva pelos atos praticados por seus funcionários. Para esses, a responsabilidade do hospital, igualmente do médico, enquadra-se na obrigação de meio, e não de resultado, portanto, não se pode exigir que o profissional cure o paciente e consiga restabelecer as condições de saúde como desejada. A responsabilidade é no sentido de oferecer todas as condições e recursos técnicos e terapêuticos disponíveis.

Nos moldes desse entendimento, o Superior Tribunal de Justiça consolidou que essa responsabilidade é subjetiva e tange a atuação dos médicos contratados que neles trabalham, dependendo da demonstração da culpa do preposto, e a Súmula n° 341 do Supremo Tribunal Federal exime de responsabilidade o empregador quando o empregado praticar ato doloso.

Caso o profissional utilize as instalações hospitalares sem possuir qualquer vínculo empregatício, deve-se analisar se o evento adverso adveio exclusivamente da conduta do médico sem ligação com a estrutura nosocomial, ou se a responsabilidade é da pessoa jurídica por culpa *in elegendo* na escolha ou seleção do profissional.

De outro lado, há quem defenda que os estabelecimentos de saúde responderão independentemente de prova do liame entre a atuação e o resultado lesivo, em razão de o art. 932, III, do CC imputar responsabilidade na reparação civil do empregador, por seus empregados, no exercício do trabalho que lhes competir ou em razão dele. Quando a relação médica se fundar em relação de consumo, os hospitais e clínicas se enquadrarão em fornecedores de serviços, e não na exceção prevista no art. 14, § 4°, do CDC.

10.5 Quem pode ser vítima

A rigor, podem ser vítimas de agressão durante a assistência obstétrica as gestantes, desde a concepção até 42 dias após o nascimento do bebê. Como exemplo, há a gestante que procura atendimento em uma unidade de pronto atendimento (UPA), para acompanhamento do pré-natal e é ofendida verbalmente pelos funcionários do local em razão de sua tenra idade e múltiplas gestações.

É possível que o pai e o bebê sejam vítimas da violência, desde que diretamente prejudicados com a conduta empregada. Como, por exemplo, o pai que é privado de acompanhar o nascimento de seu filho, sem qualquer justificativa da equipe médica. Ou, ainda, o nascituro que é impedimento de permanecer nos braços de sua genitora logo após o nascimento, sem justificativa dos profissionais.

Assim, conclui-se que não somente as parturientes podem ser vítimas dessa violência silenciosa e ainda comum nas instituições de saúde do nosso país.

11

Direito penal médico

Neste capítulo, o estudo versa sobre os principais crimes imputados aos profissionais de saúde e as hipóteses em que podem ser vítimas, enquanto exercem a profissão.

11.1 Homicídio culposo – art. 121, § 3º, do CP

Homicídio culposo

§ 3º Se o homicídio é culposo:

Pena – detenção, de um a três anos.

Aumento de pena

§ 4º No homicídio culposo, a pena é aumentada de 1/3 (um terço), se o crime resulta de inobservância de regra técnica de profissão, arte ou ofício, ou se o agente deixa de prestar imediato socorro à vítima, não procura diminuir as consequências do seu ato, ou foge para evitar prisão em flagrante. Sendo doloso o homicídio, a pena é aumentada de 1/3 (um terço) se o crime é praticado contra pessoa menor de 14 (quatorze) ou maior de 60 (sessenta) anos.

O art. 121, *caput*, define como crime matar alguém. O § 3º desse dispositivo descreve uma redução na pena para as situações em que o homicídio ocorre de maneira culposa.

A culpa é elemento normativo do tipo, que permite ao julgador a análise do caso, mediante um juízo de valor capaz de aferir se o agente causou a morte por imprudência, negligência ou imperícia.

No Direito Penal Médico, o **objeto jurídico** tutelado é a preservação da vida do paciente; o **sujeito ativo**, o médico; e o **sujeito passivo**, o paciente.

Sendo assim, homicídio culposo ocorre quando, de maneira voluntária, o sujeito ativo viola o dever de cuidado imposto a todos e, por negligência, imprudência ou imperícia, produz o resultado não querido e nem previsto. É importante ressaltar que, nessa modalidade, o agente não tinha a intenção de cometer o crime, mas, se tivesse empregado maior atenção, conseguiria evitar o mal maior.

Trata-se de crime que pode ser praticado por omissão porque, em razão do conhecimento específico do profissional, o médico assume a posição de garantidor e, por essa razão, responderá mesmo nas situações omissivas (art. 13, § 2º, *b*, do CP).

Considera-se **imprudência** a prática de falta de cautela ou cuidado em razão de conduta comissiva, positiva, ação empregada pelo profissional. Por **negligência** se entende como sendo a falta de cuidado por conduta omissiva. É deixar de fazer aquilo que o cuidado médico recomendava. E, por último, **imperícia** é a falta de habilidade no exercício de atividade técnica e, mesmo sendo autorizado para fazê-la, não possui conhecimento técnico suficiente para tanto. Um exemplo é o médico clínico geral que decide realizar uma cirurgia intracraniana em seu paciente. Por mais que esteja regularmente inscrito no

CRM, não possui conhecimento para conduzir uma cirurgia desse porte.

O Código Penal prevê agravamento da pena com acréscimo de 1/3 na pena, em homicídios culposos, quando deixar de observar o emprego de regra técnica de profissão (art. 121, § 4°, do CP). Alguns doutrinadores chamam esse tipo de crime de **homicídio culposo qualificado ou homicídio culposo circunstanciado**. Aqui, o profissional não possui conhecimentos técnicos ou práticos para exercer determinado ato que se dispôs a fazer. Como exemplo, há o médico ortopedista que realiza cirurgia cardíaca na paciente.

Na área médica, é esperado que o profissional possua técnica diferenciada e, por essa razão, a incidência dessa qualificadora parece ser mais correta. Então, quando o médico comete crime de homicídio culposo, durante o atendimento médico, é provável que se incida sobre ele a causa de aumento de pena.

Quanto à aplicação da pena, o dispositivo impõe o mínimo de um até três anos de detenção. Caso o profissional possua bons antecedentes, é provável que incida a ele a pena mínima de um ano com aumento de 1/3 em razão da qualificadora, totalizando a um ano e quatro meses de detenção.

Esse tipo de crime se processa mediante ação penal pública incondicionada, submetendo-se ao rito sumário (art. 394, § 1°, II, do CPP). Somente o Ministério Público pode iniciar a ação penal, em razão de tratar de função privativa (art. 129, I, da CF).

Em face da pena mínima prevista no homicídio culposo – um ano –, admite-se a aplicação dos benefícios da suspensão condicional do processo, previsto no art. 89 da Lei n° 9.099/1995.

11.2 Lesão corporal – art. 129, § 6º, do CP

Lesão corporal culposa
§ 6º Se a lesão é culposa.
Pena – detenção, de dois meses a um ano.

O art. 129, *caput*, prevê que é crime ofender a integridade corporal ou saúde de outrem. Contudo, quando não há a intenção de produzir a lesão, o agente responderá na modalidade culposa. Nas lesões advindas durante o atendimento médico, o profissional, na maioria das vezes, não possui intenção de ferir o paciente, contudo, acaba produzindo uma lesão em seu paciente, em razão disso, responderá na modalidade culposa.

Em crimes como esse, o tipo penal é aberto, ou seja, não há descrição detalhada da conduta criminosa. Por isso, o intérprete da norma deve realizar um juízo de valor para concluir se o homem médio, valendo-se da negligência, imprudência ou imperícia, produziria a lesão no paciente.

Ao contrário das lesões dolosas, na culposa não há distinção baseada na gravidade dos ferimentos, ou seja, não há necessidade de definir se a lesão é leve, grave ou gravíssima. A gravidade da lesão não interfere na tipicidade, mas será sopesada pelo juiz na dosimetria da pena (art. 59 do CP).

Como exemplo, há o cirurgião plástico que é contratado para realizar uma mamoplastia de aumento com colocação de prótese de silicone. A cicatrização não fica compatível com o procedimento realizado. É preciso observar como foi a conduta do paciente nas prescrições médicas do pós-operatório, porque o resultado da cirurgia plástica está diretamente ligado aos cuidados do convalescente. Caso ele não tenha observado as prescrições, deve ser relatado no processo a conduta empregada pelo paciente. Caso tenha seguido as observações, o médico poderá responder pela lesão culposa que acarretou o paciente.

O **objeto jurídico** tutelado é a preservação da parte física e saúde do paciente. A lesão causada durante o atendimento médico deveria ter sido evitada pelo profissional, contudo, em razão de uma ação ou omissão, originou a lesão. Assim como no homicídio culposo, o médico possui conhecimento suficiente para agir de maneira a evitar a lesão e, em razão do conhecimento específico, assume a posição de garantidor (art. 13, § 2°, *b*, do CP).

O **sujeito ativo** é o médico, profissional habilitado, e o **passivo** é o paciente ou seu representante legal.

O **tipo subjetivo** desse crime é a culpa, por meio da imperícia, negligência e imprudência.

Quando houver a inobservância da regra técnica exigida, incidirá a majorante de 1/3, prevista no art. 129, § 7°, do CP.

Vale observar que a denúncia deve ser descritiva com a conduta do sujeito ativo, contudo, na prática, muitas vezes, encontram-se denúncias genéricas e sem especificação do caso. Em caso como esse, o advogado deve impetrar *habeas corpus* para trancar a ação penal.

A pena da lesão corporal culposa é de dois meses a um ano de detenção e, com a incidência da majorante, a pena será aumentada em 1/3.

A **ação penal**, nesse crime, será pública incondicionada, submetendo ao rito do art. 394, § 1°, II, do Código de Processo Penal. Somente o Ministério Público pode dar início a ação por tratar de função institucional privativa (art. 129, I, da CF).

Esse crime é abarcado pelos benefícios da Lei nº 9.099/1995 e deve ser oferecida ao médico a possibilidade de transação penal e suspensão condicional do processo.

11.3 Omissão de socorro – art. 135 do CP

Omissão de socorro

Art. 135. Deixar de prestar assistência, quando possível fazê-lo sem risco pessoal, à criança abandonada ou extraviada, ou à pessoa inválida ou ferida, ao desamparo ou em grave e iminente perigo; ou não pedir, nesses casos, o socorro da autoridade pública:

Pena – detenção, de um a seis meses, ou multa.

Parágrafo único. A pena é aumentada de metade, se da omissão resulta lesão corporal de natureza grave, e triplicada, se resulta a morte.

O Código Penal considera crime deixar de prestar assistência, quando possível fazê-lo sem risco pessoal, à criança abandonada ou extraviada, ou à pessoa inválida ou ferida, ao desamparo ou em grave e iminente perigo; ou não pedir, nesses casos, o socorro da autoridade pública.

Ao inserir o crime de omissão de socorro no título dos crimes contra a pessoa, a intenção do legislador foi proteger a vida e a saúde da pessoa. Verifica-se que outra intenção foi inserir a solidariedade humana como tutela mediata, pois todos devem auxiliar uns aos outros para que se tenha uma boa convivência.

As palavras chaves do tipo são "deixar" e "pedir" e são complementadas no texto com as palavras "de prestar" e "não", o que se conclui que o fato de "deixar de prestar" e "não pedir" auxílio" configura crime.

"Deixar de prestar" se refere, por exemplo, ao profissional que pode prestar socorro, sem se colocar em risco pessoal, mas opta por não fazer. A título de exemplo há o paciente que dá entrada na emergência do hospital necessitando de atendimento imediato e o médico plantonista não presta atendimento e nada faz para ajudá-lo. Ressalta-se, mais uma vez, que não haverá crime se a prestação de socorro oferecer risco pessoal ao profissional.

"Não pedir" se refere ao profissional que não pode auxiliar a vítima e deixa de pedir auxílio a quem pode ajudar. Nessa situação, o médico não tem opção, ele não pode ou não consegue ajudar. Conforme dito anteriormente, se tiver condições, deve ajudar, mas, nesse caso, não há opção. Por exemplo, o médico de plantão está prestando atendimento para um paciente gravemente ferido e, no mesmo instante, aparece outro em grave estado. Nessa situação, o profissional não pode deixar de atender o primeiro paciente e não consegue atender o segundo. Por isso, deve solicitar ajuda de outro colega apto a atender.

Somente quando não houver condições de prestar socorro, em razão de perigo pessoal, pode deixar de prestar auxílio e pedir ajuda da autoridade pública. É considerado **crime omissivo próprio ou puro**. O legislador definiu a conduta omissiva como deixar de fazer aquilo que deveria fazer, ou seja, prestar socorro à vítima ou solicitar auxílio. Esse é um crime comum de ser imputado ao médico. Vamos à análise.

O **sujeito ativo** nesse tipo de crime é o médico ou profissional de saúde. Pode praticar esse crime o funcionário do hospital que negar atendimento emergencial em razão da falta de preenchimento de ficha pessoal. O crime de omissão de socorro pode ser praticado quando o médico exige antecipadamente depósito de quantia em dinheiro para prestar atendimento ou nega atendimento pelo fato de o paciente não ter determinado plano de saúde; quando deixa de prestar atendimento porque está de folga ou terminou o plantão e quando nega atendimento com fundamento na ausência de vaga na instituição hospitalar.

O sujeito passivo é o paciente. Caso o paciente seja pessoa idosa (com idade igual ou maior do que 60 anos), incide o crime tipificado no art. 97 da Lei nº 10.741/2003. A condição de fragilidade em razão da idade afasta a tipificação do art. 135 e, por meio do princípio da especialidade, se aplica o Estatuto do Idoso.

Objeto jurídico é o dever de solidariedade humana elevado a dever jurídico. O sujeito ativo, no direito penal médico, é o médico, e passivo é o paciente.

O tipo objetivo é deixar de prestar assistência médica, sendo possível fazer. Aqui, o profissional tinha condição de prestar assistência, mas opta em não fazer. É também considerado crime quando o médico estiver impossibilitado de atender o paciente e deixa de pedir auxílio profissional. Como exemplo, há o médico que presencia um acidente de trânsito e não presta auxílio, nem chama ambulância, embora tenha condições de chamar quem pode fazê-lo.

O tipo subjetivo nesse crime é o dolo. A consciência de situação de risco iminente ao paciente. O médico deve ter ciência do risco que o paciente corre e se nega a atender.

Nesse tipo de crime, é necessário que o médico saiba da gravidade em que se encontra o paciente e, conscientemente, deixa de agir naquela situação. A jurisprudência vem entendendo que é necessário o entendimento por parte do médico da gravidade da situação para que se configure o dolo. Então, por exemplo, o médico que é surpreendido por um paciente que pede auxílio no estacionamento do hospital e o profissional, sem examiná-lo, orienta que outro profissional o atenda, não comete crime de omissão de socorro. Para a jurisprudência, sem o exame prévio para verificar a gravidade da situação, não configura dolo por parte do médico. Não há culpa na omissão de socorro.

Se dessa omissão houver o resultado de lesão corporal grave, haverá incidência de aumento da pena, a metade ou, triplicada, em caso de morte (art. 135, § 1°, do CP). A pena é de um a seis meses de detenção, sem contar a majoração.

A **ação penal** será pública incondicionada e caberá ao Ministério Público ter ciência do fato e fazer a denúncia. Cabe o enquadramento da Lei n° 9.099/1995 com possibilidade de transação penal e suspensão condicional do processo.

11.4 Condicionamento do atendimento médico-hospitalar emergencial – art. 135-A do CP

> Condicionamento de atendimento médico-hospitalar emergencial
>
> Art. 135-A. Exigir cheque-caução, nota promissória ou qualquer garantia, bem como o preenchimento prévio de formulários administrativos, como condição para o atendimento médico-hospitalar emergencial:
>
> Pena – detenção, de 3 (três) meses a 1 (um) ano, e multa.
>
> Parágrafo único. A pena é aumentada até o dobro se da negativa de atendimento resulta lesão corporal de natureza grave, e até o triplo se resulta a morte.

O legislador tipifica como crime exigir cheque-caução, nota promissória ou qualquer garantia, bem como o preenchimento prévio de formulários administrativos, como condição para o atendimento médico-hospitalar emergencial.

Esse crime foi adicionado no Código Penal pela Lei n° 12.653/2012, e uma das justificativas para sua tipificação foi a Resolução Normativa n° 44/2003 da Agência Nacional de Saúde Suplementar vedar, em qualquer situação, a exigência, por parte dos prestadores de serviços de saúde, de caução, depósito de qualquer natureza, nota promissória ou quaisquer outros títulos de créditos, no ato ou anteriormente a prestação do serviço.

O Código Civil prevê a anulabilidade do negócio jurídico resultante de erro, dolo, coação, estado de perigo, lesão ou fraude contra credores (art. 171, II). Sendo assim, o paciente que necessita de atendimento médico emergencial e se vê obrigado a deixar cheque-caução para ser atendido pode anular o negócio jurídico.

Antes da edição desse crime, situações como essa eram caracterizadas por crime de omissão de socorro, pois o paciente necessita de atendimento médico emergencial e se vê largado à própria sorte até que forneça condições financeiras para garantir o tratamento que está por vir.

Não obstante a entrada em vigor do novo crime, ainda faltam fiscalização e punição das instituições de saúde que se preocupam, em primeiro lugar, com o custeio do atendimento do que com o cuidado à saúde. Mesmo que após acionar a polícia para garantir o atendimento emergencial, o paciente permanecerá "nas mãos" daqueles que impediram os cuidados em razão da falta de dinheiro. A insegurança gerada para os pacientes faz com que, muitas vezes, sucumbam à exigência hospitalar ao invés de acionar quem o possa defender.

A **objetividade jurídica** nesse crime é a proteção dos bens jurídicos penalmente tutelados, que são a vida e a saúde da pessoa humana. O **objeto material** do crime é o cheque-

-caução, nota promissória ou qualquer outra garantia financeira para ter acesso ao atendimento médico.

O **sujeito ativo** é qualquer funcionário ou administrador da instituição de saúde que realize atendimento médico-emergencial. Quando o médico nega atendimento em razão da falta de garantia financeira, pratica o crime em questão. Se o funcionário público fizer a exigência indevida, cometerá o crime de concussão (art. 316 do CP), sem prejuízo da responsabilidade decorrente da omissão em razão do dever de agir (art. 13, § 2º, a, do CP).

Caso o agente tenha o dever legal para evitar o resultado e se omita, por não ter recebido a garantia financeira pretendida, e, de sua omissão, resultar lesão corporal grave ou gravíssima ou morte do paciente, será imputado a ele crime derivado da sua inércia. Por exemplo, durante a cirurgia, o médico verifica a necessidade de utilizar procedimento médico mais sofisticado e suspende a cirurgia até que a família providencie o custeio financeiro. Contudo, enquanto aguardava o custeio dos familiares, o paciente vem a falecer. Nessa situação, o médico responde pelo crime de homicídio, porque sua omissão foi penalmente relevante.

O **sujeito passivo** é a pessoa que necessita do atendimento médico hospitalar emergencial.

Tem-se como **elemento subjetivo** o dolo, direto ou eventual, acrescido da condição de garantir o atendimento médico emergencial. Ou seja, a exigência da garantia financeira é condição para que o paciente possa ter atendimento médico. Não se admite a modalidade culposa.

A **consumação** se dá com a exigência da garantia financeira para o atendimento emergencial (crime formal) e se exige a comprovação do risco ao bem jurídico penalmente relevante (crime de perigo concreto). A tentativa é possível com o fracionamento do *iter criminis*.

Constitui causa de aumento de pena, em dobro, nas situações em que, em razão da conduta negativa do profissional de saúde, resultar lesão corporal de natureza grave ou, o triplo, se resultar na morte do paciente (art. 135-A, parágrafo único, do CP).

O Estatuto do Idoso (Lei nº 10.741/2003), em seu art. 103, prevê crime semelhante ao estudado, considerando crime "negar o acolhimento ou a permanência do idoso, como abrigado, por recusa deste em outorgar procuração à entidade de atendimento". Nesse crime, basta a negativa de acolhimento ou permanência do idoso à entidade de atendimento.

Nesse crime, a **ação é penal pública incondicionada** e, em razão da pena mínima, constitui infração de menor potencial ofensivo. Ou seja, o rito será o previsto na Lei nº 9.099/1995, com possibilidade de transação e suspensão condicional do processo.

11.5 Dos crimes contra a honra

11.5.1 Calúnia – art. 138 do CP

Calúnia

Art. 138. Caluniar alguém, imputando-lhe falsamente fato definido como crime:

Pena – detenção, de seis meses a dois anos, e multa.

§ 1º Na mesma pena incorre quem, sabendo falsa a imputação, a propala ou divulga.

§ 2º É punível a calúnia contra os mortos.

Exceção da verdade

§ 3º Admite-se a prova da verdade, salvo:

I – se, constituindo o fato imputado crime de ação privada, o ofendido não foi condenado por sentença irrecorrível;

II – se o fato é imputado a qualquer das pessoas indicadas no nº I do art. 141;

III – se do crime imputado, embora de ação pública, o ofendido foi absolvido por sentença irrecorrível.

Considera-se crime imputar a alguém falsamente fato definido como crime. Nesse tipo penal, acusa-se o ofendido da prática de um fato criminoso sabidamente mentiroso e, por isso, atinge diretamente a honra objetiva da vítima.

O fato imputado deve ser previsto em lei como crime, independentemente se for na modalidade tentada, consumada, dolosa ou culposa. Basta que seja imputada a pessoa a prática de crime, sabendo se tratar de mentira. Como exemplo, há a paciente que imputa ao médico a prática do crime de estupro realizado durante exame ginecológico. Outro exemplo é o médico que atribui ao colega de profissão a prática do crime de apropriação indébita ao não devolver um instrumento de trabalho.

É necessário que a imputação criminosa seja referente a fato determinado e não genérico. Portanto, chamar alguém de "ladrão" sem se referir a uma situação específica constitui crime de injúria ao invés de calúnia.

É importante que a informação mentirosa seja verossímil, ou seja, que seja crível para alguém. Não constitui crime de calúnia imputar a alguém a prática de crime de homicídio na vida passada.

O objetivo do legislador foi guardar a "boa fama" da pessoa na sociedade, e por essa razão a imputação deve ser dirigida a pessoa determinada, específica. Não configura esse crime alegar que todos os médicos são bandidos. É preciso especificar a pessoa, quando, onde e como realizou o crime.

Caso entre em vigor nova lei que deixe de considerar crime fato imputado a alguém, desaparecerá o crime de calúnia. O delito será desclassificado para o crime de difamação, se o fato for desonroso, ou deixará de existir nos demais casos. Por exemplo, está sendo imputado falsamente ao médico o crime de lesão corporal e, durante o transcorrer do processo de crime de calúnia, entra em vigor uma nova lei que revoga o crime de lesão corporal. Logo, o fato definido como crime tornou-se atípico.

O elemento normativo do tipo é "falsamente", ou seja, imputar a outra pessoa um crime que sabe ser mentiroso. A finalidade do legislador foi proteger a honra e boa fama do ofendido.

A falsidade pode recair sobre o **fato**, quando é atribuído crime a pessoa que não cometeu, ou sobre a **responsabilidade** do crime imputado, quando se aponta a autoria a pessoa errada de um crime verídico.

A **consumação**, nesse crime, ocorre quando se ofende a honra objetiva do ofendido e chega-se ao conhecimento de terceira pessoa a notícia falsa. Pouco importa se a vítima tomou conhecimento ou não do fato alegado, basta que a falsa notícia chegue a conhecimento de terceiro. É admissível a tentativa se a notícia falsa for escrita e extraviada antes de chegar ao conhecimento de terceiro.

A pena é agravada quando pessoa, que sabe se tratar de imputação mentirosa, a propaga ou divulga (art. 138, § 1º, do CP). Aqui, a terceira pessoa tem conhecimento que a atribuição criminosa é falsa, mas, mesmo assim, divulga para outras pessoas. Em ambos os núcleos penais, "propalar" e "divulgar", a pessoa transmite a informação inverídica verbalmente ou por qualquer outro meio de comunicação.

A agravante é incompatível com dolo eventual e não se admite tentativa, pois ou o sujeito relata o que ouviu ou permanece em silêncio.

O legislador considerou punível a calúnia contra os mortos (art. 138, § 2º, do CP). O objetivo foi proteger a honra dos mortos quanto à boa reputação e, não menos importante, ao interesse da família em preservar a dignidade do falecido. Os ofendidos, nessa hipótese, são o cônjuge e os familiares do morto. O falecido não tem direitos a serem penalmente protegidos.

O legislador cuidou da situação em que a imputação alegada pelo autor possa sim ser verdade. A exceção da verdade é a oportunidade adequada para se provar que a notícia, até então falsa, é verdadeira. Ela se fundamenta no interesse público de saber quem praticou o crime alegado. Por essa razão, admite-se provar a verdade se: **um**, constituindo o fato imputado crime de ação privada, o ofendido não foi condenado por sentença irrecorrível; **dois**, o fato é imputado a qualquer das pessoas indicadas no n. I do art. 141; **três**, do crime imputado, embora de ação pública, o ofendido foi absolvido por sentença irrecorrível (art. 138, § 3º, do CP).

As penas aumentam-se em um terço quando o crime for: **um**, cometido contra o Presidente da República ou chefe de governo estrangeiro; **dois**, funcionário público, em razão de suas funções; **três**, na presença de várias pessoas, ou por meio que facilite a divulgação da calúnia; e **quatro**, contra pessoa maior de 60 anos de idade ou portadora de deficiência (art. 141 do CP).

Se o crime for cometido ou divulgado em quaisquer modalidades das **redes sociais da rede mundial de computadores**, aplica-se em triplo a pena.

Em regra, a ação é penal privada e recebe os benefícios da Lei nº 9.099/1995, com exceção do crime de calúnia com causa de aumento de pena (art. 138 c/c art. 141, ambos do CP).

A **ação penal** será pública condicionada a representação do ofendido quando este for funcionário público e a ofensa versar sobre o exercício de suas funções.

11.5.2 Difamação – art. 139 do CP

Difamação

Art. 139. Difamar alguém, imputando-lhe fato ofensivo à sua reputação:

Pena – detenção, de três meses a um ano, e multa.

Exceção da verdade

Parágrafo único – A exceção da verdade somente se admite se o ofendido é funcionário público e a ofensa é relativa ao exercício de suas funções.

Considera-se crime difamar alguém com fato ofensivo a sua reputação. Visa à proteção da honra objetiva, e o fato atribuído não precisa ser criminoso, deve ter a capacidade de macular a honra do ofendido.

Para configurar crime, o sujeito deve descrever o acontecimento com circunstâncias descritivas, como local, pessoas, modo em que ocorreu a ofensa. Como exemplo, há o médico que encontra uma publicação, em uma rede social, de um paciente em que este especifica o nome completo do médico e local de trabalho, descrevendo ofensas a sua moral e capacidade profissional, enquanto se referiria a um atendimento médico.

Não basta apenas a ofensa genérica, como "aquele médico é horrível", deve haver a descrição especificada de dias, local e como ocorreu o fato ofensivo a honra do ofendido.

O objeto material desse crime é a pessoa que tem a honra objetiva maculada pela ofensa.

O objetivo do ofensor é imputar a alguém um fato considerado danoso à sua reputação; é prejudicar a imagem pública do ofendido. Segundo o STJ, ocorre o crime de difamação "a partir da imputação deliberada de fato ofensivo à reputação da vítima, não sendo suficiente a descrição de situações meramente inconvenientes ou negativas" (APn nº 574/BA, rel. Min. Eliana Calmon, Corte Especial, j. 18.8.2010, noticiado no Informativo nº 443).

Nesse tipo penal, pouco importa se a imputação é verdadeira ou não, diferentemente do crime de calúnia. Basta que haja a ofensa a honra objetiva do ofendido (salvo quando é funcionário público e a ofensa é no exercício de suas atribuições). A intenção do legislador foi impedir que as pessoas fizessem comentários prejudiciais de outros.

A consumação ocorre quando a difamação atinge a honra objetiva, ou seja, quando terceira pessoa toma conhecimento da ofensa a moral do ofendido. A tentativa é admissível na difamação escrita, como, por exemplo, quando a carta difamatória se extravia no caminho.

O art. 139, parágrafo único, do CP determina que somente se admite exceção da verdade se o ofendido é funcionário público e a ofensa é relativa ao exercício de suas funções. Antes de adentrar no estudo sobre a exceção, é preciso destacar a decisão do legislador em não admitir a exceção para outras situações que caracterizam difamação. Pois bem, nesse crime, diferentemente da calúnia, é irrelevante provar a veracidade da ofensa em razão de a mesma não ser considerada crime. Em outras palavras, não há interesse do legislador em provar que as inverdades perpetradas pela paciente em rede social não condizem com o que realmente ocorreu.

Situação diferente é quando se tratar de funcionário público nas atribuições laborativas. A justificativa do legislador está ligada ao direito de fiscalização do cidadão sobre as funções desempenhadas pelo agente público. Caso o ofensor comprove a veracidade dos fatos imputados ao funcionário/ofendido, não haverá crime de difamação. A exceção da veracidade funciona como exclusão da ilicitude, especificamente quando se tratar de alegações perpetradas em face de funcionário público no exercício de suas atribuições. Portanto, caso os fatos versarem sobre vida particular do ofendido, não será permitida exceção da verdade.

O **sujeito ativo** é qualquer pessoa, mas no direito penal médico pode ser o médico ou o paciente. **Sujeito passivo** pode ser qualquer pessoa, tanto paciente como o médico. A **pena** é agravada quando o ofendido é uma das pessoas descritas no art. 141 do CP, como, por exemplo, o médico concursado que trabalha no hospital público e recebe ofensas quanto ao seu exercício profissional naquele local.

A **ação penal** é privada e recebe os benefícios da Lei nº 9.099/1995. Mesmo nas situações previstas como causa de aumento de pena (art. 141 do CP), as infrações penais são de menor potencial ofensivo em razão de as penas não ultrapassarem o máximo de dois anos.

Se o crime for cometido ou divulgado em quaisquer modalidades das **redes sociais da rede mundial de computadores**, aplica-se em triplo a pena.

A ação será pública condicionada a representação do ofendido quando este for funcionário público e a ofensa versar sobre o exercício de suas funções (art. 141, II, do CP).

11.5.3 Injúria – art. 140 do CP

Injúria

Art. 140. Injuriar alguém, ofendendo-lhe a dignidade ou o decoro:

Pena – detenção, de um a seis meses, ou multa.

§ 1º O juiz pode deixar de aplicar a pena:

I – quando o ofendido, de forma reprovável, provocou diretamente a injúria;

II – no caso de retorsão imediata, que consista em outra injúria.

§ 2º Se a injúria consiste em violência ou vias de fato, que, por sua natureza ou pelo meio empregado, se considerem aviltantes:

Pena – detenção, de três meses a um ano, e multa, além da pena correspondente à violência.

§ 3º Se a injúria consiste na utilização de elementos referentes a raça, cor, etnia, religião, origem ou a condição de pessoa idosa ou portadora de deficiência:

Pena – reclusão de um a três anos e multa.

Considera crime de injúria ofensa a dignidade e decoro, ou seja, a honra subjetiva. Aqui, não há imputação de fato, como ocorre na calúnia e difamação. O delito se refere a ofensa da dignidade ou decoro do ofendido, como xingamento ou qualidade negativa.

Ofende-se a dignidade quando se atribui qualidade moral negativa ao ofendido, como chamá-lo de "vagabundo". O decoro se refere às qualidades físicas e intelectuais do ofendido; exemplo do crime seria chamá-lo de "feio" e "incapaz".

Na queixa-crime ou denúncia, é necessário que se transcrevam detalhadamente as ofensas proferidas, com a menção das palavras utilizadas pelo ofensor, mesmo que sejam de baixo calão.

O objetivo do legislador foi proteger a honra subjetiva do ofendido, impedir que se ofenda ou insulte a vítima. Logo, configura crime a imputação de qualidade negativa em relação a determinado fato. Admite-se também o crime quando o ofensor age de maneira omissiva, o médico diretor chega a uma reunião e cumprimenta todos os presentes, recusando-se a cumprimentar o médico/ofendido, que estendeu a mão.

A **consumação** ocorre quando chega ao conhecimento do ofendido as ofensas a sua dignidade ou decoro. Pouco importa como a ofensa chegou ao conhecimento da vítima, se foi presencial ou não, considerando como crime o conteúdo proferido para prejudicar a dignidade ou decoro da vítima. A **tentativa** é admissível na modalidade escrita, em que se perde a carta ofensiva antes de chegar ao conhecimento do ofendido.

Este crime não se admite exceção da verdade, em razão de ausência de previsão legal e por ser impossível comprovar a veracidade da ofensa.

Em duas situações, o juiz pode deixar de aplicar pena nos crimes de injúria, sendo: **um**, quando o ofendido, de forma reprovável, provocar diretamente a injúria, e, **dois**, no caso de retorsão imediata, que consiste em outra injúria (art. 141, § 1°, do CP).

Na primeira hipótese, o Estado verifica que não há razão para punir quem injuriou a pessoa que o provocou antes. Então, por exemplo, durante atendimento médico, o profissional verifica que um paciente está filmando a conversa para veiculá-la na mídia, sem sua autorização. A partir do momento em que notou a gravação indevida, o médico se dirige ao paciente e ordena que cesse a gravação, contudo, profere um xingamento. Embora a conduta do profissional seja reprovável, o fez em razão da situação anterior cometida pelo ofendido. Logo, é preciso levar em consideração a reprovabilidade da conduta concreta e deve ter sido proferida logo após a injusta provocação da vítima.

Na segunda hipótese, há retorsão imediata, ou seja, o ofendido profere a injúria contra quem antes o injuriou. A retorsão ocorre logo após a ofensa inicial: a vítima ofende quem o ofendeu antes. Ela deve ser proferida imediatamente ao ofendido tomar conhecimento da ofensa. Por exemplo, durante atendimento médico, o paciente profere xingamentos em face do médico, que, logo após, xinga-o também.

Frisa-se que quem inicia a discussão não pode invocar a retorsão imediata, haja vista ter dado causa ao desentendimento. Da mesma maneira, não se pode alegar retorsão sobre ofensas ocorridas que não imediatas.

É admissível o perdão judicial nas ofensas escritas, como, na hipótese de a vítima receber uma carta injuriosa e, em seguida, responde com xingamentos.

Em situações como essas, o legislador se utilizou do perdão judicial como causa para extinção de punibilidade (art. 107, IX, do CP). O perdão judicial somente é cabível em situações previstas em lei e fundamenta-se em circunstâncias específicas, do caso concreto. Caso ocorra alguma das situações legalmente previstas, o juiz invocará o perdão judicial, pois, embora tenha verificado que houve fato típico e ilícito, não deve ser punido.

Nas situações em que a injúria é acompanhada de violência ou vias de fato e, por sua natureza ou meio empregado, for considerada aviltante, a pena será de detenção de três meses a um ano e multa (art. 140, § 2º, do CP), além da pena correspondente a violência.

Nessa modalidade, o ofensor elege a violência física para humilhar a vítima, não se utilizando apenas de palavrões e xingamentos. O meio empregado por aquele é a violência ou vias de fato. Como exemplo, há o paciente que joga um copo de água no rosto do médico durante o atendimento médico.

Ressalta-se que a agressão física tem o viés de humilhar a vítima, e não de lesionar. Ela é o meio empregado para ofender e humilhar a vítima.

Se a injúria consiste na utilização de elementos referentes a raça, cor, etnia, religião, origem ou condição de pessoa idosa ou portadora de deficiência, a pena será de detenção de um a três anos e multa (art. 140, § 3°, do CP).

Quando a ofensa injuriante é praticada em face de funcionário público, no exercício da função ou em razão dela, consistirá em desacato ao invés de crime de injúria (art. 331 do CP).

O **sujeito ativo** pode ser qualquer pessoa, neste estudo, médico e paciente. É importante ressaltar que algumas pessoas têm imunidade quanto aos crimes contra a honra, como deputados e senadores (art. 53 da CF) e advogados (art. 7°, § 2°, da Lei n° 8.906/1994).

O **sujeito passivo** pode ser qualquer pessoa, contudo, se a ofensa for proferida em face das vítimas elencadas no art. 141 do CP, a pena é aumentada em um terço.

Se o crime for cometido ou divulgado em quaisquer modalidades das **redes sociais da rede mundial de computadores**, aplica-se em triplo a pena.

Os crimes de injúria, exceto o previsto no art. 140, § 3°, do CP, será considerado como crime de menor potencial ofensivo e se beneficiará da Lei n° 9.099/1995.

11.6 Violação do segredo profissional – art. 154 do CP

Violação do segredo profissional

Art. 154. Revelar alguém, sem justa causa, segredo, de que tem ciência em razão de função, ministério, ofício ou profissão, e cuja revelação possa produzir dano a outrem:

Pena – detenção, de três meses a um ano, ou multa.

Parágrafo único. Somente se procede mediante representação.

É considerado crime revelar a alguém, sem justa causa, segredo, de que tem ciência em razão de função, ministério, ofício ou profissão, e cuja revelação possa produzir dano. Em outras palavras, aquele que toma conhecimento de segredo de outrem por meio do exercício de sua profissão tem a obrigação de guardar sigilo. Exemplificativamente, o paciente que, durante a consulta médica, confidencia sua intimidade ao médico não poderá ter seus segredos revelados.

A intenção do legislador foi proteger o direito à intimidade, previsto no art. 5°, X, da CF, e não permite o profissional revelar, sem justa causa, a intimidade e privacidade do paciente, sob pena de violar direito e incidir na prática desse crime.

Protege-se o segredo, que é recheado de informações confidenciais da intimidade do paciente. É um assunto ou fato que não pode ser tornado público ou revelado a pessoas não autorizadas. A revelação é apta a produzir danos, que pode ser público ou no âmbito privado, material (causar prejuízo de ordem material ao paciente, como, por exemplo, que seja revelado ao seu empregador que possui HIV/AIDS e este acaba o demitindo) ou somente moral (exemplo: mulher solteira possui DST e reside em cidade muito pequena, a propagação da informação pode ofender sua moral).

Pouco importa se a revelação do segredo tenha sido de maneira oral ou por escrita, ou ainda por meio de resultados de exames, por exemplo. A forma é livre e admite qualquer meio de execução, como gestos, símbolos, conversa ou escrita.

Conforme dito, o **objetivo do legislador** foi garantir a inviolabilidade da intimidade e vida privada das pessoas. Contudo, o dever de guardar abarca exceções.

O **objeto material** do crime é a conversa transmitida pelo paciente ao profissional em caráter sigiloso.

Para caracterização do crime, é imprescindível que a divulgação do segredo tenha sido realizada sem justa causa, ou seja, a quebra da confiança não pode ocorrer no estado de necessidade (por exemplo, médico revela segredo do paciente para não ser incriminado quanto a prática de um crime), exercício regular de direito (revelação de segredo do paciente entre médicos que o atendem), estrito cumprimento de dever legal (divulgação da informação de doença contagiosa – art. 269 do CP) e consentimento do próprio paciente.

Vale ressaltar que o médico deve informar as autoridades públicas quando verificar que o paciente possui moléstia contagiosa de notificação compulsória, mesmo sem autorização do paciente. Como exemplo de doenças há dengue, difteria, ebola, entre outras.

O **sujeito ativo** do crime é aquele que tem conhecimento do segredo em razão de sua função, ministério, ofício ou profissão. É considerado "crime próprio". Nesse estudo, podem ser sujeitos ativos os profissionais da saúde que atendem o paciente. Os auxiliares desses profissionais podem incidir na prática do crime, porque tomaram conhecimento do segredo por meio do exercício da profissão. Desse modo, a secretária do médico não pode revelar informações de pacientes, sob pena da prática do crime.

Quando o crime é praticado por funcionário público incide na prática do crime tipificado no art. 325, *caput*, do CP, com pena maior do que no art. 154.

Sujeito passivo pode ser considerado qualquer pessoa suscetível de ser prejudicada em razão da divulgação do sigilo, seja o titular do segredo ou terceira pessoa.

O **elemento subjetivo** do crime é o dolo, a vontade livre e consciente de praticar dano a outra pessoa. É a divulgação do segredo de maneira proposital e intencional por parte daquele que recebe o segredo. Não se admite a modalidade culposa.

A **consumação** ocorre com a divulgação da informação sigilosa pelo profissional a terceiro. A tentativa é admissível quando a revelação é escrita, como, por exemplo, por carta e ela é extraviada no trajeto.

A **ação penal é pública condicionada** à representação (art. 154, parágrafo único, do CP). Em razão da pena máxima aplicada, admite-se a incidência dos benefícios da Lei nº 9.099/1995.

11.7 Dos crimes contra a liberdade sexual

11.7.1 Estupro – art. 213 do CP

Estupro

Art. 213. Constranger alguém, mediante violência ou grave ameaça, a ter conjunção carnal ou a praticar ou permitir que com ele se pratique outro ato libidinoso:

Pena – reclusão, de 6 (seis) a 10 (dez) anos.

§ 1º Se da conduta resulta lesão corporal de natureza grave ou se a vítima é menor de 18 (dezoito) ou maior de 14 (catorze) anos:

Pena – reclusão, de 8 (oito) a 12 (doze) anos.

§ 2º Se da conduta resulta morte:

Pena – reclusão, de 12 (doze) a 30 (trinta) anos.

Constitui crime constranger alguém, mediante violência ou grave ameaça, a ter conjunção carnal ou praticar ou permitir que com ele se pratique outro ato libidinoso. Considera crime o ato forçoso em que o agente, mediante violência ou grave ameaça, constrange alguém (homem ou mulher) a praticar com ele atos sexuais.

Constranger é forçar, obrigar, compelir alguém a manter conjunção carnal ou praticar ou permitir que se pratique outro ato libidinoso. Entende-se por conjunção carnal a prática sexual em que há penetração do membro masculino na vagina. Por ato libidinoso se entende o ato destinado a satisfazer a lascívia do agente. É o ato com conteúdo sexual que tem por finalidade satisfazer o apetite sexual do profissional. O conceito é mais abrangente e inclui coitos não convencionais, como oral, anal, masturbação, inserção de objetos nos órgãos sexuais.

No Direito Penal Médico, a relação médico-paciente é baseada na confiança e entrega do corpo daquele que está convalescendo para o profissional exercer condutas técnicas aptas ao restabelecimento da saúde. O contato físico na maioria das vezes é imprescindível, e o excesso de toques em lugares inapropriados ou condutas que ultrapassam a relação profissional podem ocorrer.

Em algumas situações, o paciente está sedado e não tem qualquer possibilidade de resistência, como o paciente que se encontra em leito de UTI e é molestado por funcionário do hospital. Outra situação não menos grave é a que ocorre com a paciente que é forçada a satisfazer a lascívia do profissional, como, por exemplo, o médico que, durante o exame de toque vaginal, masturba a paciente.

Desse modo, o crime pode ser praticado tanto com emprego de força física quanto moral, em que a coação emocional impede que o paciente aja de outra maneira. Como exemplo se tem a paciente que é constrangida a ter relações sexuais com o médico para que sua filha tenha acesso a tratamento médico.

O crime de estupro é considerado pluriofensivo, ou seja, protege mais de um bem jurídico: a dignidade sexual, especificamente, a liberdade sexual, como também a integridade corporal e liberdade individual.

O **sujeito ativo** desse crime é qualquer pessoa, homem ou mulher. Na modalidade "constranger alguém, mediante violência ou grave ameaça, a ter conjunção carnal", o estupro consiste em crime próprio e a lei continua a exigir as relações sexuais entre homem e mulher – heterossexual.

O **sujeito passivo**, na modalidade "constranger alguém, mediante violência ou grave ameaça, a ter conjunção carnal", pode ser qualquer pessoa, desde que seja de sexo oposto ao do sujeito ativo. Na modalidade "constranger alguém, mediante violência ou grave ameaça, a praticar ou permitir que com ele se pratique outro ato libidinoso", a vítima pode ser qualquer pessoa, independentemente do sexo do sujeito ativo.

Se a vítima for menor de 14 anos de idade ou pessoa com enfermidade ou doença mental e não tiver necessário discernimento para compreender o ato sexual, ou que, por qualquer outra causa, não puder oferecer resistência, será vítima do crime de estupro de vulnerável (art. 217-A do CP).

O elemento subjetivo do tipo é o dolo, com finalidade especial de manter conjunção carnal ou outro ato libidinoso com alguém. Não se admite a modalidade culposa.

A **consumação** ocorre na modalidade "manter conjunção carnal", com a introdução do pênis na vagina. Na modalidade "praticar ou permitir que com ele se pratique outro ato libidinoso", a consumação ocorre quando a vítima realiza algum ato libidinoso ou quando alguém atua lascivamente sobre seu corpo. Em todas, é necessário o emprego de violência ou grave ameaça para constranger a vítima. A tentativa é possível, permitindo o fracionamento do momento do crime.

O crime é de **ação penal pública incondicionada** (art. 225 do CP).

11.7.2 Violação sexual mediante fraude – art. 215 do CP

Violação sexual mediante fraude

Art. 215. Ter conjunção carnal ou praticar outro ato libidinoso com alguém, mediante fraude ou outro meio que impeça ou dificulte a livre manifestação de vontade da vítima:

Pena – reclusão, de 2 (dois) a 6 (seis) anos.

Parágrafo único. Se o crime é cometido com o fim de obter vantagem econômica, aplica-se também multa.

É considerado crime ter conjunção carnal ou praticar outro ato libidinoso com alguém, mediante fraude ou outro meio que impeça ou dificulte a livre manifestação de vontade da vítima.

Nesse crime, o legislador se preocupou com a liberdade sexual de qualquer pessoa, seja homem ou mulher. Tutela-se a garantia de liberdade de consentir com a prática sexual, que pode ser conjunção carnal ou outra prática libidinosa, sem que a anuência seja obtida mediante fraude ou outro meio que impeça ou dificulte a manifestação espontânea da vítima.

Considera-se fraude o meio capaz de enganar ou qualquer outro meio que impeça ou dificulte a manifestação da vítima, neste estudo, o(a) paciente. A doutrina o classifica como "estelionato sexual", em que se emprega artimanhas para enganar a vítima e garantir a satisfação de sua lascívia. Difere do estupro porque, no último, se emprega violência ou grave ameaça e, no anterior, engana-se a vítima para praticar o ato sexual. Desse modo, o médico que promete cura da paciente que com ele praticar conjunção carnal comete crime de violação sexual mediante fraude.

O **sujeito ativo** pode ser homem ou mulher. A pena será aumentada na metade se o agente tiver autoridade sobre a vítima (art. 226, II, do CP). Portanto, o profissional da saúde que praticar esse crime incide nessa qualificadora.

Como **sujeito passivo**, a vítima pode ser homem ou mulher. A lei não mais faz distinção.

O **elemento subjetivo** é o dolo, qual seja, a vontade livre e consciente de ter conjunção carnal ou praticar com a vítima qualquer ato libidinoso, utilizando-se de fraude ou outro meio que impeça ou dificulte a manifestação da vítima. Caso o crime seja cometido para obter vantagem econômica, será aplicada multa ao agente (art. 215, parágrafo único, do CP).

Do mesmo modo que no crime de estupro, a violação sexual se consuma com a introdução completa ou não do pênis na vagina – nos casos de conjunção carnal, ou com a prática de atos libidinosos diversos. A tentativa é admissível, como, por exemplo, o médico que promete cura por meio da prática sexual e antes de introduzir o pênis é surpreendido e não consegue consumar o crime.

O crime é de **ação penal pública incondicionada à representação** (art. 225 do CP).

11.8 Falsidade de atestado médico – art. 302 do CP

Falsidade de atestado médico

Art. 302. Dar o médico, no exercício da sua profissão, atestado falso:

Pena – detenção, de um mês a um ano.

Parágrafo único. Se o crime é cometido com o fim de lucro, aplica-se também multa.

Considera-se crime o atestado médico falso confeccionado pelo médico no exercício de sua profissão. A conduta central do crime é dar, fornecer, atestado médico falso, no exercício da profissão. É necessário que o atestado esteja ligado a atividade médica e geralmente é confeccionado para beneficiar alguém para se ter, por exemplo, aposentadoria antecipada por invalidez ou licença para tratamento de saúde.

O **objeto jurídico** protegido pelo legislador é a fé pública que há nos atestados médicos.

O crime se **consuma** quando o médico, sabedor da falsidade, atesta inverdades no documento, como se o paciente é portador de grave doença, quando, na realidade, não o é. Importante informação é que o STF considera como crime atestar óbito de paciente sem examinar o cadáver.

Outra importante informação é que o crime se configura com a falsidade da ideia central do documento, ou seja, como por exemplo com a afirmação da doença que é inexistente. As informações secundárias, que não são a chave principal do documento, não são relevantes para a configuração do crime, como, por exemplo, se o exame médico foi realizado com paciente deitado ou em pé, se as visitas médicas foram realizadas na residência do paciente ou de seu genitor.

O **sujeito ativo** é o próprio médico (crime próprio). É admissível o concurso de pessoas. Enfermeiros, dentistas, psicólogos e demais profissionais da saúde não podem ser sujeito ativo do crime. Caso forneçam atestado falso, praticam o crime de falsidade ideológica (art. 299 do CP).

Quando o médico é funcionário público e pratica o crime para que alguém tenha vantagem de natureza pública, pratica o crime descrito no art. 301 do CP.

O **sujeito passivo** é o Estado e, secundariamente, é o terceiro que pode ser lesado com a conduta delitiva.

O **elemento subjetivo** é o dolo, ou seja, na vontade de fornecer o atestado falso. Vale lembrar que é necessário que o médico saiba da falsidade que está atestando. Não se admite a modalidade culposa.

A **consumação** ocorre quando o médico entrega o atestado falso a terceiro. A tentativa é admissível, como, por exemplo, o atestado não é extraviado antes de chegar a outrem.

Caso o crime seja cometido com a finalidade de obtenção de lucro, aplica-se a multa. Como exemplo se tem o médico que fornece atestado médico falso e recebe do paciente determinada quantia financeira para confeccionar a declaração mentirosa.

Trata-se de **ação penal pública incondicionada** e, em razão da pena máxima, o delito é beneficiado pela Lei nº 9.099/1995.

11.9 Dos crimes contra a administração pública

11.9.1 Corrupção passiva – art. 317 do CP

Corrupção passiva

Art. 317. Solicitar ou receber, para si ou para outrem, direta ou indiretamente, ainda que fora da função ou antes de assumi-la, mas em razão dela, vantagem indevida, ou aceitar promessa de tal vantagem:

Pena – reclusão, de 2 (dois) a 12 (doze) anos, e multa.

§ 1º A pena é aumentada de um terço, se, em consequência da vantagem ou promessa, o funcionário retarda ou deixa de praticar qualquer ato de ofício ou o pratica infringindo dever funcional.

§ 2º Se o funcionário pratica, deixa de praticar ou retarda ato de ofício, com infração de dever funcional, cedendo a pedido ou influência de outrem:

Pena – detenção, de três meses a um ano, ou multa.

Considera-se crime solicitar ou receber, para si ou para outrem, direta ou indiretamente, ainda que fora da função ou antes de assumi-la, mas em razão dela, vantagem indevida, ou aceitar promessa de tal vantagem. Exemplificando, um médico, que atende em hospital público, solicita dinheiro para prestar atendimento.

Nessa modalidade de crime, o profissional público busca a vantagem indevida e solicita pecúnia após realizar o procedimento médico. Esse tipo de crime não é muito comum, porque, geralmente, há a solicitação de vantagem para realizar determinado procedimento.

Nesse tipo de crime, o médico solicita ou recebe vantagem logo após ter praticado o procedimento médico e não antes de ele acontecer. Então, por exemplo, logo após a cesariana, o médico solicita da paciente uma "ajuda financeira" para complementar o salário recebido pelo SUS.

O **bem jurídico** protegido pelo legislador é a Administração Pública, por meio da moralidade e probidade do funcionário público. A CF/1988 preconiza a saúde como direito de todos e dever do Estado e o acesso a saúde é gratuito a todos que residirem no país. Desse modo, não pode haver solicitação ou recebimento de quaisquer procedimentos médicos em hospital público.

O **objeto material** do crime é a vantagem indevida. Na maior parte das vezes, a vantagem é de natureza econômica, patrimonial, mas não impede que seja moral. O tipo penal aborda três condutas incriminadoras: solicitar (pedir, requerer), receber (obter, ter) ou aceitar (concordar, anuir).

Vale destacar que a pessoa que oferece ou promete vantagem indevida a funcionário público comete crime de corrupção ativa (art. 333 do CP), enquanto o funcionário que aceita responde por corrupção passiva.

Há duas modalidades de corrupção passiva a **própria**, que ocorre quando o ato pretendido pelo funcionário público é ilegal, ilícito ou irregular e **imprópria**, quando se tratar de ato funcional lícito.

Esse crime tem como **elemento subjetivo** o dolo. O funcionário público tem consciência de solicitar, receber ou aceitar vantagem indevida.

O **sujeito ativo** é o funcionário público, neste estudo, o profissional da saúde que presta atendimento em hospital público. O particular que figurar como coautor ou partícipe do crime responde pelo crime de corrupção passiva, desde que tenha conhecimento das condições pessoais do agente (art. 30 do CP).

O **sujeito passivo** é o Estado, ou seja, a Administração Pública. Em caráter secundário, a pessoa atingida pela atitude do funcionário público, desde que não tenha praticado o crime de corrupção ativa.

Nesse crime, nos casos de solicitação, a **consumação** ocorre quando o pedido da vantagem chega ao conhecimento da pessoa a quem é feita a solicitação da vantagem indevida. No recebimento, a consumação ocorre quando o funcionário público tem, ao seu dispor, a vantagem indevida. Na aceitação, a consumação se consolida com a manifestação de vontade do agente público ao concordar com a promessa. Nas três modalidades, não é necessário que o agente deixe de praticar ou retarde a prática funcional. O crime se consuma com a solicitação, recebimento ou aceitação da vantagem.

Não se admite tentativa, contudo, é possível na modalidade solicitar, em que o pedido é realizado de modo escrito e a carta é extraviada antes de chegar ao conhecimento do paciente ou particular.

É causa de aumento de pena, se, em consequência da vantagem ou promessa, o funcionário retarda ou deixa de praticar ato de ofício ou o pratica infringindo dever funcional (art. 317, § 1°, do CP). Retardar é praticar o ato após o período que deveria ter sido praticado. Deixar de praticar é abster de fazer aquilo que deveria realizar.

A pena será aumentada em um terço se os autores dos crimes forem ocupantes de cargos em comissão ou de função de direção ou assessoramento de órgão da administração direta, sociedade de economia mista, empresa pública ou fundação instituída pelo poder público (art. 327, § 2°, do CP).

Se o funcionário pratica, deixa de praticar ou retarda ato de ofício, com infração de dever funcional, cedendo a pedido ou influência de outrem fica sujeito à pena de detenção, de três meses a um ano, ou multa (art. 317, § 2°, do CP).

A **ação é penal pública incondicionada** e se aplica os procedimentos dos crimes de responsabilidade dos funcionários públicos, previstos nos arts. 513 a 518 do CPP e, em caráter subsidiário, as normas relativas ao procedimento comum (arts. 395 a 405 do CPP).

11.9.2 Concussão – art. 316 do CP

Concussão

Art. 316. Exigir, para si ou para outrem, direta ou indiretamente, ainda que fora da função ou antes de assumi-la, mas em razão dela, vantagem indevida:

Pena – reclusão, de dois a oito anos, e multa.

Excesso de exação

§ 1º Se o funcionário exige tributo ou contribuição social que sabe ou deveria saber indevido, ou, quando devido, emprega na cobrança meio vexatório ou gravoso, que a lei não autoriza:

Pena – reclusão, de 3 (três) a 8 (oito) anos, e multa.

§ 2º Se o funcionário desvia, em proveito próprio ou de outrem, o que recebeu indevidamente para recolher aos cofres públicos:

Pena – reclusão, de dois a doze anos, e multa.

É considerado crime exigir, para si ou para outrem, direta ou indiretamente, ainda que fora da função ou antes de assumi-la, mas em razão dela vantagem indevida. Nesse crime, o profissional condiciona o ato ou o atendimento médico ao recebimento de vantagem indevida. Como exemplo, há o médico, que atende no hospital público, e exige determinada quantia financeira para realizar um procedimento cirúrgico.

O paciente está na condição de fragilidade decorrente do estado de saúde e o profissional, beneficiando-se da fraqueza do enfermo, condiciona sua atuação ao recebimento do dinheiro.

O **bem jurídico** protegido é a Administração Pública, por meio da moralidade e probidade do funcionário público, além do patrimônio de quem foi exigida a vantagem.

A vantagem indevida pode ser patrimonial ou não, não sendo necessário que tenha valor econômico. A cobrança é ilegal, porque o médico já recebe o honorário médico pago pela Administração Pública. Os honorários devem corresponder a contrapartida que atenda o princípio universal da dignidade no desempenho da atividade médica. Essa relação de prestação de serviço atende o princípio da bilateralidade. Ou seja, o honorário deve ser adequado ao médico e ao paciente. Essa relação médico-paciente é protegida pelo CDC, por ser uma relação de consumo.

O **elemento subjetivo** é o dolo. O profissional tem consciência da vantagem indevida exigida e que o ato praticado é em razão do cargo que exerce na Administração Pública. Portanto, a vantagem indevida pode ser em benefício próprio ou de terceiros.

O **sujeito ativo** é o funcionário público, ainda que não tenha assumido o cargo público, mas que age em razão dela. O particular pode figurar como coautor ou partícipe do crime quando tiver conhecimento das condições pessoais do profissional, pois a imputação se comunicará em razão do art. 30 do CP.

O **sujeito passivo** é o Estado e, em caráter secundário, o particular (paciente ou familiares) de quem é exigida a quantia indevida.

A **consumação** ocorre com a exigência da vantagem, ou seja, na cobrança indevida, independentemente se houve ou não o recebimento. A tentativa só é possível quando é feita por escrito e o documento é extraviado antes de chegar ao conhecimento de quem seria exigida a cobrança.

Aumenta-se a pena em um terço quando o profissional ocupa cargo em comissão ou exerce função de direção ou assessoramento de órgão da administração direta, de sociedade de economia mista, empresa pública ou fundação instituída pelo poder público, prevista no art. 327, § 2°, do CP.

A **ação é penal pública incondicionada** e se aplica os procedimentos dos crimes de responsabilidade dos funcionários públicos, previstos nos arts. 513 a 518 do CPP, e, em caráter subsidiário, as normas relativas ao procedimento comum (arts. 395 a 405 do CPP).

Referências

ALEXANDRE, Ricardo. *Direito administrativo esquematizado*. São Paulo: Método, 2017.

DANTAS, Eduardo. *Direito médico*. 4. ed. Salvador: JusPodivm, 2019.

DO VAL, Renata e Rodrigo Arantes Cavalcante. *Direito médico e da saúde*. Leme: JH Mizuno, 2021.

FRANÇA, Genival Veloso de. *Direito Médico*. 13. ed. Rio de Janeiro: Forense, 2016.

GAGLIANO, Pablo Stolze; PAMPLONA FILHO, Rodolfo. *Responsabilidade civil 3*. São Paulo: Saraiva, 2014.

GONÇALVES, Marcus Vinícius Rios. *Direito processual civil esquematizado*. 6. ed. São Paulo: Saraiva, 2016.

GONÇALVES, Vitor Eduardo Rios. *Direito penal esquematizado*. 2. ed. São Paulo: Saraiva, 2012.

KFOURI NETO, Miguel. *Responsabilidade civil do médico*. São Paulo: Revista dos Tribunais, 2013.

POLICASTRO, Décio. *Erro médico e suas consequências jurídicas*. 3. ed. Belo Horizonte: Del Rey, 2010.

ROSENVALD, Nelson. *Curso de direito civil*. Salvador: JusPodivm, 2014.

SCHAWB, Klaus. *A quarta Revolução Industrial*. Trad. Daniel Moreira Miranda. São Paulo: Edipro, 2016.

SCHULZE, Clenio Jair. *Judicialização da saúde*. Porto Alegre: Verbo Jurídico, 2018.

SCHULZE, Clenio Jair; GEBRAN NETO, João Pedro. *Direito à saúde*. Porto Alegre: Verbo Jurídico, 2021.

TEIXEIRA, Ana Carolina Brochado; DADALTO, Luciana. *Dos hospitais aos tribunais*. Belo Horizonte: Del Rey, 2013.